国际政治语言学丛书

“话语操控”与安全化话语机制研究

A Study on the Discourse Mechanism in Securitization from the Perspective of Discursive Manipulation

艾喜荣◎著

世界知识出版社

教育部人文社会科学研究规划基金项目
“‘话语操控’视阈下的安全化话语作用机制研究”
（项目批准号：17YJA810001）资助

榆林学院学术著作出版基金资助

丛书总序

国际关系自英国威尔士大学设立了世界上第一个国际关系讲席开始作为一门学科得以创立。之后，作为一门年轻的学科开始迅速发展起来。国际关系理论作为国际关系研究的重要组成部分在过去近百年中也在不断争论中演进，从20世纪四五十年代以卡尔等人为代表的现实主义和威尔逊理想主义的思想辩论，60年代美国科学行为主义和传统理论的思想与方法之争，到70年代新现实主义和新自由主义之间的“新—新融合”和建构主义兴起，21世纪初的反思主义与理性主义之争，再到国际关系研究的“实践转向”，国际关系理论的发展对世界现实提供了越来越多的理解和诠释路径。

当然，国际关系理论的发展在很大程度上由欧美主导。近年来这种态势也在渐渐发生变化，非西方学者的主体意识逐渐增强，他们越来越多地基于本国的历史、文化、传统和经验提出一些新概念和新理论，使国际关系理论向着更加多样的方向发展。但是，不管怎样，无论是对于欧美学者，还是对于非西方学者，对于国际关系理论的发展而言，来自经验层面的主要动力是国际关系本身的变化，这些变化为理论研究提供了诸多经验困惑和研究动力。而各理论内部的纵深发展和理论之间的学理争论也是推动理论发展的内在动力。此外，另一个重要推动因素是国际关系理论本身的开放性和包容性，学者们不断向其他学科借鉴，汲取影响，拓宽研究思路，推动理论的多元发展，不断为国际关系的诸多变化和现象提供新的描述、解释和预测。

值得一提的是，在这个过程中随着20世纪80年代美苏之间关系的缓和以及冷战的悄然结束，人们对当时所谓的主流理论新现实主义和新自由主义的质疑日益增多，质疑这些理论对国际关系变化的解释力和预测力，因此许多之前不被学界关注的文化、身份、认同、情感等概念以及女性主义、后现代主义等思想流派开始进入人们的研究视野，学者们开始努力从这些新的视角来重新阐释国际关系。而语言作为一个重要的社会因素也随着国际关系学界出现的"语言转向"在这一时期进入国际关系学者的研究议程。国际关系研究为何要关注语言？实际上，语言不仅是一个表达信息、呈现事实的镜像工具，同时也具有建构功能，能够建构社会现实，建构社会存在。行为体在语言面前具有自身施动性，既可以有目的地使用语言建构不同的社会现实，同时不同的行为体对同样的语言也会产生不同的理解。语言使用以及对语言的理解本身就是一种特殊的实践，语言的使用会形成特定的话语，话语本身也会产生一种结构，进而产生约束力。语言与权力之间也具有密不可分的联系。而由语言所衍生的话语权、图像等研究对当前的国际政治而言也是十分重要的。语言的以上这些特点在时刻影响国际关系的过程与结果。无论是国外还是国内学术界，针对国际关系中的语言研究都取得了诸多研究成果，这些成果大大丰富了国际关系多元研究的图景，使人们以语言为切入点对国际关系有了更多新的解读。

外交学院一直重视对国际关系理论的研究，重视学科交叉创新。鉴于语言对国际关系研究的重要性，于2010年在国际政治专业下正式设立了国际政治语言学（International Political Linguistics）这一博士研究方向，这也是国内设立的首个国际政治与语言学之间的跨学科博士研究方向。该博士点在2012年正式招生，以期对国际政治中的语言以及语言中的国际政治进行深入系统的探讨，同时也希望产生一系列的前沿研究成果。为此，笔者专门设计了"国际政治语言学丛书"，陆续推出相关研究。

本书作为"国际政治语言学丛书"的第一部，希望引出更多创新性研究成果。

丛书主编　孙吉胜

2017年5月29日

前　言

本书主要从“话语操控”的视阈对安全化过程中的话语作用机制进行研究。在政治实践中，一些不同的问题或者同一类问题在不同时期带来的安全威胁程度没有太大差别，但它们的安全化程度却出现差异。依据哥本哈根学派安全化理论，这种安全化程度差异的出现是政治行为体主观建构的结果，其过程则要涉及安全化行为主体的“言语行为”或“话语实践”，可以说话语在安全化过程中起着核心作用。但是，安全化理论，主要是哥本哈根学派安全化理论，尽管提出了话语在安全化中具有核心作用，但是对于话语在安全化过程中的具体作用机制，也就是话语如何在安全化中产生作用，缺乏详尽系统的阐述。鉴于哥本哈根学派在这个方面论述的缺失，加之其他学派或研究者也未对此问题加以深入探讨，本书试图做出一些探索，将对安全化过程中话语的具体作用机制进行系统研究。

对于安全化过程中话语的具体作用机制，本书提出了一个基于话语操控的理论分析框架，即安全化行为主体通过话语突显、话语框定和话语定位的话语操控手段或过程来实现对某一问题安全化程度的控制。首先，安全化行为主体通过话语突显，使所要讨论的问题得到公众的关注，从而有助于问题被纳入政治或安全议事日程。其次，在引起公众对问题的关注度之后，安全化行为主体就需要对问题的性质、严重性和解决方案等予以界定和阐明，以进一步塑造公众对问题的认知图式并动员民众参与的积极性，这就涉及话语框定的运用。具体的框定过程包括诊断型框定、预期型框定和激励型框定，而具体使用的语言策略包括隐喻、类比和互文等。最后是话语定位。在对问题进行了成功的框定并被听众所接受并不意味着安全化的成功。本书所采用的安全化成功与否的界定标准是把安全化延伸到了具体的行为实践阶段。安全化行为主体以及听众之间应该就问题进行双方的权利和义务的界定，也就是在一定的背景下，各自应该做什么和如何做的问题。对于权利和义务的界定就需要进行话语定位，即通过话语定位对相关方进行定位以确定各自职责和行为。本书分析框架中的这三个变量主要是一种线性逻辑发展关系，这三个自变量产生了对于安全化程度的影响。这三个自变量在一定程度上体现了哥本哈根学派安全化理论中“言语行为”的具体作用机制。

本书选取了克林顿政府与小布什政府时期的气候变化政策作为对理论分析框架进行检验的案例。克林顿政府时期气候变化问题安全化程度比较高，采取了安全的视角来应对气候变化问题。而相比之下，小布什政府时期的气候变化问题安全化程度却很低，甚至对气候变化问题进行了去安全化。从话语的视角，两任美国政府在其气候变化政策的制定与实施中有何不同？为什么以及如何会产生不同的结果？为此本书依据所提出的理论分析框架，从话语突显、话语框定和话语定位三个方面分别对两个案例进行了分析。这两个案例的对比分析证实了本项研究所提出的理论假设以及变量之间的相关关系。

本书的成书过程得到了我的导师外交学院孙吉胜教授的悉心指导及大力支持和鼓励，在此对孙老师致以最诚挚的感谢和敬意！

艾喜荣

目 录

绪　论

一、研究问题

冷战后，非传统安全问题凸显，引起了国家行为体的高度关注。非传统安全构成了对国家行为体的巨大挑战和威胁。为了应对这些问题，国家行为体把这些问题上升为安全问题，也就是把这些传统意义上的非安全问题安全化。然而在安全化过程中，尽管一些不同问题或者同一类问题在不同的时期带来的威胁程度没有太大差异，但它们的安全化程度却出现差异，例如，在克林顿政府和小布什政府时期，美国气候变化的安全化程度存在着很大的差异。克林顿政府时期的气候变化问题安全化程度比较高，克林顿政府采取了安全的视角来应对气候变化问题。而相比之下，小布什政府时期的气候变化问题安全化程度却很低，小布什政府甚至对气候变化问题进行了去安全化，采取了把气候变化问题排除在安全议程之外的态度和策略。与之相对应，克林顿政府与小布什政府在具体的气候变化应对政策上也就产生了很大差异。此经验事实使笔者产生了以下困惑：在客观安全威胁程度基本相近的情况下，为什么有的问题安全化程度较高，而有的问题安全化程度较低？是什么因素导致了安全化程度差异的出现？

安全化是哥本哈根学派的一个核心概念，巴里·布赞（Barry Buzan）等人都已注意到安全化存在的这一事实，但却是奥利·维夫（Ole

Wæver）对安全化问题进行了最为系统和深入的论述。[①] 哥本哈根学派的安全化理论借鉴了语言学理论中言语行为理论（Speech Act Theory），可以说其理论起点就是言语行为理论。安全化理论把安全化看作一种“言语行为”（speech act），它被表达出来就是一种事实。那些掌握国家权力的人通过使用“安全”这一语言给事物贴上了一个“标签”，主张使用一种特殊的权力去动用各种资源抵挡那种对安全所形成的“威胁”。[②] 通过一定的言语行为，某一问题被安全化，从而可以进入议事日程，得到一些相应的紧急应对措施。安全化包含三个核心要素：首先是安全化行为主体（securitizing actor），即由谁来宣布我们面临着存在性威胁（existential threats），它可以是政府、政治精英、军队和市民社会；其次是安全化客体，即存在性威胁是什么，它可以是个人和群体（难民、人权滥用的牺牲品），也可以是问题领域（国家主权、环境、经济）；最后是安全化过程，即安全化行为主体运用“安全”的言语行为使听众确信存在安全威胁。[③] 听众一旦接受了安全威胁的存在，威胁对象就成为安全化客体，而安全化行为主体就可以使用超出常规政治的紧急模式来应对这种威胁，安全化也就完成了。因此，话语在安全化的过程中起着至关重要的作用，是话语把安全化过程中的三个核心要素联系起来。一方面安全化行为主体通过话语的使用向听众宣称安全威胁的存在，而另一方面也通过话语的使用使听众相信这种威胁的存在。在后结构主义者看来，话语是一种社会实践。它不仅是实现社会权力和实施控制的手段，而且也是构造社会文化和现实的工具。德里达的“文本之外别无他物”、福柯的“话语之外无意义”都说明意义是在语言之内被建构的。[④] 而政治与意义紧密相连，政治过程是一

① 白云真、李开盛：《国际关系理论流派概论》，杭州：浙江人民出版社，2008年版，第369页。

② Ole Wæver, “Securitization and Desecuritization,” in Ronniie D. Lipschutz, ed., *On Security*, New York: Columbia University Press, 1995, p.48.

③ ［英］巴瑞·布赞、［丹麦］奥利·维夫、［丹麦］迪·怀尔德著：《新安全论》，朱宁译，杭州：浙江人民出版社，2003年版，第32—43页。

④ 林少真：《话语建构视角下的新型毒品吸食行为研究》，上海：上海大学博士学位论文，2010年，第25页。

个创造意义、维持意义和改变意义的过程。[1] 安全化行为主体在安全化过程中的话语使用正是建构意义的过程。根据不同的意图，安全化行为主体通过不同的话语方式和内容，也就是话语操控，建构出不同的意义。因此，安全化在很大程度上可以理解为安全化行为主体的话语操控过程。

基于以上所述经验事实和理论起点，本书认为安全化就是安全化行为主体实施话语操控，通过话语的建构功能把一个问题塑造或建构为一个安全问题，从而使之实现安全化的过程。而客观威胁程度相同或相近的问题出现不同的安全化程度是安全化行为主体的一种主观性建构结果。笔者这一认知与哥本哈根学派安全化理论是一致的。但是，哥本哈根学派安全化理论尽管提出了话语在安全化中具有核心作用，但是对于话语在安全化过程中的具体作用机制，也就是话语如何在安全化中产生作用，缺乏详尽系统的阐述。而其他路径的安全化理论尽管在许多方面对哥本哈根学派理论进行了批评，例如其对于安全化过程中听众作用的忽略，缺乏对于“背景”（context）的关注与论述，过分依赖语言在安全化中的作用等，但是这些理论对于话语在安全化中的作用存在着或大或小的疏忽或忽略，更未对话语的作用机制进行过深入探讨或解释。因此，基于对相关经验事实的困惑以及现有理论解释的不足，本书拟研究以下问题：在客观安全威胁程度基本相同的情况下，国家行为体作为最重要的安全化行为主体，如何利用话语操控来影响安全化程度的高低？

二、研究设计

本书的研究设计主要涉及三个方面，即基本概念、研究假定和研究假设。

① 孙吉胜:《国际关系理论中的语言研究：回顾与展望》，载《外交评论》,2009年第1期，第71页。

（一）基本概念

本书主要涉及的基本概念包括“安全化”“去安全化”“安全化程度”“话语操控”等。

1. 安全化

“安全化”（securitization）由哥本哈根学派首先提出，并成为哥本哈根学派的一个核心概念。安全化指的是这样一个过程：对人们所珍视的指涉对象建构一种存在性威胁，并利用它来号召人们采取特殊的应对方式去消除威胁。[①] 安全化也可以被定义为这样一个步骤：公共事件非政治化（国家没有参与处理）—政治化（事件成为公共政策的一部分，要求政府的决策、资源分配或者至少其他形式的社区治理）—安全化（已经不用争论事件本身是否是一个政治问题，而是利用超越常规法制和社会规则的手段加以迅速处理）。[②] 安全化过程关注政治—话语实践，反映了政治行为体如何把某些问题（不一定是客观的威胁）呈现为具有威胁的问题，而这些问题需要权威去打破“正常”政治程序而给予特殊性对待。[③] 安全化也是一个主体间性（intersubjective）过程，安全化行为体通过言语行为把一个问题界定为对指涉对象具有存在性威胁的问题，把一个问题从政治议程转向安全议程，并可以使用一种特殊的权力去动用各种资源抵挡那种对安全的“威胁”。因此，安全化被认为是一种自上而下（top-down）的过程，在此过程中政治精英们把一个问题作为一个“存在性威胁”提出来，并渲染性地说明采取任何紧急手段的必要性。如果目标听众接受“安全化举动”，那么就可以采用打破政治协商中的一般规则和无视任何法律、经济、道德或其他方面因素的非常措施。[④]

---

① ［丹麦］琳娜·汉森著：《非传统安全研究的概念和方法：话语分析的启示》，李佳译，载《世界经济与政治》，2010年第3期，第97页。

② Barry Buzan, Ole Wæver and Jaap de Wilde, *Security: A New Framework for Analysis*, Boulder, CO: Lynne Rienner, 1998, p.23.

③ Sinem Akgul Acikmese, "EU Conditionality and Desecuritization Nexus in Turkey," *Southeast European and Black Sea Studies*, Vol.13, No.3, 2013, p.306.

④ Barry Buzan, Ole Wæver and Jaap de Wilde, *Security: A New Framework for Analysis*, p.24.

如前文所述，安全化的三个核心要素是安全化行为主体、安全化行为客体（即存在性威胁）、安全化过程。

首先，安全化行为主体通常为政治精英，他们可以宣称某一问题对指涉对象形成存在性威胁，而这种宣称一旦被听众所接受，他们就可以合法使用非常措施来应对和消除威胁。这样，问题就被安全化，也就脱离了正常的民主政治程序的界限而进入“恐慌政治”（panic politics）议程。[①]

其次，存在性威胁也是安全化过程得以进行的必要条件。只有某个问题对指涉对象形成了存在性威胁，安全化行为主体才能够对听众进行说服并采取紧急的非常规措施来处置这个问题。但是，安全化中的存在性威胁并不是客观威胁，而是由安全化行为主体所界定或定义的。安全化理论认为，安全不再有任何预先给定的意义，可以是被宣称为安全的任何东西，它是一种社会和主体间的建构。[②] 而这种“存在性威胁”通常是由代表着国家的行为体，在一定的社会和政治背景下，通过“言语行为”的作用机制来建构的，即说出某个问题是一个安全问题。

最后，安全化过程则主要通过安全化言语行为来进行。在安全话语中，一个问题被指出形成了对指涉对象的存在性威胁。言语行为是否成功取决于所提出的问题是否被听众接受和认定为安全问题，这也决定着安全化是否成功。安全化言语行为要取得成功，布赞等人确定至少要满足两种情况：一是行为体具有一定程度的合法性；二是言语中要使用明确负载安全意义的词语。成功的安全化涉及诸多因素，不但由安全化行为主体所决定，也要由言语行为的听众所决定，听众的认可和接受至关重要。听众必须认可指涉对象具有价值并受到了存在性威胁，正如安全化行为体所述。成功的安全化由三个步骤组成，分别为：一是确定存在性威胁；二是采取应急行动；三是通过

---

① Barry Buzan, Ole Wæver and Jaap de Wilde, *Security: A New Framework for Analysis*, p.34.

② Rita Taureck, “Securitization Theory and Securitization Studies,” *Journal of International Relations and Development*, Vol.9, No.1, 2006, pp.54-55.

打破自由的规则产生对单位间关系的影响。[①] 而对于安全化成功的界定，哥本哈根学派的界定标准是听众接受和相信指涉对象受到存在性威胁，接受安全化行为主体的安全话语。本书认为哥本哈根学派的界定还不完整，成功的安全化与否还需要考察话语之后的实践，即安全化中的相关参与者是否把“言语行为”转化为具体的行动，是否实施了特别措施来应对所谓的威胁，是否真正产生实质性的效果或政策改变。

2. 去安全化

“去安全化”（desecuritization）是一个相对于“安全化”的概念。通常来说，被安全化的问题在被去安全化之前或重新被纳入“正常政治”领域之前，会在很长的时间内处于安全议事日程。[②] 去安全化通常发生在导致安全化的威胁被认为已经消失或成为“非存在性”（non-existential）问题之时。行为体也可能有意选择避免从安全方面去描述某些问题，而是竭力使它们脱离“恐慌政治”领域。[③]

尽管哥本哈根学派对“去安全化”进行了定义，“去安全化”仍然是一个有争议的概念。然而，对“去安全化”的共识就是它关注的是如何消除安全化（how security is unmade）。[④] 依据哥本哈根学派安全化理论，“去安全化”是“安全化”的反向政治过程。[⑤] 相对于安全化所具有的去政治化（depoliticization）特征，去安全化通常意味着某种形式的再政治化（repoliticization）。[⑥] “去安全化”通常被认为是“安

① Barry Buzan, Ole Wæver and Jaap de Wilde, *Security: A New Framework for Analysis*, p.6.

② Ibid., p.27, p.39.

③ K. Åtland and K. Ven Bruusgaard, “When Security Speech Acts Misfire: Russia and the Elektron Incident,” *Security Dialogue*, Vol.40, No.3, 2009, p.336.

④ Faye Donnelly, “The Queen’s Speech: Desecuritizing the Past, Present and Future of Anglo-Irish Relations,” *European Journal of International Relations*, Vol.21, No.4, 2015, p.915.

⑤ S. Kim and G. Lee, “When Security Met Politics: Desecuritization of North Korean Threats by South Korea’s Kim Dae-jung Government,” *International Relations of the Asia-Pacific*, Vol.11, No.1, 2011, p.32.

⑥ Kristian Atland, “Mikhail Gorbachev, the Murmansk Initiative, and the Desecuritization of Interstate Relations in the Arctic,” *Cooperation and Conflict*, Vol.43, No.3, 2008, p.292.

全化在概念上的孪生兄弟”[①] 或“安全化的对立面”[②]。“去安全化”遵循着与“安全化”基本类似的发展轨迹，但其实施意图却与“安全化”相反。在表达了对于把某些问题用安全语言（language of security）进行框定所具有的危险，哥本哈根学派也表达了对于“去安全化”的偏好。[③] 在哥本哈根学派看来，基本上，安全化应当被视为消极的，是作为常规政治处理问题的一种失败而不得已采取的措施。[④] 维夫认为，“安全化”构成了政治的对立面，而“去安全化”意味着更公开的参与和对话的可能性。因而维夫提出的目标是：我们不应当试图扩展安全外延，而应朝着“去安全化”的方向努力。[⑤]

哥本哈根学派把“去安全化”定义为“使问题脱离紧急模式而进入政治领域的常规谈判过程”，[⑥] 即把一个问题从安全领域转向非安全领域，把一个问题从安全问题变为非安全问题，使问题从“威胁—防御”的序列进入普通公共领域，使问题可以按照民主政治制度的规则来得以处理。而要成功地实现去安全化，行为体必须使听众相信指涉物已不受到生存性威胁，因此需要使已安全化的问题脱离危急模式而重新进入正常政治领域。而在理论和实践中，去安全化的概念似乎通过相互关联的两条主线去除安全化。在第一条主线中，去安全化是通过阻止问题安全化而实现，即行为体使问题不能进入安全议程。第二条主线中的去安全化情况有所不同，那就是使已经安全化的问题去安全化。在第二种情况中，去除安全化是通过在有一定意味的后安全化的背景下使指涉问题重回政治领域而实现的。[⑦] 可以看出，去安全化是一个涉及诸多因素的复杂过程，但从话语因素的视角来看，去安全化

---

① Lene Hansen, “Reconstructing Desecuritization: The Normative-Political in the Copenhagen School and Directions for How to Apply it,” *Review of International Studies*, Vol.38, No.3, 2012, p.526.

② Rita Taureck, “Securitization Theory and Securitization Studies,” p.55.

③ Paul Roe, “Securitization and Minority Rights: Conditions of Desecuritization,” *Security Dialogue*, Vol.35, No.3, 2004, p.282.

④ [英]巴瑞·布赞、[丹麦]奥利·维夫、[丹麦]迪·怀尔德著:《新安全论》，朱宁译，第40页。

⑤ 白云真、李开盛:《国际关系理论流派概论》，第372页。

⑥ Barry Buzan, Ole Wæver and Jaap de Wilde, *Security: A New Framework for Analysis*, p.4.

⑦ Faye Donnelly, “The Queen’s Speech: Desecuritizing the Past, Present and Future of Anglo-Irish Relations,” p.915.

过程是"限制对安全言语行为的使用"[①] 的过程。类似于安全化，去安全化要取得成功，行为体要说服听众相信指涉对象不再受到存在性威胁，相关的超越正常政治模式的紧急措施适得其反，他们需要扭转成功的安全化所带来的结果。因此，去安全化在很大程度上也是与话语相关的，也可以理解为在一定程度上的"言语行为"，而区别在于安全化是安全话语的使用，去安全化则表现为避免安全话语的使用或对非安全话语的使用。基于此，虽然去安全化的过程涉及诸多因素，但本书所关注和分析的主要是话语因素在其中的作用和影响。

3. 安全化程度

对于"安全化程度"这个概念，据笔者对国内外学术论文和著作的检索，目前学界在有关安全化研究的论著中提及"安全化程度"这个概念的几乎没有[②]，更未对"安全化程度"做出一个明确的定义。基于这种状况，本书对"安全化程度"给出一个尝试性的定义，即"安全化程度"是指安全化行为主体所界定的指涉威胁对国家安全的影响程度高低以及由此安全化行为主体所采取的应对措施的紧急和强弱程度。当然，这样的定义对于判断或界定安全化程度还太笼统。因此，这个定义具体到本书的案例，笔者对安全化程度的高低或与否主要通过三个要素予以界定和判断：一是相关的官方应急机构的设立或撤销；二是公众对问题的反应程度高低；三是为应对问题所投入的资金预算的高低。当然，这三个判断标准是笔者的一个尝试，可能不是非常全面，但至少在一定程度上反映和说明了安全化程度的高低。

4. 话语操控

对于"话语操控"（discursive manipulation），尽管在一些学术论文

---

① Ole Wæver, "Securitization and Desecuritization," in Ronnie D. Lipschutz, ed., *On Security*, New York: Columbia University Press, 1995, p.60.

② 据笔者检索提及类似于"安全化程度"的学术论著只有一篇论文，论文中涉及"high level of securitization""low level of securitization""intensified securitization"等概念，参见 Odysseas Christou, "Constantinos Adamides, Energy Securitization and Desecuritization in the New Middle East," *Security Dialogue*, Vol.44, No.5-6, 2013, pp.507-522。

和著作中有所提及[①]，但目前还没有一个非常明确的定义。本书对“话语操控”的界定是基于批评话语分析中的“操控”(manipulation)概念。而“操控”这个概念，虽然它经常以一种印象式的方式被人们所使用，但是没有系统的理论来阐述操控中的结构和过程。[②] 批评话语分析学者图恩·A.梵·迪克（Teun A. Van Dijk）认为操控主要涉及心理操控，他把操控描述为：“一种社会现象——特别是因为它涉及团体与社会行为者之间的互动和权力滥用；一种认知现象，因为操控通常隐含着对参与者心理的操控；也是一种话语现象，因为操控是通过文本、谈话和视觉信息实现的”。因此，话语是实现操控的主要途径，以此达到操控者操控被操控者认知的目的。[③] 基于此种阐述，本书对“话语操控”的界定综合了以上所提的三个方面，具体界定为：话语主体为了达到特定的目的而在话语互动过程中对话语的使用，如话语内容、话题选择、话语呈现方式等因素进行有意识控制，从而实现影响话语听众对事物认知的目的，进而影响听众的行为。在笔者看来，话语操控是一个较为宽泛的概念，它不只是等同于一些语言策略或手段的运用，其目的是为了实现话语操控者的特定意图，因此话语操控也可以被理解为一个语用层面的概念。基于以上对于话语操控的界定以及安全化中言语行为的主要特征，本书对安全化中话语操控主要概念操作化为三

---

① 国内外学术论文中有一些题目包含有“话语操控”或“discursive manipulation”，但据笔者查阅，这些论文未给予“话语操控”或“discursive manipulation”明确的定义。相关论文主要有：徐健、陈红、陈卫平：《权力、话语操控与意识形态——从批评性话语分析视角解读外刊新闻标题》，载《社会科学家》，2009年第4期，第154—158页；方颖：《话语操控语境的认知解读》，载《现代外语》，2014年第4期，第472—480页；徐宏亮：《权力、话语操控与意识形态——基于评价理论的灾难新闻标题研究》，载《阜阳师范学院学报(社会科学版)》，2015年第4期，第138—143页；孙墨：《论〈十日谈〉的话语操控手段》，载《沈阳师范大学学报(社会科学版)》，2011年第3期，第111—113页；陆蒙娜：《访谈节目中话轮转换机制和话语操控策略研究》，载《浙江万里学院学报》，2016年第6期，第57—63页；谢燕鸿、毛浩然：《突发公共司法事件官方应对话语操控策略研究》，载《天津外国语大学学报》，2019年第6期，第67—77页。Nikolas Theodorea and Scott Salmon, “Globalising Capital, Localising Labour? The Discursive Manipulation of Scale in Philips’ Struggle for Corporate Profitability,” *Space and Polity*, Vol.3, No.2, 1999, pp.153-169; Eric Plourde, “The Dubbing of the Simpsons Cultural Appropriation, Discursive Manipulation and Divergences,” *Texas Linguistic Forum*, Vol.44, No.1, pp.114-131。

② Teun A. Van Dijk, “Discourse and Manipulation,” *Discourse & Society*, Vol.17, No.3, 2006, p.359.

③ Ibid., pp.359-383.

个方面或三个线性关系的步骤：话语突显、话语框定与话语定位。话语操控的这三个方面或步骤构成了安全化过程中言语行为的具体作用机制。

（二）前提假定

本研究的前提假定涉及两个方面，即对于安全化行为主体和听众的假定以及本书所基于的安全化理论的假定。

首先，本书所指的安全化行为主体（securitizing actor），主要是指国家行为体，它是理性的行为体，在对一些问题的安全化过程中进行话语操控而控制相关问题安全化程度的高低，从而达到实现其国家利益最大化的目的。哥本哈根学派认为，安全化行为主体通常为“有安全发言权的政治领导人、官僚、政府、游说和压力集团”。[①] 可以说，这些行为体都在安全化过程中起着作用，对安全化程度产生着影响，但比较而言，国家行为体在安全化中的作用最为重要。布赞等人认为，安全是一个非常结构化的领域，其中一些行为体被放置在权力的位置上，因为它们被普遍认为能够发出“安全的声音”，并拥有定义安全的权力。[②] 因此，本书对于案例分析中的安全化行为主体设定为美国政府，因为在美国气候安全的定义上，美国政府具有最大的发言权和影响力。而美国总统作为美国国家元首和政府首脑，同时也是美国行政部门的最高领袖与三军统帅，在安全化中的权威性和作用无疑是最大的，也最能代表美国政府。因此，本书案例中的美国气候变化安全化中的安全化行为主体主要是美国总统，即分别为克林顿总统和小布什总统，或在一定程度上能够在气候变化问题方面代表美国政府或美国总统的相关政要。

其次，在民主制度中，一个政府的合法性来源于它由选民选举产生。这使得政府具有极大的优势来说服听众相信为应对存在性威胁而采取紧急行动的必要性。然而，听众也有权利决定是否接受或否决这

① Barry Buzan, Ole Wæver, and Jaap de Wilde, *Security: A New Framework for Analysis*, p.40.

② Ibid., p.31.

样的言语行为。[1] 安全化的成功与否取决于安全化行为体为他们的目标获得政治支持以及增加其地位在公众话语中具有相对影响力的能力，[2] 因为在民主制度中，“影响深远的政治措施取决于公众的接受性和合法性”。[3] 因此，对于美国气候变化安全化中的听众，本书限定为美国公众。

最后，本书所论及的“安全化”主要以哥本哈根学派安全化理论为基础，强调话语在安全化中的核心作用，但另一方面本书也吸收了其他一些安全化理论的观点，如强调安全化行为体与听众的互动。本书在上述理论的基础上，认为安全化是安全化行为主体通过言语行为引导听众对某一问题领域的认知，从而说服听众的过程。对某一问题领域的安全化与否或安全化程度的高低的控制，也是安全化行为主体引导和操控听众认知的结果，而这种对听众认知的引导和操控在很大程度上是通过话语操控来实现的。

（三）研究假设

本书把核心概念话语操控主要概念操作化为安全化行为主体使用话语逐步实施以下行为：一是通过话语突显（discursive salience）来引导或影响听众对于相关问题的关注，进而使相关问题进入预定的议事日程；二是通过话语框定影响听众的认知图式（cognitive schemata）建构；三是通过话语定位（discursive positioning）使安全化行为主体与听众界定各自权责，进而决定各自的行为。

本书的主假设是：安全化行为体可以通过话语操控来影响安全化程度的高低或安全化与否。

子假设一：通过话语突显影响问题突出程度，从而引导和影响听众对问题的关注，从而对安全化的程度产生影响。（如果话语主体不断

① 参见 Ralf Emmmers, “Securitization,” in Alan Collins, ed., *Contemporary Security Studies* (3rd Edition), Oxford: Oxford University Press, 2013, p.134。

② Mike S. Schäfer, Jürgen Scheffran and Logan Penniket, “Securitization of Media Reporting on Climate Change? A Cross-National Analysis in Nine Countries,” *Security Dialogue*, Vol.47, No.1, 2016, p.80.

③ Ibid.

强化或突出某一问题带来的安全威胁，这一问题就会得到听众更大的关注，那么这一问题就有可能进入安全议事日程而被安全化，或安全化程度会较高。）

子假设二：对某一问题的不同话语框定会影响听众对问题的认知，使听众建构出不同的认知图式，从而对安全化的程度产生影响。（如果把某一问题框定为安全威胁，听众就会建构出与安全威胁相关的认知图式，那么这一问题就有可能被安全化，或安全化程度会较高。）

子假设三：通过话语定位使安全化行为主体与听众界定各自权责，进而决定其行为。对话语主客体的不同定位影响相关方的位置确立、权利和责任界定以及相应的行为，进而对安全化程度产生影响。

本书将以两个案例来检验这三个子假设，并最终验证主假设能否成立。为了验证这三个子假设，本书对克林顿政府时期和小布什政府时期的气候变化政策进行比较研究，通过比较这两任美国政府在气候变化问题上的不同话语操控行为，检验话语操控是否对安全化程度高低或安全化与否产生影响。

三、本书结构安排

本书除前言、绪论和结论外，正文共包括五章内容。

绪论主要对本书的整体框架进行介绍，从“研究问题”“研究设计”“本书结构安排”“研究方法和创新”和“研究意义”五个方面进行论述，对本书的基本逻辑推理和研究意义进行阐述和分析。

第一章主要对安全化研究的发展状况进行了较为全面的梳理。第一节首先对哥本哈根学派安全化理论进行较为全面的梳理并阐述其不足及遭到的批评。第二节对哥本哈根学派之外的另一个重要的安全化理论流派巴黎学派的主要观点进行了介绍与分析。第三节梳理了其他视角的安全化理论——社会语用学视角、人类学视角和规范视角的安全化理论。第四节对安全化实证研究进行了梳理，主要涉及五个方面：一是安全化作用的研究；二是安全化具体过程或路径及影响因素的研究；三是安全化理论应用区域范围的研究；四是成功安全化界定的研究；五是气候变化安全化研究。

第二章主要提出并阐述本书的理论分析框架，即安全化行为主体可以通过话语操控来影响安全化程度高低或安全化与否。具体操作化为：安全化行为主体通过三个自变量——话语突显、话语框定和话语定位，来影响安全化程度的高低。本章对这三个变量的定义、作用机制和运用等方面进行了较为细致的阐述和分析。

第三章主要对克林顿政府和小布什政府时期的美国气候变化状况和影响以及气候变化政策进行概述，并对两任政府的气候变化政策进行对比，重点找出二者之间的不同之处。

第四章对克林顿政府时期的气候变化安全化中的话语操控进行分析。通过对本案例中的话语突显、话语框定和话语定位三个自变量的考察与分析，对本书所提出的理论假设予以检验。

第五章对小布什政府时期的气候变化安全化中的话语操控进行分析。通过对本案例中的话语突显、话语框定和话语定位三个自变量的分析，从反面的视角对本书所提出的理论假设予以检验。

结论部分对本书的研究进行总结，得出基本研究结论，指出本书的不足，并提出有待进一步研究的问题。

四、研究方法和创新

本书尝试多样化的研究方法，并期望这些多样化的研究方法能有助于本书产生一些创新之处。

（一）研究方法

本书所采用的研究方法主要如下。

1. 文献研究法

本书对学术著作和期刊中的相关资料进行收集、整理和阅读，从而对安全化研究以及克林顿总统和小布什总统任期内美国气候变化的相关文献进行梳理和综述，为本书的写作提供充分的文献基础。同时，本书将对与研究案例相关的历史文献进行搜集和分析，如美国总统以及政要讲话、政府声明、美国主流媒体话语等。

2. 话语分析法

布赞等人指出，"研究安全化的方法就是要研究话语……"。① 可见，话语分析方法在安全化研究中具有核心地位。因此，本书研究的一个核心重点是对相关文本进行话语分析。一般而言，话语分析考察在特定的社会背景和情形下语言的特征以及语言的使用模式。② 除了评估特定单词或术语的意义外，话语分析法也关注有助于使行为体区分他们的信息并对他们的事业有利的语言使用模式。③ 话语分析为理解一个复杂和动态的决策过程提供了一个有用的分析工具，因为它专注于对政策决策过程产生影响的"现实建构"。④ 因此，本书通过对美国总统及政要讲话、政府声明、美国主流媒体报道所进行的话语分析，分析并找出变量之间的关系，分析相关行为体的话语意图及话语效果。然而，话语分析只能指出安全化行为主体的影响力而无法评估安全语言对公众的安全认知所产生的影响。为克服这种局限，在安全化研究中可以加入公共舆论的证据作为话语分析的补充。⑤ 因此，本书在案例分析中，也将对美国公众对于克林顿总统和小布什总统任职期间的气候变化相关问题的民意调查数据进行分析和阐释，以期对话语分析的结果进行必要的支撑。

3. 比较研究法

比较研究方法是最基本的分析工具。比较研究使得我们的描述更准确。在概念形成的过程中，比较研究方法扮演了关键的角色，因为

---

① Barry Buzan, Ole Wæver, and Jaap de Wilde. *Security: A New Framework for Analysis*, p.25.

② Teun A. Van Dijk, "The Study of Discourse," in Teun A. Van Dijk, ed., *Discourse as Structure and Practice*, London: Sage Publications, 1997, pp.1-34.

③ Nancy T. Kinney, "Engaging in 'Loose Talk': Analyzing Salience in Discourse from the Formulation of Welfare Policy," *Policy Sciences*, Vol.38, No.4, 2006, pp.251-268.

④ R. Benford, and David Snow. "Framing Processes and Social Movements: An Overview and Assessment," *Annual Review of Sociology*, Vol.26, 2000, p.614.

⑤ Georgios Karyotis and Stratos Patrikios, "Religion, Securitization and Anti-Immigration Attitudes: The Case of Greece," *Journal of Peace Research*, Vol.47, No.1, 2010, pp.43-57.

比较使得我们更加关注案例之间隐藏的异同。① 比较研究法是本研究的案例检验中所使用的研究方法之一，通过对两个案例的比较，分析并找出两个案例中自变量的差异，进而考察因变量的不同，从而验证本研究的假设。

4. 统计法

本研究在两个案例的比较中，对一些指标将使用基础的统计方法，例如对文本中关键词词频的统计与比较等。通过数字的呈现，使分析更加直观和严谨，也更有说服力。

5. 定性与定量相结合的研究方法

本书研究中的话语操控涉及认知、话语交流与互动、社会环境、文化环境等因素，对这些因素的分析主要属于定性分析。但另一方面，本书也适当使用定量方法作为对定性研究方法的补充，以期使本研究得到更有说服力的结论。

（二）可能的创新

本书期望在以下三个方面有所创新。

第一，在哥本哈根学派安全化理论的基础上，吸收其他安全化理论的观点，期望对哥本哈根学派安全化理论的几个盲点进行一些填补，主要涉及安全化中话语的具体作用机制。

第二，吸收一些学者对哥本哈根学派的批评意见，将对安全化中听众作用和背景等因素予以强调。此外，本书对于话语的界定也将进行一定的扩展，不仅仅局限于言语方面，也将包括其他非言语方面，如图片、影像、文本布局等，但在具体的案例分析中主要还是集中在言语方面的分析。

第三，本书在安全化研究中，引入和使用其他学科如认知语言学和社会学中的一些理论和概念，以期更深刻地理解安全化的过程，同时也期望对安全化理论有所丰富。

---

① ［美］戴维·科利尔:《比较研究方法》，章远译，载《比较政治学前沿》，2013年第1期，第239页。

五、研究意义

本书研究具有一定的新颖性，在理论和现实层面都具有一定的研究意义，本书期望能在这两个层面得出一些有益的研究结论。

第一，在理论层面，在对前人研究进行梳理和分析的基础上，本研究对安全化理论中的相关过程做了一些尝试性的补充，引入了一些新的要素，也借鉴了一些其他学科的成果。在哥本哈根学派安全化理论基础上，本研究也吸收和借鉴了学界对它的批评意见，提出了一个基于“话语操控”的安全化理论框架。本研究对安全化过程中的言语行为进行一定程度的拓展，深化和增强了安全化理论的话语基础，对安全化中的话语进行具体的操作化分析，在一定程度上填补了已有理论尤其是哥本哈根学派在这方面的不足，有助于加深对于安全化过程及安全化理论的理解。此外，本研究在对安全化过程的分析中，通过话语定位这个要素的引入，在一定程度上填补了安全化理论对安全化过程中的“听众”与安全化行为主体之间互动分析的缺失以及安全化理论中关于成功的安全化界定中后续行为阐述的欠缺。另外，本研究结合了国际政治与语言学的相关理论和知识，也将对国际政治与语言学的跨学科研究起到一定的促进作用。

第二，本书研究在很大程度上是以政治现实为基础的，因此也具有一定的现实意义，对政治现实具有一定的启示作用。在非传统安全问题已成为困扰世界的一个重大挑战的时代，国际社会以及国家行为体必须采取有效的措施来应对非传统安全问题。而对非传统安全问题的安全化就是各行为体所采用的一种策略。安全化在一定程度上是一个负面的概念，因为安全化可能打破正常的政治程序，甚至侵犯公民的自由和人身权利，但安全化可以使非传统安全问题得到紧急和及时应对。因此，在当今非传统安全威胁不断增加的时代，越来越多的非传统安全问题已经威胁到国家安全、全球安全和人类安全，已经在实践层面被作为安全问题来处理。因此，安全化在很大程度上已经是政治实践中的一种常态。作为分析安全化过程的安全化理论，也需要得到进一步发展才能适应当今不断变化和发展的政治实践，才能为政治实践提供理论支持。而本研究提出的安全化理论框架在一定程度上有助于对现实中安全化过程和机制的理解，因此具有一定的现实意义。此外，虽然本研究选取的案例为美国气候变化问题的安全化，但也可以应用于其他国家和区域以及其他问题领域的安全化研究。

第1章

安全化研究的发展状况

自1945年以来，安全研究可能是国际关系中最为突出的次领域。[①] 但可能是由于冷战影响的缘故，安全研究长期以来为现实主义所主导。[②] 现实主义的传统安全观把安全研究等同于以国家和军事威胁为中心的战略研究。但是，随着非国家安全问题和非军事安全问题如环境问题、传染病、能源问题、移民问题、跨国犯罪、恐怖主义泛滥等问题的日益增长，现实主义安全观显现出一定的局限性。直到20世纪90年代以后，国际关系变化导致了安全观念的变化，出现了安全议程应该宽泛还是窄小的争论。[③] 在这种对于安全研究范围的争论中，哥本哈根学派提出和发展了一些新的概念和理论来重新思考安全问题，其中最为突出的就是“安全复合体”以及“安全化”与“去安全化”。安全化在广义上来说，是使一个非军事问题被视为一个安全问题的过程。哥本哈根学派的安全化理论扩展和深化了安全研究范围，它把安全概念扩大到了军事以外的诸多领域，如环境、社会、经济、政治、

---

① Bill Mcsweeney, *Security, Identity and Interest: A Sociology of International Relations*, Cambridge: Cambridge University Press, 1999, p.25.

② 白云真、李开盛:《国际关系理论流派概论》，第363页。

③ 参见朱宁:《安全化与非安全化——哥本哈根学派安全研究》，载《世界经济与政治》,2003年第10期，第21页。

网络空间等领域。因此，安全化理论也可以说是“重新定义了冷战结束背景下的安全研究议程”。①

第一节　哥本哈根学派安全化理论

安全化理论是由哥本哈根学派首先提出的，“安全化”也成为哥本哈根学派的三个核心概念之一。② 哥本哈根学派的理论贡献在于它是理解何为安全化以及安全化的运作方式的原始基点。③ 安全化理论已经成为安全研究中一个最具影响力的方法之一。

一、哥本哈根学派安全化理论的主要思想

哥本哈根学派的安全化理论是传统的安全化理论，主要强调语言的作用，其理论基础是语言哲学家约翰·奥斯汀（John Austin）和约翰·赛尔（John Searle）提出的“言语行为”理论。根据“言语行为”理论，某些陈述不仅仅可以描述一个给定的现实，也可以用来“实施”某种行为，即“以言取效”。通过言语行为，施动者不仅可以理解他们所处的社会环境，而且更为重要的是，他们表达了对于现存结构的目的性。言语行为的做出通常具有目的性，针对某人或某事。④ 就安全问题而言，安全标签的使用不仅反映一个问题是否是安全问题，而且这也是一个政治选择。因此，根据维夫的观点，我们可以把安全看作

① Ralf Emmmers, “Securitization,” in Alan Collins, ed., *Contemporary Security Studies* (3rd Edition), p.132.

② 哥本哈根学派的三个核心概念分别是“安全类别”“区域安全复合体”和“安全化”。参见 Ole Wæver, “Aberystwyth, Paris, Copenhagen: New School in Security Theory and Their Origin Between Core and Periphery,” Paper Presented at the ISA Convention, Montreal, March 17-20, 2004。

③ Jürgen Haacke and Paul D. Williams, “Regional Arrangements, Securitization, and Transnational Security Challenges: The African Union and the Association of Southeast Asian Nations Compared,” *Security Studies*, Vol.17, No.4, 2008, p.777.

④ John Searle, *The Construction of Social Reality*, New York: Free Press, 1995, p.61.

是一种言语行为，把“安全”说出来就是一种行为。[①] 通过言语行为做出的安全声明不只是描述性的，而且是施为性的（performative）——它可以通过改变看待问题的方式来改变现实。[②] 因此，安全不是一个客观的存在，而是通过特定的社会过程或“言语行为”而产生或形成。

在哥本哈根学派看来，语言机制就是安全化过程的唯一核心机制，“安全定义的标准是文本性的（textual）：它是一个在语篇中的特定修辞结构”。[③] 维夫认为，一个社会问题之所以会变成事关安全的大问题，是某些社会行为体言语行为的结果——这些行为体借助那些表述行为的语言，成功地将一个社会问题“安全化”，即把它说成是一个与安全存在着显性或隐性联系的问题，从而获得不同于其他社会问题的待遇——而那些未被安全化的社会问题则仍将按照常规的政治方式进行处理。[④] 安全化是政治行为体通过使用“存在性威胁”话语而把“常规政治”领域推向安全领域的一个过程。安全化也被描述为“政治化的一种极端形式”。[⑤]

一个问题成为安全问题，不一定是因为威胁本身或威胁具有客观重要性，而是因为被看作具有威胁。任何公共问题都可以处于从“非政治化”（在公共辩论和决策范围之外）到“政治化”（把问题纳入公共政策辩论范围内）再到“安全化”的范围里。这些理想类型之间的区别在根本上来讲是与政府给予一个问题的关注程度有关，并且随着关注程度的上升，问题的意义也会发生改变。[⑥]“安全”不是一个客观状态，而是可以被概念化为把“威胁和脆弱性”作为“存在性威胁”

---

① Ole Wæver, “Securitization and Desecuritization,” in Ronny Lipschutz, ed., *On Security*, New York: Columbia University Press, 1995, p.45.

② Barry Buzan, Ole Wæver and Jaap de Wilde, *Security: A New Framework for Analysis*, p.46.

③ Ibid., p.176.

④ 参见［法］达里奥·巴迪斯特拉：《国际关系理论》，潘革平译，北京：社会科学文献出版社，2010年版，第335页。

⑤ Barry Buzan, Ole Wæver and Jaap de Wilde, *Security: A New Framework for Analysis*, p.23.

⑥ Frank R. Baumgartner and Bryan D. Jones, *Agendas and Instabilities in American Politics*, Chicago, IL: University of Chicago Press, 1993.

的一个特定的语法建构结果。[①] 而这些“存在性威胁”是在特定的政治和社会背景下建构的。[②] 因此，安全威胁是安全化行为主体的一种主观建构。当一个问题被看作是安全问题时，它就成为安全问题。因此，安全也是一种“自我参照”（self-referential）实践，因为就是在这一实践中，一个问题成为一个安全问题。而当一个问题被安全化，它就会得到与国家生存受到军事威胁时相同程度的紧急性处置和应对。

哥本哈根学派依赖两个阶段的安全化过程来解释一个问题如何以及何时被认为成为对安全的存在性威胁并采取行动，在这两个阶段的安全化过程中，“言语行为”居于中心的位置。哥本哈根学派把言语行为作为安全化过程的起点。[③] 可以说，安全话语是安全化的核心点，因为安全化行为主体通过安全话语来理解和建构世界。安全化的第一阶段是安全化行为主体把某些问题、人或实体描述为对指涉对象的存在性威胁，而这样的描述还只是一种安全化行为。安全化行为的目的是为应对威胁而采取特殊对策寻求合理性和合法性以及争取支持，而这一切的获得都需要得到听众的认可与响应。安全化行为的成功取决于行为主体向一个集体指定一个威胁以及动员一个“我们”来反对一个所谓的具有威胁性的“他们”的能力。转而，这样的“危险话语”通过强调共同体成员和那些共同体之外的人的差异性而把团体团结在一起，这意味着对“他者”的建构与如何自我理解是密不可分的。[④] 因此，只有安全化行为主体成功地使相关听众（公共舆论、政治家、军事长官或其他精英）相信指涉事物受到了存在性威胁，安全化行为才取得了行为主体所要达到的效果，安全化的第二阶段，也是至关重要的阶段才成功地完成。

---

① Michael C. Williams, “Words, Images, Enemies: Securitization and International Politics,” *International Studies Quarterly*, Vol.47, No.4, 2003, p.513.

② K. Grayson, “Securitization and the Boomerang Debate: A Rejoinder to Liotta and Smith-Windsor,” *Security Dialogue*, Vol.34, No.3, 2003, p.338.

③ Ralf Emmmers, “Securitization,” in Alan Collins ed., *Contemporary Security Studies* (3rd Edition), p.134.

④ Georgios Karyotis and Stratos Patrikios, “Religion, Securitization and Anti-Immigration Attitudes: The Case of Greece,” *Journal of Peace Research*, Vol.47, No.1, 2010, p.44.

安全化行为主体是言语行为的实际实施者，虽然可能是个体，但通常代表一个更大的并最终决定采取所需行动的集体。[①] 其权威和社会权力通常来自他们的地位，这意味着，虽然在原则上任何人都有可能成为安全化行为体，但安全领域主要由政治精英和"安全专业人士"所主导。而安全化中的听众不仅仅限于公众，它可以包括政治决策者、官僚精英和军事人员等。听众的作用至关重要，因为是听众许可安全化行为主体推翻本应被遵守的规则。[②] 类似的，安全化也可以看作是一种"呼唤与回应"过程：一个行为体声称某一问题为关乎"安全"的问题，而听众必须回应他们对此的认可。观点必须按照这样一种方式来框定，以此获得能够使应急措施合法化的反响程度。如果没有这样的认可程度，安全化将会失败。[③] 安全化是政治行为体对使用特殊和紧急措施应对存在性威胁而获取合法性的一种行为或过程，因此政治行为体必须要得到选民一定程度的支持，从他们各自的社会寻求获得道义上的支持。也就是说，只有听众接受了安全化行为主体的言语行为，一个问题才会被安全化，因此从这个意义上看，安全化是一个主体间性的过程。[④] 何为存在性威胁在很大程度上取决于对什么构成了安全威胁的一种共识。此外，对于采取特殊措施的必要性也要达成共识，而且更重要的是，要形成一种"国家"危亡的共同意识：不只是它的边界或武装力量，还有其社会制度和自我存在感。[⑤]

然而，听众对于安全化行为的接受也要取决于各种适切条件（felicity conditions）的存在。适切条件有助于确定哪些问题适合什么样的指称对象以及哪一个行为体是言语行为的最佳执行者。[⑥] 首先是言

---

① Barry Buzan, Ole Wæver and Jaap de Wilde, *Security: A New Framework for Analysis*, p.37.

② Ibid., p.26.

③ 参见 Paul Roe, "Securitization and Minority Rights: Conditions of Desecuritization," *Security Dialogue*, Vol.35, No.3, 2004, p.281。

④ Megan MacKenzie, "Securitization and Desecuritization: Female Soldiers and the Reconstruction of Women in Post-Conflict Sierra Leone," *Security Studies*, Vol.18, No.2, 2009, p.243.

⑤ 参见 Fred Vultee, "Securitization: A New Approach to the Framing of the 'War on Terror'," *Journalism Practice*, Vol.4, No.1, 2010, p.34。

⑥ Ali Balci and Tuncay Kardas, "The Changing Dynamics of Turkey's Relations with Israel: An Analysis of 'Securitization'," *Insight Turkey*, Vol.14, No.2, 2012, p.101.

语行为的形式，它应该遵守“安全语法”和构建一个包含以下要素的情节：“存在性威胁”“无路可退”（point of no return）和“可能的出路”（a possible way out），加上“不同安全部门的特定辩证关系（环境的可持续发展性、社会部门的身份）。[①] 其次是安全化行为主体所拥有的社会资本。安全化行为主体必须处在一个“权威”位置，虽然不一定是官方权威，但安全化行为主体一般为精英或拥有机构话语权的人。[②] 最后，如果指涉对象通常被认为具有威胁性（如坦克、敌对情绪），那么被认为更容易唤起一种安全威胁。[③]

哥本哈根学派对安全研究领域的独特贡献之一就是它采用了言语行为的安全视角，它为如何定义“安全”的论争增加了一个新的维度。它将关注点从对威胁和安全的本质主义描述转向了定义的过程。当一个指涉对象被安全化行为主体成功地加以防御并在其达到极点时施以特殊（安全政治）行动时，这个过程就会启动。[④] 哥本哈根学派安全化理论是一个有用的分析工具，它有助于识别“安全化行为主体”和“指涉对象”，以及展示“安全化”过程如何通过“言语行为”而完成。因此，它对于识别和描述现有的安全化案例特别有用。[⑤] 它“对世界政治中威胁话语如何产生提供了迄今为止最为复杂和突出的理解”。[⑥] 总之，哥本哈根学派安全化理论的提出，极大地扩展和深化了安全研究的范围，推动了国际关系学科的安全研究。

二、学界对于哥本哈根学派的批评

哥本哈根学派的安全化理论推动了国际安全研究，但是它在多个

---

① Barry Buzan, Ole Wæver, and Japp de Wilde, *Security: A New Framework for Analysis*, p.33.

② Ibid.

③ Ibid.

④ Mona Kanwal Sheikh, “The Religious Challenge to Securitisation Theory,” *Millennium: Journal of International Studies*, Vol.43, No.1, 2014, p.255.

⑤ Nicole J. Jackson, “International Organizations, Security Dichotomies and the Trafficking of Persons and Narcotics in Post-Soviet Central Asia: A Critique of the Securitization Framework,” *Security Dialogue*, Vol.37, No.3, 2006, p.301.

⑥ Holger Stritzel, “Security, the Translation,” *Security Dialogue*, Vol.42, No. 4-5, 2011, pp.343-355.

方面遭到了学界的质疑和批评。

第一，针对哥本哈根学派安全化理论对于安全化过程中听众作用的忽略，有些学者提出了批评。霍尔格·斯特里泽尔（Holger Stritzel）认为，哥本哈根学派安全化理论中的安全行动由三个因素构成：言语行为、安全化行为体和听众。但是他们未能清晰地把行为体与听众之间的确切关系概念化，对三个要素之间确切的机制语焉不详，对他们理论中术语的本质性论述过于笼统。[①] 仅仅关注处于主导地位的精英话语会导致对于安全化理论的不均衡解读，即重视安全化行为主体而忽略了听众和背景的作用。[②] 这种不均衡可能会削弱安全化的主体间性概念，尤其如果有人把精英话语的言外之力误解为具有建构安全问题的神奇效果。[③] 而就是基于哥本哈根学派安全化理论，要实现成功的安全化最终取决于听众，听众有可能接受或拒绝关于一个特定问题的紧急情况声明。蒂埃里·巴尔扎克（Thierry Balzacq）认为，尽管哥本哈根学派指出一个“至关重要的听众”必须与安全化行为主体就指涉对象也就是将被安全化的威胁事件达成一致意见，但是对于听众的性质和地位却未做解释。[④] 他进一步指出，安全化行为主体如果能够理解听众的需求和感受并因此能够使用让听众产生共鸣的语言，那么它就更有可能获得成功。[⑤] 而对于听众的构成，哥本哈根学派的论述也不充分。莎拉·雷纳德（Sarah Leonard）与克里斯蒂安·考纳特（Christian Kaunert）指出，在实践中没有一个标准来确定谁是真正的听众。[⑥] 一些学者则认为安全化中的听众不是单一化的，而是多元化的，

---

① Holger Stritzel, “Towards a Theory of Securitization: Copenhagen and Beyond,” *European Journal of International Relations*, Vol.13, No.3, 2007, p.362.

② Georgios Karyotis, “Securitization of Migration in Greece: Process, Motives, and Implications,” *International Political Sociology*, Vol.6, No.4, 2012, p.392.

③ 参见 Thierry Balzacq, “The Three Faces of Securitization: Political Agency, Audience and Context,” *European Journal of International Relations*, Vol.11, No.2, 2005, p.173; Thierry Balzacq, “A Theory of Securitization: Origins, Core Assumptions, and Variants,” in Thierry Balzacq, ed., *Securitization Theory: How Security Problems Emerge and Dissolve*, New York: Routledge, 2011, pp.1-30。

④ Thierry Balzacq, “The Three Faces of Securitization: Political Agency, Audience and Context,” p.173.

⑤ Ibid., p.184.

⑥ Sarah Leonard and Christian Kaunert, “Reconceptualizing the Audience in Securitization Theory,” in Thierry Balzacq, ed., *Securitization Theory: How Security Problems Emerge and Dissolve*, pp.57-76.

而哥本哈根学派对于这一点也未加明确。[①] 此外，哥本哈根学派未能恰当地把听众和背景结合起来，使得它无法解答一个非常重要的问题，即安全化理论中听众因素和语境因素的比例问题。[②] 可以看出，哥本哈根学派安全化理论缺乏对于听众如何与安全化行为体之间互动这一环节的探讨。此外，哥本哈根学派对于安全化行为体如何通过言语行为说服听众的具体机制也缺乏充分而翔实的论述，对于话语及言语行为在安全化中的作用和重要性虽然予以强调，但论述过于笼统。

第二，哥本哈根学派安全化理论缺乏对于“背景”（context）的关注与论述，这也是受到质疑的一个重要方面。玛丽亚·朱丽亚·特罗姆贝塔（Maria Julia Trombetta）指出，哥本哈根学派理论的安全逻辑与语法是完全固定的，并且独立于背景和安全宣称者的意图之外。因此，移民问题安全化与促进环境行为之间或增加军事开支与巡逻边界之间就没有什么差异。即使具体措施不同，结果将永远是对抗的升级和威胁—防御方法。[③] 马特·麦克唐纳（Matt McDonald）指出哥本哈根学派对于行为背景的限定过于狭窄，只是关注于行为处置这一时刻（the moment of intervention）。安全化框架中提到了一系列问题或动因但是并没有详细说明，其中最突出的就是言语行为的背景。[④] 尼古拉·J.杰克逊（Nicole J. Jackson）指出，作为一个理论与实证工具，通过言语行为而进行的安全化过程研究太过狭窄。它未能考虑更广泛的背景或归根结底安全化为什么会发生。[⑤] 巴尔扎克认为，哥本哈根学派致力

① 参见 Thierry Balzacq, “The Three Faces of Securitization: Political Agency, Audience and Context,” pp.171-201; J. Huysmans, *The Politics of Insecurity: Fear, Migration and Asylum in the EU*, London: Routledge, 2006; Mark B. Salter, “Securitization and Desecuritization: A Dramaturgical Analysis of the Canadian Air Transport Security Authority,” *Journal of International Relations and Development*, Vol.11, No.4, 2008, pp.321-349; Paul Roe, “Actor, Audience(s) and Emergency Measures: Securitization and the UK’s Decision to Invade Iraq,” *Security Dialogue*, Vol.39, No.6, 2008, pp.615-635。

② Thierry Balzacq, “The Three Faces of Securitization: Political Agency, Audience and Context,” p.178.

③ 参见 Maria Julia Trombetta, “Linking Climate-Induced Migration and Security Within the EU: Insights from the Securitization Debate,” *Critical Studies on Security*, Vol.2, No.2, 2014, p.136。

④ Matt Mcdonald, “Securitization and the Construction of Security,” *European Journal of International Relations*, Vol.14, No.4, 2008, p.564.

⑤ Nicole J. Jackson, “International Organizations, Security Dichotomies and the Trafficking of Persons and Narcotics in Post-Soviet Central Asia: A Critique of the Securitization Framework,” p.315.

于在安全研究中把话语分析发展为一种可以复制结果的技术，但是这样做忽视了在语言的有效使用中背景作为一个解释变量的作用。[①] 迈克尔 · C. 威廉姆斯（Michael C. Williams）确定了成功的安全化的几个制约或构成因素：首先是行为主体在发出关于威胁主张有效性方面的不同能力；其次是做出这些主张的形式，以使相关听众认可和接受这些主张是令人信服的；最后是这些行为主体所能依赖的经验性因素或情景。[②] 也就是说，只有特定的行为主体在特定的情景使用特定的语言才能够实现成功的安全化。[③] 可见，与哥本哈根学派对成功安全化实现所界定的要素相比，威廉姆斯更增加了安全化所处的背景要素。安全的意义会因在不同的背景下而产生变化。[④] 仅仅对安全化言语行为规则进行运用是不够的，为了赢得听众，安全声明通常必须与外部现实相联系。[⑤] 对此，马克 · B. 索尔特（Mark B. Salter）借助于戏剧理论，对背景或场景（setting）进行了详尽的阐述。他认为每个场景都是独特的，都有着它自身的一套行为体、争论、听众的期望、专门性的语言、惯例和程序。他指出了四种场景：大众型、精英型、技术官僚型和科学型，同时他承认可能还有其他类型的场景。[⑥] “在每一个不同的场景中，有关权威/知识（谁可以说），社会背景（什么可以说），和成功的程度（听到什么）的核心规则都不相同。这远远超越了关于规范和话语规约的语言规则，以及官僚政治、群体认同、集体记忆和自我定义的兴趣。”[⑦] 背景或场景的不同导致了安全化中其他诸多因素的相异，这必然对安全化产生重要的影响。

---

① Thierry Balzacq, “The Three Faces of Securitization: Political Agency, Audience and Context,” p.176.

② Michael C. Williams, “Words, Images, Enemies: Securitization and International Politics,” p.514.

③ Paul Roe, “Securitization and Minority Rights: Conditions of Desecuritization,” *Security Dialogue*, Vol.35, No.3, 2004, p.282.

④ Felix Ciuta, “Security and the Problem of Context: A Hermeneutical Critique of Securitisation Theory,” *Review of International Studies*, Vol.35, No.2, 2009, p.301.

⑤ Thierry Balzacq, ed., *Securitization Theory: How Security Problems Emerge and Dissolve*, p.13.

⑥ Mark B. Salter, “Securitization and Desecuritization: A Dramaturgical Analysis of the Canadian Air Transport Security Authority,” *Journal of international relations and development*, Vol.11, No.4, 2008, p.328.

⑦ Ibid., p.322.

第三，对于安全化中“实践”（practice）的关注和论述的不足也是哥本哈根学派受到批评的一个方面。巴尔扎克指出，安全化更应被理解为一种战略（务实）实践，这种实践产生于或作为由背景、听众的文化心理特征以及讲话者和听众共同赋予互动的动力所构成的环境配置的一部分。[①] 而对于话语与实践在安全化中的作用，克里斯蒂娜·博斯韦尔（Christina Boswell）总结认为，安全化既发生在与政治制度相对应的政治话语层面，也发生在与行政管理体制相对应的实践层面，而行政管理体制是“这些行政管埋的组成部分参与制定和实施集体管理的具有集体约束力的活动”。[②] 而迪迪埃·比格（Didier Bigo）的研究表明，社会安全问题中的危险话语也可以通过具体安全实践的实施而产生，比如官僚程序（排斥与包容）、组群分析（如移民）和特别的安全技术（如签证、身份控制和登记）。[③]

第四，对于哥本哈根学派完全依赖语言在安全化中的作用，一些学者也提出了质疑。威廉姆斯指出，把安全描述为言语行为可能过于狭隘，以致难以完全把握安全化的社会背景。[④] 巴尔扎克认为言语行为安全观无法为考察“真实环境”中的安全实践提供充分的理据，例如许多安全话语违背了“真实规则”。[⑤] 琳娜·汉森（Lene Hansen）认为哥本哈根学派理论对于“言语”的定义过于狭窄，只包括口头和书面语词，而忽略了身体语言和图像等非言语成分。[⑥] 与口头或书面文本相比，图像可以使听众更加接近某一事件，它们具有构建被描述对

① Thierry Balzacq, “The Three Faces of Securitization: Political Agency, Audience and Context,” p.172.

② Christina Boswell, “Migration Control in Europe After 9/11: Explaining the Absence of Securitization,” *JCMS: Journal of Common Market Studies,* Vol.45, No.3, 2007, p.592.

③ Didier Bigo, “Internal and External Securitizations in Europe”, in M. Kelstrup and M. C. Williams, eds., *International Relations Theory and the Politics of European Integration*, London: Routledge, 2000, pp.142-168. Didier Bigo, “Security and Immigration: Toward a Critique of the Governmentality of Unease,” *Alternatives*：*Global, Local, political*, Vol. 27, No.1, 2002, pp.63-92.

④ Michael C. Williams, “Words, Images, Enemies: Securitization and International Politics,” p.528.

⑤ Thierry Balzacq, “The Three Faces of Securitization: Political Agency, Audience and Context,” p.171.

⑥ 参见 Lene Hansen, “The Little Mermaid's Silent Security Dilemma and the Absence of Gender in the Copenhagen School,” *Millennium: Journal of International Studies*, Vol.29, No.2, 2000, pp.299-303。

象和听众之间识别关系的功能。[①] 麦克唐纳认为把语言作为唯一的“安全化行为”形式存在着问题，原因有二：其一是言语只是意义传递的一种方式（尽管它是最重要的方式），[②] 许多学者提出可以考虑把图像作为安全化的潜在方式；其二是完全集中于语言会排除掉各种形式的官僚实践或外在行为，它们不仅仅遵循着安全化的言语行为，而且是传递安全意义和建构安全本体过程的一部分。[③] 麦克唐纳这样论述：“把视觉表征融入安全化框架……可能涉及同时反思国家政治精英在框架内的中心地位。”[④] 威廉姆斯指出当今的交流是多媒体的，政治沟通使用了言辞之外更为广泛的交流平台，越来越多地利用媒体图像传达关键信息，这使得政府有多种途径来使听众相信具有存在性威胁。他认为，安全化中的言语行为不能简化为纯粹的语言活动或语言辞令：它是一种范围更广的行事行为，其有效性可以借助于诸多背景性、制度性和象征性资源。[⑤] 威廉姆斯得出这样的结论：研究图像作为交际行为的方式，分析图像的含义如何传达，以及评估图像如何与更多人们熟悉的口头言辞形式进行交互，可能都是必要的，以便在更广泛的意义上理解安全的含义。[⑥] 弗兰克·穆勒（Frank Möller）也建议应该对图像安全化给予更多的关注。[⑦]

哥本哈根学派安全化理论的提出具有重要意义。从理论层面看，它拓展和深化了安全研究的议题，为当代安全研究提供了一种创新和开拓性的研究思路和方法。哥本哈根学派对现实主义的“国家—军事”为中心的安全研究方法提供了一个最有影响的替代方案。从实践层面

---

① Axel Heck and Gabi Schlag, “Securitizing Images: The Female Body and the War in Afghanistan,” *European Journal of International Relations*, Vol.19, No.4, 2015, p.895.

② Frank Möller, “Photographic Interventions in Post-9/11 Security Policy,” *Security Dialogue*, Vol.38, No.2, 2007, p.180.

③ Matt Mcdonald, “Securitization and the Construction of Security,” p.569.

④ Ibid.

⑤ 参见 Michael C. Williams, “Words, Images, Enemies: Securitization and International Politics,” p.512, p.526。

⑥ Ibid., p.527.

⑦ Frank Möller, “Political Iconography and Security Studies,” Paper Presented at the ECPR Standing Group Politics and the Arts Symposium “Politics and the Arts: Making Connections in Theory and Praxis”, Berlin, May 23-25, 2002.

看，它也不仅为应对危机提供了方法论意义上的应急方案，而且还提供了某项安全政策是否与安全相关的标准。[①] 因此，尽管哥本哈根学派安全化理论存在一些盲点或不足，受到不少批评和质疑，但它对安全理论的发展作出了开拓性的贡献。

第二节　巴黎学派安全化理论

在对哥本哈根学派安全化理论的批评中，安全化理论沿着新的路径有了新的发展，产生了一些新的理论成果，极大地推动了安全化理论的深化与发展，其中影响最大的是巴黎学派安全化理论。巴黎学派安全化理论主要受布迪厄的社会学理论的影响，是采用“社会学方法”（sociological approach）的安全化理论，也被称为“第二代”安全化理论。[②] 巴黎学派因一些巴黎的安全研究学者而得名，代表性学者有比格、劳伦特·博内利（Laurent Bonelli）等。巴黎学派把安全化理论对语言的关注转向对治理技术（techniques of government）的关注。[③] 巴黎学派既不满足于以和平研究和战略研究为主的传统安全研究，也不认同安全是由言语行为建构的观点，而是提出安全是由“不安”管理专家日常实践的结果。[④]

首先，对于“安全”的理解，巴黎学派与哥本哈根学派存在着一定的差异。不同于哥本哈根学派安全化理论是基于“例外的逻辑”（logic of exception），巴黎学派安全化理论则是基于“常规的逻辑”（logic of routine）。“常规的逻辑”把安全化看作是通过治理和实践而建立和赋予意义的过程。安全化过程是由一系列官僚和安全专业人士

---

① 叶晓红：《哥本哈根学派安全化理论述评》，载《社会主义研究》，2015年第6期，第170页。

② Holger Stritzel, “Securitization, Power, Intertextuality: Discourse Theory and the Translations of Organized Crime,” *Security Dialogue*, Vol.43, No.6, 2012, pp.549-567.

③ 参见 Ole Wæver, “Aberystwyth, Paris, Copenhagen: New School in Security Theory and Their Origin Between Core and Periphery,”; J. Huysmans, “The Politics of Insecurity: Fear, Migration and Asylum in the EU,” *JCMS: Journal of Common Market Studies*, Vol.11, No.2, 2006, p.223。

④ 袁莎：《“巴黎学派”与批判安全研究的“实践转向”》，载《外交评论》，2015年第5期，第6页。

所执行的常规化和模式化的实践行为所构成，其中技术占有突出的位置。[①] 巴黎学派认为，哥本哈根学派安全化理论中政治与安全的分离是存在问题的。安全不仅仅是面临存在性威胁时的生存问题，因此不只是"例外的政治"（politics of exception），而且也是对于风险的管理，这一点可能更加重要。比格认为，安全不一定关乎生存和紧急。更确切地说，安全主要由创造一种不安全感和不安感（a sense of insecurity and unease）的世俗性官僚机构的决策和实践所定义。安全是"安全专业人员对日常生活不安全化（insecuritisation）尝试和警察行动潜能优势的提高"。[②] 因此，巴黎学派强调在安全化逻辑中常规性的"正常"政治和官僚理性（bureaucratic rationalities）。[③]

其次，巴黎学派的"社会学方法"安全化理论与巴尔扎克称之为"哲学方法"（philosophical approach）的安全化理论（即哥本哈根安全化理论）相比，更强调社会实践、权力、背景、惯习等因素的作用，更强调安全化行为体与听众之间的互相建构关系。[④] 巴黎学派批评哥本哈根学派对言语行为的关注太过狭隘，他们强调安全化过程中其他媒介和实践的重要性，并认为安全化是一个多层次过程，并且与特定背景相关联。它更强调话语实践发生的语境特征，以及在语境中所有的行为体的日常非话语实践。[⑤] 不同语境具有不同程度的制度化，其特征有可能通过实践以言语行为和安全化的不同组合而得以体现。[⑥]

---

① Philippe Bourbeau, "Moving Forward Together: Logics of the Securitisation Process," *Millennium: Journal of International Studies*, Vol.43, No.1, 2014, p.190.

② Didier Bigo, "The Mobius Ribbon of Internal and External Security(ies)," in Mathias Albert, David Jacobson and Yosef Lapid, eds., *Identities, Borders, Orders: Rethinking International Relations Theory*, Minneapolis: University of Minnesota Press, 2001.

③ 参见 Luca Mavelli, "Between Normalisation and Exception: The Securitisation of Islam and the Construction of the Secular Subject," *Millennium: Journal of International Studies*, Vol.41, No.2, 2013, pp.159-181。

④ Holger Stritzel, "Securitization, Power, Intertextuality: Discourse Theory and the Translations of Organized Crime," p.553.

⑤ Didier Bigo, "Security, Exception, Ban and Surveillance," in D. Lyon, ed., *Theorizing surveillance: The Panopticon and Beyond*, Uffculme, Devon, UK: Willan Publishing, 2006, pp.46-68.

⑥ Sarah Léonard, "EU Border Security and Migration into the European Union: FRONTEX and Securitisation Through Practices," *European Security*, Vol.19, No.2, 2010, pp.231-254.

安全得以建构和应用于不同的问题和领域，往往是通过一系列的常规性实践，而不是仅仅通过具体的言语行为使应急措施得以实施。[①] 虽然没有放弃对语言的关注，但巴黎学派更加关注的焦点是被比格称之为的安全专家的“惯习”（habitus），而不是安全化的特定时刻。“惯习”是指持久的行为和存在于特定场域的施动者话语所构成的系统。因此，它清楚地表明在安全化中对语言事件的专注与实践导向的安全化路径并不是格格不入的。[②] 比格对哥本哈根学派做出这样的批评，“它没有关于常规、日常行为和理解话语在实践中如何运作所必需的官僚机构的概念，而这正是安全化如何运作的方式，即通过连续的而不是特殊的日常技术和权力的影响”。[③] “不借助于语言或话语，也有可能使某些问题安全化，这一点军队和警察很久就已知道。实践工作、学科和专业知识与所有形式的话语同样重要。”[④] 巴黎学派学者更关注政策执行者的日常实践如何通过把一个问题嵌入特定安全领域而把之建构成为安全问题。[⑤] 与“言语行为”或“话语”作为哥本哈根学派安全化理论的核心要素相比，“实践”则是巴黎学派安全化理论的核心要素。

最后，巴黎学派强调“场域”（field）在安全化实践中的作用。“场域”是法国社会学家皮埃尔·布迪厄（Pierre Bourdieu）所提出的一个重要概念，是指“由相互依赖但相互区分的元素组成的社会空间，当一群施动者为了某种稀缺资源进行结构性斗争时就会形成场域”。[⑥] 场

---

① Matt Mcdonald, “Securitization and the Construction of Security,” p.570.

② Thierry Balzacq, Sarah Léonard and Jan Ruzicka, “‘Securitization’ Revisited: Theory and Cases,” *International Relations*, Published Online on August 5, 2015, p.18.

③ Didier Bigo, “Security and Immigration: Toward a Critique of the Governmentality of Unease,” *Alternatives*, Vol.27, No.1, 2002, p.73.

④ Didier Bigo, “When Two Become One: Internal and External Securitisations in Europe,” in Morten Kelstrup and Michael Williams, eds., *International Relations Theory and the Politics of European Integration*, New York: Routledge, 2000, p.347.

⑤ 参见 Maria Julia Trombetta, “Linking Climate-Induced Migration and Security Within the EU: Insights from the Securitization Debate,” p.137。

⑥ Vincent Pouliot and Frédéric Mérand, “Bourdieu’s Concepts: Political Sociology in International Relations,” in Rebecca Adler-Nissen, ed., *Bourdieu in International Relations: Rethinking Key Concepts in IR*, London: Routledge, 2012, p.32.

域概念所要表达的，主要是在每一个社会空间中，由特定的行动者相互关系网络所表现的各种社会力量和因素的综合体。场域基本上是一个靠社会关系网络表现出来的社会性力量维持的，同时也是靠这种社会性力量的不同性质而相互区别的。① 布迪厄把场域作为一个社会空间，一个汇集了从事某些产品生产的行动者和机构的缩影。场域的概念为实践和语言提供了一种关系性的认识，它有助于我们摆脱在安全与媒体研究文献中占主导地位的还原论的、本质主义的和个人主义的本体论，并能采取更加全面的和关系性的方法。② 在一个场域中，施动者的区分不仅仅是基于他们的性质，而且根据他们相对于他人的地位和拥有的"资本"(capital)，也就是可以给予他们某一类权力(例如：文化的、积极的、符号的和官僚的)资源。场域中的成员结合起来而拥有一套共有的兴趣、相同的创造知识的方法(就安全而言是关于威胁的知识)和共同的应对威胁的策略。③ 因此，场域促成了实践体制的产生。换句话说，实践，例如安全化实践，它们的形式和内容都产生于以权力关系为主要特征的场域。④ 巴黎学派学者认为，安全场域不是固定不变的，施动者的位置和它们的影响决定于背景的状况、问题的性质和专业人员的权力斗争。⑤ 而安全化实践因其实施时所处的场域或社会领域而产生不同。例如，"边境控制"至少在三个不同的社会领域中实施——军事战略场域、国内安全场域和全球网络监视社会场域，这三个不同的社会领域与控制边境的过程交织在一起，但就所涉

① 高宣扬：《布迪厄的社会理论》，上海：同济大学出版社，2004年版，第139页。

② 参见Mark B. Salter and Can E. Mutlu, "Securitisation and Diego Garcia," *Review of International Studies*, Vol.39, No.4, 2013, p.819。

③ Didier Bigo, "The European Internal Security Field: Stakes and Rivalries in a Newly Developing Area of Police Intervention," in Malcolm Anderson and Monica den Boer, eds., *Policing Across National Boundaries*, London: Pinter, 1994, p.164; Vincent Pouliot and Frédéric Mérand, "Bourdieu's Concepts: Political Sociology in International Relations," in Rebecca Adler-Nissen, ed., *Bourdieu in International Relations: Rethinking Key Concepts in IR*, pp.32-36.

④ Thierry Balzacq, Sarah Léonard and Jan Ruzicka, "'Securitization' Revisited: Theory and Cases," p.12.

⑤ Thierry Balzacq, "The Three Faces of Securitization: Political Agency, Audience and Context," pp.171-201.

及的各个行业的特征而言又有明显不同。[①]

此外，巴黎学派安全化理论认为安全化过程依赖于专业技术和专业知识，强调安全专家（security professionals）在安全化过程中的中心地位。巴黎学派强调安全机构的专业网络所起的作用，他们企图通过他们的专家职位以及他们所具有的创建和管理边界、管理和定义威胁和风险的实际能力来塑造"真理"。[②] 因此，巴黎学派关注和考察被授权掌握特殊信息的各种机构和安全专家如何自称来权威性地识别威胁，其间他们可能夸大或扩大现有的忧虑，以促进自身的制度性利益。[③] 随着国家权力的下放，参与国家安全实践的不再只有国家领导人或者少数政治精英，而是各行各业的"不安"（insecurity）管理专家，"不安"管理专家具有专业性、合法性和权威性，他们不仅仅被动地应对威胁，而且还会主动对威胁进行界定、分类、排序和决策。[④] 比格认为，哥本哈根学派安全化理论把政治与安全割裂开来是存在问题的。安全不仅仅是面对存在性威胁时的生存问题，因此它不只是打破常规的政治，更是对风险的管理。而这种管理不仅仅由政治家来执行，更是由安全专家（警察、海关、移民管控、情报专家等）来执行，他们积极地参与"真理统治"（regime of truth）的建构，以期为恐惧、不安、疑虑和不确定性建立"合法"的理由。[⑤] 安全专家的此种权力和权威来源于他们所拥有的专业技术和知识。安全专家识别用于管控问题的具体实践和工具，反过来这个过程又加强了一个问题作为安全问题所具有的特定表征和理解。[⑥] 对于巴黎学派学者，安全化研究要聚焦于（不）安全专家网络的建立、他们所创造的意义系统以及他们的实践所产生的效

① Didier Bigo, "The (In)Securitization Practices of the Three Universes of EU Border Control: Military/Navy-Border Guards/Police-Database Analysts," *Security Dialogue*, Vol.45, No.3, 2014, p.212.

② Case Collective, "Critical Approaches to Security in Europe: A Networked Manifesto," *Security Dialogue*, Vol.37, No.4, 2006, p.457.

③ Didier Bigo, "Security and Immigration: Toward a Critique of the Governmentality of Unease," p.64.

④ Ibid., p.74.

⑤ Didier Bigo, "Globalized (In)Security: The Field and the Ban-Opticon", in Didier Bigo and Anastassia Tsoukala, eds., *Terror, Insecurity and Liberty: Illiberal Practices of Liberal Regimes*, p.12.

⑥ Maria Julia Trombetta, "Linking Climate-Induced Migration and Security Within the EU: Insights from the Securitization Debate," p.138.

力。[①] 不同于"例外的政治"(politics of exception)为哥本哈根学派理论的重要特征，比格所说的安全专家则依赖于"不安的政治"(politics of unease)。[②] 不安的政治关注的不是对政治自治和领土完整构成的存在性威胁，而是其他还需要加以监管的危险，这些危险把各种政策领域联系起来(例如：反恐、贩卖人口和非法移民)，以保证政府相关技术的采用，如种族形象定性和身份证。重要的一点是，通过更普通的，也就是说，更多的谨慎和诡秘的机制，这种不安的政治可以创造进行安全化的背景，在此并没有明确地对威胁进行话语框定。[③] 这种"不安的政治"使各种管理"不安"的行业以及参与应对、防范和管理"不安"的专家得以产生和出现，如军队、警察、边防、海关、法官、检察官、治安、移民、情报、反间谍、信息技术、侦察、媒体、心理专家等。此外，私营部门如机场、航空公司和安保公司的专业人士也加入多种"不安"的管理。[④]

而对于"真理统治"与"言语行为"之间的逻辑关系，巴黎学派与哥本哈根学派持相反的看法。在哥本哈根学派看来，安全化言语行为使一种新的"真理统治"得以产生(只要威胁得到至关重要的听众的共鸣)。而在巴黎学派看来，是已经存在的"真理统治"使得安全化言语行为得以产生。安全化过程主要是安全专家通过日常的政治实践进行的，安全化言语行为只是对这种过程的一种"高声"的展示。[⑤]

---

① Case Collective, "Critical Approaches to Security in Europe: A Networked Manifesto," p.458.

② J. Huysmans and A. Buonfino, "Politics of Exception and Unease: Immigration, Asylum and Terrorism in Parliamentary Debates in the UK," *Political Studies*, Vol.56, No.4, 2008, pp.766-788.

③ Paul Roe, "Is Securitization a 'Negative' Concept? Revisiting the Normative Debate over Normal Versus Extraordinary Politics," *Security Dialogue*, Vol.43, No.3, 2012, p.252.

④ Didier Bigo, "Globalized (In)Security: The Field and the Ban-Opticon", in Didier Bigo and Anastassia Tsoukala, eds., *Terror, Insecurity and Liberty: Illiberal Practices of Liberal Regimes*, pp.13-14.

⑤ 参见Luca Mavelli, "Between Normalisation and Exception: The Securitisation of Islam and the Construction of the Secular Subject," *Millennium: Journal of International Studies*, Vol.41, No.2, 2013, p.174。

第三节　其他安全化理论

除了以上两种影响最为广泛的安全化理论流派，也有一些学者采用其他视角或路径来发展安全化理论。

一、社会语用学视角的安全化理论

有学者从社会语用学（sociopragmatist）的视角来发展安全化理论，主要代表学者是菲利普·克鲁菲尔斯（Philipp Klüfers）。此视角与上述“社会学方法”安全化理论较为相似，对于安全化过程中实践的作用较为重视，但相比之下更强调安全化中语言因素与社会背景因素的融合。

不同于一些安全研究者试图找出不安全或风险的一般性规则或程序的做法，社会语用学视角的安全化理论摒弃了威胁的成功建构是以普遍的“安全逻辑”或标准的“适切条件”为基础的观点。社会语用学视角的安全化理论认为，在不同的社会政治和文化背景下，对“安全”的理解也会产生不同。因此，依据“社会语用学视角”，社会威胁的建构依据通用规则是无法理解的。安全化行为可以理解为话语的过程，此过程通过一个或多个“安全剧目”（security repertoires）而发展。这些剧目约束和限制着对社会问题的共同感知、争论以及理解方式，例如对威胁或风险的认知。通过使用成功的安全剧目可以建构出社会威胁形象，而这种使用因不同的社会文化环境而产生差异和变化。基于对环境或背景因素的强调和重视，社会语用学的安全化概念可以解决通用规则应用于不同社会文化背景下的安全化过程时产生的困境。

具体而言，社会语用学视角的安全化理论的主要观点体现在以下三个方面：一是安全化行为很少是类似独白一样单一的、单方面的行为。[①] 在此意义上，社会语用学视角者把安全化理解为一个讲述者与

① Matt Mcdonald, “Securitization and the Construction of Security,” p.564.

一个或多个听众的对话式建构，源自如"一系列言语行为"的过程。[1]二是对于社会语用学视角者，安全化行为的成功主要取决于行为体完成行为时所处的社会政治背景条件。[2]三是只有当存在性威胁得到话语上的认可并有后续的行动得到采取，例如紧急措施，安全化才算取得了成功。[3]社会语用学视角的安全化理论在一定程度上弥合了哥本哈根学派安全化理论中文本以及话语与背景之间的对立。

二、人类学视角的安全化理论

也有一些学者试图从人类学（anthropological）的视角来拓展安全化理论，主要的代表性学者是马丁·霍尔布莱德（Martin Holbraad）和莫尔滕·阿克塞尔·佩德森（Morten Axel Pedersen），他们通过古巴革命的案例提出和发展了人类学视角的安全化理论。人类学视角安全化理论的提出旨在扩展安全化理论的研究范围，使安全化理论能够应用于非西方语境。

从人类学视角对安全化理论进行扩展是通过两个步骤实现的。

第一个步骤是把安全化理论相对化（relativize），即显示其关键性前提在历史和文化方面比现在看起来具有更多的偶然性。换言之，相比于把安全化理论看作是一种超历史/文化的分析框架，这种做法更多的是把安全化理论本身看作为一个历史/文化产物。据此，两位学者指出尽管安全化理论的前提保持着它隐性的"自由性质"（liberal）前提，但古巴或其他国家革命的反例足以说明这种对政治和社会的本体性假定存在分析上的盲点。它使安全化理论无视革命性政治形式的完全非自由性质。

第二个步骤是关于理论建构的，即如何通过古巴革命政治的经验

① Philipp Klüfers, "Security Repertoires: Towards a Sociopragmatist Framing of Securitization Processes," *Critical Studies on Security*, Vol.2, No.3, 2014, p.3.

② Ibid.

③ Nicole J. Jackson, "International Organizations, Security Dichotomies and the Trafficking of Persons and Narcotics in Post-Soviet Central Asia: A Critique of the Securitization Framework," p.313.

性偶然因素来对安全化理论进行分析层面上的重构。就此问题，这两位学者指出，哥本哈根学派的安全化模式是自由主义类型的，它涉及与自由主义思想相关联的某些政治本体论前提，即区分了普通政治与特殊政治以及日常规则的概念与类似紧急情况下的异常。人类学视角则试图提出他们称为的“非自由”（non-liberal）安全化模式，他们也称之为革命性（revolutionary）安全化模式，以此模式来分析各种非西方语境下的安全化。他们的人类学策略使用经验资料的偶然性（也就是古巴革命和它所产生的政治形式）作为一种改变模式本身所具有的基本坐标的方式。其理论核心是在某些特定的革命和/或国家社会主义背景下，安全化不是在一个由固定坐标组成的矩阵中从一个位置到另一个位置运动的模型（即从普通政治领域进入紧急状态领域），而是政治矩阵本身的基本坐标的转换。[①] 这样，安全化理论的研究范围突破了传统的民主社会的范围，安全化过程不再局限于民主社会中的从正常或普通政治到非常规或特殊政治的发展轨迹。

虽然也有其他学者对安全化理论的应用范围进行了探讨（本章后文将进行阐述），但相比之下，人类学视角的安全化理论主要从理论的角度来系统地探讨此问题，因此具有更高的理论价值。

三、规范视角的安全化理论

此外，也有学者从规范的视角来研究和发展安全化理论，丽塔·弗洛伊德（Rita Floyd）是代表学者之一。弗洛伊德对安全化理论进行了修正，她称为“正义安全化理论”（a just securitization theory），“一种可以使分析者能够判断任何特定安全化的道义正当性的规范理论”。[②]

弗洛伊德指出她所提出的修正的安全化理论基于这样的核心观点，即安全化不能同时既作为一种施为性言语行为，又依赖言语行为被相

---

① Martin Holbraad and Morten Axel Pedersen, “Revolutionary Securitization: An Anthropological Extension of Securitization Theory,” *International Theory*, Vol.4, No.2, 2012, pp.165-197.

② R. Floyd, “Can Securitization Theory Be Used in Normative Analysis? Towards a Just Securitization Theory,” *Security Dialogue*, Vol.42, No.4-5, 2011, p.429.

关听众所接受，因为这种施为性不认为听众在此具有实质性的作用。[①]这一难题的解决办法就是把听众从安全化过程中排除。她认为这样做是因为听众并不是一个分析性概念，而是一个具有分析性假象的规范性概念。也就是说，它不是来源于对政治实际运作的经验型观察，而是来源于维夫对于政治，包括安全政策应该如何被运作的一种见解。[②]此外，安全化以类似言语行为一样来运作的观点也与哥本哈根学派把安全化行为与完全的安全化进行区别相冲突，因为如果“说话本身就是行为”，那么言语行为就等同于完全的安全化，任何的区分都是多余的。因此，她认为安全化并不是一个以言行事行为，而安全化行为只是安全化中的言语行为部分。只有言语行为中的警告或承诺后续有相关施动者实施的相关行为发生改变，安全化的完成才得以实现。[③] 据此，弗洛伊德的理论可归结为：安全化=安全化行为+安全实践。[④] 弗洛伊德的理论提出了安全化道义正当性的三个标准：一是存在性威胁的客观性，也就是说，一个威胁危及一个行为体或秩序的生存，无论是否有人意识到这种情况；二是安全指涉对象的道义合法性，这种情况是指指涉对象有益于被定义为满足人类需求的人类福祉；三是安全反应对于所受威胁的适当性，也就是说安全反应必须与侵略者的能力相符，而且安全化行为主体的意图必须是善意的。[⑤]

尽管弗洛伊德告诫道，为了大多数人的利益也不见得要全盘接受，但她仍然认为，这样一种结果——为了多数人而不是少数人的安全——通常表明了一种积极的安全化。[⑥] 相比于弗洛伊德认为安全化在

---

① Thierry Balzacq, “The Three Faces of Securitization: Political Agency, Audience and Context,” pp.171-201; Holger Stritzel, “Towards a Theory of Securitization: Copenhagen and Beyond,” pp.357-383.

② R. Floyd, *Security and the Environment: Securitization Theory and US Environmental Security Policy*, Cambridge: Cambridge University Press, 2010, p.50.

③ 参见R. Floyd, “Can Securitization Theory Be Used in Normative Analysis? Towards a Just Securitization Theory,” p.428。

④ R. Floyd, *Security and the Environment: Securitization Theory and US Environmental Security Policy*, pp.52-54.

⑤ R. Floyd, “Can Securitization Theory Be Used in Normative Analysis? Towards a Just Securitization Theory,” p.428.

⑥ R. Floyd, “Towards a Consequentialist Evaluation of Security: Bringing Together the Copenhagen and Welsh Schools of Security Studies,” *Review of International Studies*, Vol.33, No.2, 2007, pp.337-340.

一定情况下或满足一定条件时具有积极意义的观点，也有从规范视角研究安全化的学者认为安全化完全是消极的。此种观点的代表学者是克劳蒂亚·阿罗多（Claudia Aradau）。她认为“安全化是一种管制技术，它通过神话般地重演霍布斯式的自然状态的各种形式，恢复了对暴力死亡的恐惧所带来的强制力。它通过制造存在性威胁而引发经历暴力死亡的现实可能性，造成了对日常生活的突然性破坏”。[①] 由于安全化的特别政治模式使快速决策过程以及产生敌对他者归类的结果制度化，安全化有损于民主。[②] 因此，阿罗多认为安全化是完全消极的。

相比于上述几种安全化理论，弗洛伊德提出的理论对安全化中的听众和语言的作用采取完全忽视的态度，“把听众从安全化过程中排除”，[③] “摈弃语言具有安全化作用的观点”。[④] 此种安全化理论虽然强调了安全化的规范因素，也指出了哥本哈根学派对于安全化界定中的行为的缺失，但其对话语以及听众作用的完全忽视却值得商榷。

总的来看，在安全化理论的发展过程中，哥本哈根学派理论是安全化理论的起点和基石，对国际安全研究产生的影响最大，其理论中的“言语行为”是安全化过程的核心要素。而包括巴黎学派在内的其他安全化理论也在一定程度上弥补了哥本哈根学派理论的不足，为安全化理论增添了新的视角，进一步发展和深化了安全化理论。

第四节　安全化的具体案例研究

安全化理论的提出与发展也为安全实践研究提供了理论基础与方

① Claudia Aradau, “Beyond Good and Evil: Ethics and Securitization/Desecuritization Techniques,” *Rubikon: International Forum of Electronic Publications*, December 2001, http://venus.ci.uw.edu.pl/Brubikon/forum/claudia2.htm，登录时间：2018年3月7日。

② Claudia Aradau, “Security and the Democratic Scene: Desecuritization and Emancipation,” *Journal of International Relations and Development*, Vol.7, No.4, 2004, pp.388-413.

③ R. Floyd, “Can Securitization Theory Be Used in Normative Analysis? Towards a Just Securitization Theory,” p.429.

④ Ibid.

向，安全化的具体案例研究大量出现。安全化案例研究涉及诸多问题领域，主要包括能源问题、卫生问题、移民问题、网络空间、环境问题、有组织犯罪问题等。安全化实证研究所探讨的问题也非常广泛，例如安全化的作用、安全化的路径、安全化理论应用区域范围、成功安全化的界定等方面。

一、安全化作用的研究

安全化在安全实践中到底起什么样的作用以及安全化在应对安全问题上是否有效是研究者所关注的问题。

首先，一些学者讨论了安全化在安全实践中的积极作用，这些学者认为安全化有助于政治实践中有关问题得到快速而有效的解决。吉奥吉奥斯·卡里奥蒂斯（Georgios Karyotis）的论文应用哥本哈根学派安全化理论分析了希腊警察在2002年逮捕“11月17日革命组织”成员的事件。作者指出希腊多年来应对国内恐怖活动陷入困境是源于多数人不认为恐怖主义对希腊安全构成直接威胁，而迟来的对恐怖主义问题的安全化促成了对恐怖分子的逮捕。[①] 埃米莉·克里克（Emily Crick）的论文分析了国际上对毒品的安全化。论文用安全化理论解释了“毒品作为存在性威胁”话语如何以及为何在国际反毒品中具有很强的效力。[②] 亚当斯·卡穆雷德特–斯科特（Adam Kamradt-Scott）与柯林·麦金尼斯（Colin McInnes）的研究指出，就采取措施和全球响应的扩散而言，流行性感冒在新千年之际被成功的安全化，无论对国家安全还是对国际安全都具有意义深远的影响。[③]

其次，也有一些学者认为安全化具有消极影响和作用。乔娜·尼曼（Jonna Nyman）的论文以美国对中海油收购优尼科石油公司进行

---

① Georgios Karyotis, “Securitization of Greek Terrorism and Arrest of the ‘Revolutionary Organization November 17’,” *Cooperation and Conflict*, Vol.42, No.3, 2007, pp.271-293.

② Emily Crick, “Drugs as an Existential Threat: An Analysis of the International Securitization of Drugs,” *International Journal of Drug Policy*, Vol.23, No.3, 2012, pp.407-414.

③ Adam Kamradt-Scott and Colin McInnes, “The Securitisation of Pandemic Influenza: Framing, Security and Public Policy,” *Global Public Health*, Vol.7, No. S2, 2012, pp. s95-s110.

安全化为案例，提出对能源问题安全化损害国家间合作，使国家把能源和国家安全捆绑起来，进而激发国家间在能源供应上的战略和经济竞争。[①] 杰里米·尤德（Jeremy Youde）的论文指出了禽流感安全化带来的三个主要问题：一是它激发了不适宜的反应；二是它分散了对于其他真正具有紧迫性的卫生问题的关注；三是它扩大了发展中国家与发达国家之间的差异。[②] 罗伯特·多弗尔（Robert Dover）的论文对因针对次撒哈拉非洲而制定的欧盟移民政策进行了研究。作者指出欧盟移民政策的安全化在两个方面具有负面影响。一是对来自南部的经济移民建立的进一步障碍和对这一问题的过度领土化（extra-territorialization）增加了交易成本以及重要廉价劳动力来源所面临的外在危险；二是在试图把非洲移民排除在欧盟境外时，欧盟也把经济和社会的不安全锁定在了自己的领土范围内。[③] 拉尔夫·埃莫斯（Ralf Emmers）的论文研究了东盟从1996—1997年以来对跨国犯罪的安全化。尽管东盟成员国发表了一些与安全有关的声明，但没有证据显示这种做法能激发区域政策制定者采取一致的安全反应。作者认为东盟无法采取一致行动一方面归因于国内环境，另一方面也归因于其自身的共识模式和对制度性改革的抵制。因此，作者认为，对于跨国犯罪问题，如果主要以刑事问题而不是以安全问题进行处理，可能会更加有效。[④] 艾汗·卡亚（Ayhan Kaya）认为，西方国家把移民问题和伊斯兰教的安全化作为一种在民族文化和宗教上多元化社会中控制大众的治理形式，却加深了已经存在的主流人群与具有伊斯兰背景的少数族裔的裂痕。[⑤] 凯文·沃尔比（Kevin Walby）与杰弗里·莫纳汉（Jeffrey

① Jonna Nyman, "'Red Storm Ahead': Securitisation of Energy in US-China Relations," *Millennium: Journal of International Studies*, Vol.43, No.1, 2014, pp.43-65.

② Jeremy Youde, "Who's Afraid of a Chicken? Securitization and Avian Flu," *Democracy and Security*, Vol.4, No.2, 2008, pp.148-169.

③ Robert Dover, "Towards a Common EU Immigration Policy: A Securitization Too Far," *European Integration*, Vol.30, No.1, 2008, pp.113-130.

④ Ralf Emmers, "ASEAN and the Securitization of Transnational Crime in Southeast Asia," *The Pacific Review*, Vol.16, No.3, 2003, pp.419-438.

⑤ Ayhan Kaya, "Backlash of Multiculturalist and Republicanist Policies of Integration in the Age of Securitization," *Philosophy and Social Criticism*, Vol.38, No.4-5, 2012, pp.399-411.

Monaghan）的论文分析了2004年至2009年期间加拿大对海地援助的安全化所带来的“海地悖论”（Haitian Paradox）：尽管在加拿大政策制定者的官方话语中，安全化可能基于法律和人权的规则，但在实践中却加剧了监狱人满为患的状况，引发了对警察的不信任，造成了对政治反对派的迫害和侵犯人权等。[①]

最后，也有一些学者在论及安全化积极作用的同时，也论及了安全化带来的消极后果。萨马拉斯的论文通过对20世纪90年代希腊移民问题安全化的分析，指出安全化对安全化行为主体既可能是有益的，也可能是有害的。一方面，移民问题安全化使政治精英能够达成一些隐秘或有争议的目的，尤其是一些与国家利益有关的目的。然而与此同时，安全化使政治精英为了满足一些短期政治目标而做出消极的反应，而他们所处的经济状况和政治环境却需要转向更加自由的移民政策框架。[②] 斯蒂芬·阿尔伯（Stefan Elbe）的论文对HIV/AIDS是否应该被框定为国际安全问题进行了分析。基于安全化理论，该论文认为利用国际安全语言来构建全球的HIV/AIDS反应存在着复杂的规范困境。把艾滋病安全化虽然可以通过提高认识和筹集资源来达到支持国际防控艾滋病计划的目的，但安全语言同时会使对艾滋病的反应从民间社会转向军事和情报组织，而这些组织会把权力凌驾于艾滋病病毒感染者或艾滋病患者的公民自由之上。[③] 丽塔·亚伯拉罕森（Rita Abrahamsen）的研究发现，尽管英国对外政策中对非洲的安全化或许使西方的援助有所增加，然而此举虽然有助于使“反恐战争”合法化，但是却对非洲的发展问题几乎没有提供多少帮助。[④] 潘亚玲认为，冷战后，尤其是“9·11”事件后，核恐怖主义威胁日益上升，美国政府

---

① Kevin Walby and Jeffrey Monaghan, “‘Haitian Paradox’ or Dark Side of the Security-Development Nexus? Canada’s Role in the Securitization of Haiti, 2004-2009,” *Alternatives: Global, Local, Political*, Vol.36, No.4, 2011, pp.273-287.

② Georgios Karyotis, “Securitization of Migration in Greece: Process, Motives, and Implications,” pp.390-408.

③ Stefan Elbe, “Should HIV/AIDS Be Securitized? The Ethical Dilemmas of Linking HIV/AIDS and Security,” *International Studies Quarterly*, Vol.50, No.1, 2006, pp.119-144.

④ Rita Abrahamsen, “Blair’s Africa: The Politics of Securitization and Fear”, *Alternatives: Global, Local, Political*, Vol.30, No.1, 2005, pp.55-80.

通过对核恐怖主义的安全化操作获得了相当的特殊权力，但美国过度运用安全化逻辑导致了对假想敌的塑造，使其在伊拉克及伊核、朝核问题上陷入困境。①

二、安全化影响因素以及具体过程或路径的研究

在哥本哈根学派安全化理论的基础上，一些学者对于安全化具体过程或路径及影响因素进行了比较多的研究，这些研究进一步丰富了安全化理论。拜仁·巴拉米·考斯卡（Bezen Balamir Coskun）的论文通过对巴以冲突的分析，指出历史书写（history writing）在对“他者”的安全化中起着重要的作用，而历史学家与权力精英一道，在安全话语的建构和重构中具有重要的影响力。② 埃里克·范·瑞瑟文（Eric Van Rythoven）的论文指出，情感，特别是集体恐惧（collective fear），影响着听众对于安全化实践的判断。然而，论文并不是简单地提出恐惧有助于安全化行为，而是通过借鉴心理学的评价理论表明集体恐惧评价的形成往往是脆弱的文化建构。这些情感评价的产生往往受到当地有限的安全象征性（symbolic）资源以及施动者如何争夺与利用这些资源的限制。当产生集体恐惧的能力受到局限，安全化实践也会受到局限。作者把美国对外政策中的威胁图像作为实证案例进行了讨论。③ 斯特里泽尔提出对流行文化的互文性使用可以对安全化过程产生一定的作用。通过对美国的有组织犯罪问题安全化的分析，他指出流行文化的影响在于其构建了一个主背景以及意义的情节结构，从而有助于建立安全化行为主体的合法性并更有效地说服听众。④ 阿克塞尔·赫

① 潘亚玲:《美国与核恐怖主义的安全化》，载《现代国际关系》，2008年第6期，第6—12页。

② Bezen Balamir Coskun, “History Writing and Securitization of the Other: The Construction and Reconstruction of Palestinian and Israeli Security Discourses,” *Cambridge Review of International Affairs*, Vol.23, No.2, 2010, pp.281-298.

③ Eric Van Rythoven, “Learning to Feel, Learning to Fear? Emotions, Imaginaries, and Limits in the Politics of Securitization,” *Security Dialogue*, Vol.46, No.5, 2015, pp.458-475.

④ Holger Stritzel, “Securitization, Power, Intertextuality: Discourse Theory and the Translations of Organized Crime,” pp.549-567.

克（Axel Heck）与加比·施拉格（Gabi Schlag）的论文认为，视觉的行事功能使具有符号性（iconic）行为功能的图像（image）在安全化中起着极大的作用，并以2010年刊登在美国《时代周刊》的一个有关阿富汗战争的封面图片作为案例进行了分析。[①] 乔纳森·施瓦茨（Jonathan Swarts）与诺维·M.卡拉卡桑尼斯（Neovi M. Karakatsanis）研究了希腊在20世纪90年代对移民问题的安全化。作者指出在此安全化过程中，政治精英起到了重要作用，政治领导人的态度以及官方政策促进了把移民问题框定为安全和需要监管的问题。此外，对于移民对个人人身安全形成威胁的认知（普通公众与精英两个层面）也促进了移民问题的安全化。[②] 而加布里埃拉·拉扎里迪斯（Gabriella Lazaridis）与迪米特里斯·斯科拉帕里斯（Dimitris Skleparis）的研究则指出希腊在“9·11”之后对移民问题的安全化中，安全专业人士极端化的安全化观念得到了利用，并且获得了极右翼极端团体的辅助。这样的观念为社会灌输了种族暴力、仇恨言论和犯罪，导致了模式化的、草率的和常规性的安全实践和话语的产生，这种话语更符合极右人士的信念和价值观。[③] 特里尼·威鲁曼森·伯林（Trine Villumsen Berling）的论文论述了科学在安全化中的三个作用机制：使问题客观化（objectivation），决定安全化主体的地位以及影响说话者的权威性，使科学事实得到动员。作者把兰德公司（Rand Corporation）对核威慑问题的客观化作为第一个机制的例证，把气候变化和民主和平作为另外两个机制的例证。[④]

保罗·罗伊（Paul Roe）的论文通过对普通公众和国会分别在英国政府做出参加2003年入侵伊拉克的决定中的不同作用，提出安全化可

① Axel Heck and Gabi Schlag, “Securitizing Images: The Female Body and the War in Afghanistan,” *European Journal of International Relations*, Vol.19, No.4, 2015, pp.891-913.

② Jonathan Swarts and Neovi M. Karakatsanis, “The Securitization of Migration: Greece in the 1990s,” *Journal of Balkan and Near Eastern Studies*, Vol.14, No.1, 2012, pp.33-51.

③ Gabriella Lazaridis and Dimitris Skleparis, “Securitization of Migration and the Far Right: The Case of Greek Security Professionals,” *International Migration*, Vol.54, No.2, 2016, pp.176-192.

④ Trine Villumsen Berling, “Science and Securitization: Objectivation, the Authority of the Speaker and Mobilization of Scientific Facts,” *Security Dialogue*, Vol.42, No.4-5, 2011, pp.385-397.

以被看作是一个由两个阶段构成的过程："辨识（安全）阶段"和"动员阶段"。[①] 伊泰·费舍海德勒（Itay Fischhendler）的论文提出了对于水资源话语进行安全化可能存在的几种机制。其中包括结构性机制，例如在水利基础设施周围设立缓冲区；制度性机制，例如把公民社会排除在决策过程之外；语言机制，例如使用框定和叙述为军事干预提供正当性。[②] 韩国学者具民教（Min Gyo Koo）的论文指出了战后美国对与东亚的贸易—安全关系的处理先后经历了三个关键阶段——安全化、去安全化和再安全化，并对各个阶段政策选择的原因进行了分析。[③] 阿米尔·卢波维奇（Amir Lupovici）的研究以以色列对伊朗核计划的安全化为案例，揭示了安全化的一种特殊过程——从安全化到安全化高潮（climax），即在一个问题被安全化后，安全化行为主体试图进一步对这个问题安全化，通过引人注目的手段吸引公众的注意以使安全化达到新的高潮，其目的是证明比以前采取更密集的特殊措施来应对这个威胁性问题的合理性和正当性。这种安全化发展过程显然不同于一般的从安全化到去安全化的过程。[④] 索尔特的论文指出安全化行为的背景的多样性，并提出了一个至少由四种独特类型的听众和言语背景所构成的模型（大众型、精英型、技术官僚型和科学型）。他还提出安全化过程不是一个二元对立的瞬间行为，而是说话者与听众之间的渐进的政治过程，安全化行为是在不同的社会性背景下发生的，其运作具有独特的规则、规范和实践。[⑤] 王凌的博士论文《美国对他者的安全化：路径与动因研究》比较全面地阐述了安全化的路径。该论

---

① Paul Roe, "Actor, Audience(s) and Emergency Measures: Securitization and the UK's Decision to Invade Iraq," pp.615-635.

② Itay Fischhendler, "The Securitization of Water Discourse: Theoretical Foundations, Research Gaps and Objectives of the Special Issue," *International Environmental Agreements*, Vol.15, No.3, 2015, pp.245-255.

③ Min Gyo Koo, "US Approaches to the Trade-Security Nexus in East Asia: From Securitization to Resecuritization," *Asian Perspective*, Vol.35, No.1, 2011, pp.37-57.

④ Amir Lupovici, "Securitization Climax: Putting the Iranian Nuclear Project at the Top of the Israeli Public Agenda (2009-2012)," *Foreign Policy Analysis*, Vol.12, No.3, 2016, pp.413-432.

⑤ Mark B. Salter, "Securitization and Desecuritization: A Dramaturgical Analysis of the Canadian Air Transport Security Authority," pp.321-349.

文提出了由三个步骤所构成的完整的安全化路径。首先是安全化启动：拥有相应的话语权或社会资源的安全化施动者指涉某物为威胁从而提出安全化动议；其次是安全化传播：媒体通过议程设置和框架效成两大功能说服听众形成共同的安全认知；最后是塑造安全听众：听众接受安全化动议。① 其创新之处在于融入了传播学的理论，但是其研究对具体的话语作用的论述相对较少。王江丽的论文通过政治议程和科学议程的事实把生态问题安全化的过程表述为：通过科学议程和政治议程及其之间的互动，生态问题从一个非公共问题社会化为一个公共问题，再通过社会化和政治化而成为一个政治问题，再经过安全化变成一个超政治问题——安全问题。② 晋继勇的论文分析了全球公共卫生问题的安全化路径。作者指出全球公共卫生问题安全化主要遵循了以下路径：一是"存在性威胁"，即全球公共卫生问题安全化所产生的客观条件；二是"言语行为"，即全球公共卫生问题安全化动议的提出；三是全球公共卫生问题安全化的"主体间性"建构，即国际规范的确立。③ 可以看出，该论文提出的全球公共卫生问题安全化路径也遵循了安全化的一般发展模式，但是作者把安全化与规范生成结合起来具有一定的新意。

三、安全化理论应用区域范围的研究

安全化理论可应用于什么样的背景之下也是学界所关注的一个问题。有关安全化实践的绝大多数文献都集中在可以被认为多少带有民主性质的政治制度上。④ 这种情况的出现可能在很大程度上归因于此

① 王凌：《美国对他者的安全化：路径与动因研究》，上海：复旦大学博士学位论文，2012年。

② 王江丽：《安全化：生态问题如何成为一个安全问题》，载《浙江大学学报（人文社会科学版）》，2010年第4期，第36—47页。

③ 晋继勇：《全球公共卫生问题安全化的路径分析》，载《武汉大学学报（哲学社会科学版）》，2009年第2期，第225—229页。

④ Juhaa Vuori, "Illocutionary Logic and Strands of Securitization: Applying the Theory of Securitization to the Study of Non-Democratic Political Orders," *European Journal of International Relations*, Vol.14, No.1, 2008, p.65.

方法的欧洲性（Europeanness）。[①] 而安全化实践被理解为是一种使某些问题超越民主程序的方式。这种“民主制度”和“西方社会”的中心化把安全化研究限制在了西方民主政治制度范围内。安全化理论的大多数批评者和应用者似乎都认为此理论只适用于西方民主社会。[②] 那么，安全化理论是否只适用于西方民主社会，是否也适用于其他非西方或“非民主”社会呢？事实上，目前已有大量的研究应用安全化理论对非西方或“非民主”社会中的一些问题进行了分析。[③]

此外，有一些学者通过一些相关的案例研究专门针对此问题进行了分析和考察，以期探究安全化理论的适用范围。克莱尔·威尔金森（Claire Wilkinson）的论文通过2005年3月吉尔吉斯斯坦政府被推翻的案例指出，理论的缺陷导致对于情况的描述出现简单化和西方化，没有考虑到当地具体的社会政治背景。论文的结论是，如果哥本哈根学派的理论框架要具有普遍适用性，未来的理论发展必须明确地解决这些问题，这样才能在摆脱国际关系“威斯特伐利亚”的束缚方面取得

---

① J. Huysmans, “Revisiting Copenhagen: Or, on the Creative Development of a Security Studies Agenda in Europe,” *European Journal of International Relations*, Vol.4, No.4, 1998, pp.488-506.

② Juha A. Vuori, “Illocutionary Logic and Strands of Securitization: Applying the Theory of Securitization to the Study of Non-Democratic Political Orders,” p.66.

③ 利用安全化理论对非西方或“非民主”社会中的一些问题进行分析的研究比较多，例如：Seniwati, “The Securitization Theory and Counter Terrorism in Indonesia,” *Academic Research International*, Vol.5, No.3, 2014, pp.231-238; Ali Balci and Tuncay Kardas, “The Changing Dynamics of Turkey’s Relations with Israel: An Analysis of ‘Securitization’,” *Insight Turkey*, Vol.14, No.2, 2012, pp.99-120; Mariya Y. Omelicheva, “Islam in Kazakhstan: A Survey of Contemporary Trends and Sources of Securitization,” *Central Asian Survey*, Vol.30, No.2, 2011, pp.243-256; Jennifer Hyndman, “The Securitization of Fear in Post-Tsunami Sri Lanka,” *Annals of the Association of American Geographers*, Vol.97, No.2, 2007, pp.361-372; Jonathan Fisher and David M. Anderson, “Authoritarianism and the Securitization of Development in Africa,” *International Affairs*, Vol.91, No.1, 2015, pp.131-151; Rabia Karakaya Polat, “The 2007 Parliamentary Elections in Turkey: Between Securitisation and Desecuritisation,” *Parliamentary Affairs*, Vol.62, No.1, 2009, pp.129-148; Alan Collins, “Securitization, Frankenstein’s Monster and Malaysian Education,” *The Pacific Review*, Vol.18, No.4, 2005, pp.567-588; Nicole J. Jackson, “International Organizations, Security Dichotomies and the Trafficking of Persons and Narcotics in Post-Soviet Central Asia: A Critique of the Securitization Framework,” pp.299-317; Holger Stritzel and Sean C. Chang, “Securitization and Counter-Securitization in Afghanistan,” *Security Dialogue*, Vol.46, No.6, 2015, pp.548-567。

进展。① 尤尔根·哈克（Jürgen Haacke）与保罗·D.威廉姆斯（Paul D. Williams）的论文运用安全化概念对非盟（AU）和东盟（ASEAN）处理当代跨国挑战进行了分析，以此来考察区域性安排如何构建和应对威胁议程。作者们得出这样的结论：在这两种情况下，安全文化的影响以及未解决的概念和方法问题对于在欧洲以外寻求运用安全化理论提出了很大的疑问。② 阿斯利·埃奥吉特（Asli Ilgit）与奥迪·克洛茨（Audie Klotz）的论文以南非的移民政策为例，对哥本哈根学派基于其核心理念“社会安全”的框架的适用范围进行了评估和验证。经过验证，作者们认为论文所涉及的安全化的论断都能够站得住脚。但是，作者们也提出需要把社会安全理念与移民政策比较研究进行更为广泛的结合，尤其在欧洲以外的民主国家。③ 皮纳尔·比尔金（Pinar Bilgin）的论文以土耳其加入欧盟为案例，重点阐述了作为“西欧研究方法”的安全化理论如何被土耳其学者所运用。作者指出安全化理论是目前土耳其学者最为普遍使用的安全理论之一，安全化理论的运用可以把对土耳其问题的解释作为对安全化理论的检验，而且也可以用来解释土耳其国内和国际政治如何向非安全化发展。作者认为，就政治作用、理论研究者与理论化方面，安全化理论也应该在西欧以外的区域占有一席之地。④ 玛娅·图扎瑞·格林伍德（Maja Touzari Greenwood）与维夫的论文则运用安全化理论对阿拉伯之春中的埃及革命进行了分析与阐释，并指出安全化理论既可以用于对民主社会的分析，也可以用于非民主社会的分析。⑤

---

① Claire Wilkinson, “The Copenhagen School on Tour in Kyrgyzstan: Is Securitization Theory Useable Outside Europe?” *Security Dialogue*, Vol.38, No.1, 2007, pp.5-25.

② Jürgen Haacke and Paul D. Williams, “Regional Arrangements, Securitization, and Transnational Security Challenges: The African Union and the Association of Southeast Asian Nations Compared,” *Security Studies*, Vol.17, No.4, 2008, pp.775-809.

③ Asli Ilgit and Audie Klotz, “How Far Does ‘Societal Security’ Travel? Securitization in South African Immigration Policies,” *Security Dialogue*, Vol.45, No.2, 2014, pp.137-155.

④ Pinar Bilgin, “The Politics of Studying Securitization? The Copenhagen School in Turkey,” *Security Dialogue*, Vol.42, No.4-5, 2011, pp.399-412.

⑤ Maja Touzari Greenwood and Ole Wæver, “Copenhagen-Cairo on a Roundtrip: A Security Theory Meets the Revolution,” *Security Dialogue*, Vol.44, No.5-6, 2013, pp.485-506.

总的看来，安全化理论在西方以外区域或“非民主”制度中也得到了较为广泛的运用。虽然安全化理论的“西方化”或在适用范围方面也受到了一些质疑，但随着理论的不断完善与发展，安全化理论的适用和运用范围也将会得到进一步的扩展。

四、成功安全化界定的研究

一些学者也对何为成功的安全化进行了探讨和界定。海伦娜·卡洛佩可（Helena Carrapico）的论文分别用“语言学方法”（linguistic approach）安全化理论和“社会学方法”（sociological approach）安全化理论对欧盟境内有组织犯罪的安全化进行了评判。作者指出，根据前者理论来看，安全化可以说是成功的，但也忽略了许多要素，而根据后者理论来看，安全化是不成功的。该论文指出了安全化中的话语与实践之间的脱节。[①] 而麦克唐纳的论文也指出了语言与政治行动之间的不一致性，成功的安全化可能无法保证紧急措施的实施：澳大利亚民众大多接受了陆克文政府关于气候变化构成严重威胁的说法，可以说气候变化安全化取得了成功，但是其主流的气候变化政策遇到了显著而有效的政治对抗。[②] 从这些研究来看，对于何为成功的安全化，基于不同的安全化理论视角，学界的评判并不完全一致。

总的来看，关于安全化的论文在国际关系以及其他学科的学术期刊中数量众多，涉及问题的种类非常广泛。对各问题领域的安全化研究，一方面加深了对这些问题领域的认识，对这些问题的解决与应对提供了一定的借鉴和启示，而另一方面也促进和深化了安全化理论的进一步发展。

---

① Helena Carrapico, “Analysing the European Union’s Responses to Organized Crime Through Different Securitization Lenses,” *European Security*, Vol.23, No.4, 2014, pp.601-617.

② Matt McDonald, “The Failed Securitization of Climate Change in Australia,” *Australian Journal of Political Science*, Vol.47, No.4, 2012, pp.579-592.

五、气候变化安全化研究

随着气候变化带来的巨大影响，学界对气候变化造成的安全问题也越发关注，出现了大量从安全视角对气候变化进行研究的论著，但专门针对气候变化安全化进行的研究相对来说不是很多，相关研究具体涉及的论题主要包括以下三个方面。

（一）气候变化是否应该安全化及其利弊

此类研究主要探讨气候变化是否应该被安全化，气候变化安全化的利弊如何。对这个问题，学界并无一致意见。首先，一些学者对此持肯定态度。瑞姆·J.帕森斯（Rymn J. Parsons）的论文指出气候变化安全化是必要的、适时的和无法逆转的。[①] 妮科尔·戴川斯（Nicole Detraz）也指出对于解决人类对气候变化的脆弱性问题，使用环境安全话语，主要是把气候变化框定为对人类安全的威胁，是一个促进制定相关政策的最佳选择。[②]

而也有一些学者指出了气候变化安全化的消极作用。迈克尔·布若斯卡（Michael Brzoska）认为气候变化安全化提升了气候变化的关注度，但气候变化安全化并未建立在充分的分析基础之上，而主要受关于环境恶化与暴力冲突之间关系的特定理论所驱动。此外，对气候变化的安全化不见得一定要使用传统的危机处理方式或工具（如军队、警察等）来应对气候变化导致的危机。[③] 欧利·布朗（Oli Brown）等人分析了气候变化安全化对非洲的启示。首先，气候变化安全化对非洲带来消极的影响：对气候变化的可怕的近乎危言耸听的预测使公众产生绝望感；对即将到来的环境战争的可怕预测意味着气候变化需要

① Rymn J. Parsons, “Climate Change: The Hottest Issue in Security Studies?” *Risk, Hazards & Crisis in Public Policy*, Vol.1, No.1, 2010, pp.87-116.

② Nicole Detraz, “Threats or Vulnerabilities? Assessing the Link Between Climate Change and Security,” *Global Environmental Politics*, Vol.11, No.3, 2011, pp.104-120.

③ Michael Brzoska, “The Securitization of Climate Change and the Power of Conceptions of Security,” *Security and Peace*, Vol.27, No.3, 2009, pp.137-145.

军事解决方案，但专注于军事反应进一步增加了风险，同时又分散了对于更具成本效益的替代性适应方案的注意力；关乎安全的“高政治”会分散对于极端贫困、受教育权利、艾滋病病毒/艾滋病等问题的关注，这都是对弱势群体造成更直接威胁的发展问题。而积极方面则是气候变化安全化可能展示的大量令人信服的论点可以鼓励政治家致力于减少排放和对气候适应予以投资。[①] 马建英和蒋云磊的论文则指出，全球气候变化问题的安全化是一把“双刃剑”，它在有利于推动全球合作的同时，也容易成为强势国家干涉弱势国家的借口。[②] 董勤的论文也论及了一些西方大国试图利用气候变化问题过度安全化给新兴发展中大国贴上全球气候安全破坏者的标签，从而借机为推动安理会对新兴发展中大国采取干预和遏制措施寻求法理依据。[③]

（二）气候变化安全化的逻辑

气候变化安全化运用什么样的逻辑是学者所关注的问题。在已有安全化理论中的威胁或安全逻辑外，一些学者也提出了另外的逻辑。例如，冯·卢克（Franziskus von Lucke）等人的论文指出气候变化安全化的两种逻辑，一种是与哥本哈根学派框架一致的逻辑，即基于安全的安全化逻辑，而另一种是以威胁来激活风险的安全化逻辑，即基于风险的安全化逻辑。对于这两种逻辑，作者们认为这两种逻辑都是“双刃剑”，不能简单地做出孰优孰劣的判断。[④] 奥拉夫·考瑞（Olaf Corry）的论文则对气候变化安全化中的两种逻辑进行了区分，并提出了一种新的言语行为——风险化（riskification）。作者认为基于威胁的安全应对的是造成伤害的直接原因，而风险安全关注的是可能性

① Oli Brown, Anne Hammill and Robert McLeman, “Climate Change as the ‘New’ Security Threat: Implications for Africa,” *International Affairs*, Vol.83, No.6, 2007, pp.1141-1154.

② 马建英、蒋云磊：《试析全球气候变化问题的安全化》，载《国际论坛》，2010年第2期，第8—12页。

③ 董勤：《气候变化问题过度安全化的国际形势与中国的外交应对》，载《阅江学刊》，2016年第4期，第27—34页。

④ Franziskus von Lucke, Zehra Wellmann and Thomas Diez, “What’s at Stake in Securitising Climate Change? Towards a Differentiated Approach,” *Geopolitics*, Vol.19, No.4, 2014, pp.857-884.

条件或伤害的构成性原因，是一种能促进长期预防性治理的"二阶"（second-order）安全政治。安全化和风险化的分离保留了哥本哈根学派安全化观点的分析精度，使新的安全逻辑能为安全领域的分析者所理解，也有助于澄清什么是"正常"安全化政治的基本逻辑。[①] 克里斯·麦斯曼恩（Chris Methmann）和德尔夫·罗特（Delf Rothe）也对气候变化安全化的逻辑进行了论述。基于全球气候变化安全化的经验事实，即尽管对气候问题使用了生存性、危机，甚至是大灾难的语言来框定，气候话语很少会导致特殊的或不寻常的措施，而是促使政府提出往往与风险管理相关的零散的和技术性的解决方案，两位学者指出这种情况是基于一种综合了安全逻辑和风险逻辑的大灾难政治或逻辑。通过对当前全球气候变化缓解、适应和安全影响的考察，他们提出安全逻辑和风险逻辑有着内在的联系，而不是批判安全研究所认为的二者属于完全不同的领域。[②]

（三）成功的气候变化安全化的界定

如何对气候变化安全化的成功与否进行界定也是学界所探讨的问题。雪莉·V. 斯科特（Shirley V. Scott）的论文讨论了在世界政治中气候变化完全安全化的体现以及实现全球气候变化完全安全化的可能性。作者认为世界政治中的气候变化的完全安全化就是气候变化从多边条约框架转向具有"承担维护世界和平与安全的主要职责的机构"联合国安理会，也就是把问题从正常的政治领域变为一个可以忽视正常民主程序的紧急问题来处理。[③] 迈克尔·梅森（Michael Mason）也提出了气候变化安全化成功与否的界定问题。他认为对于哥本哈根学派来说，气候变化没有被安全化，因为相关国家行为体还未认同采取

① Olaf Corry, "Securitisation and 'Riskification': Second-Order Security and the Politics of Climate Change," *Millennium: Journal of International Studies*, Vol.40, No.2, 2012, pp.235-258.

② Chris Methmann and Delf Rothe, "Politics for the Day After Tomorrow: The Logic of Apocalypse in Global Climate Politics," *Security Dialogue*, Vol.43, No.4, 2012, pp.323-344.

③ Shirley V. Scott, "The Securitization of Climate Change in World Politics: How Close Have We Come and Would Full Securitization Enhance the Efficacy of Global Climate Change Policy?" *Review of European Community & International Environmental Law*, Vol.21, No.3, 2012, pp.220-230.

紧急措施应对“危险的”气候风险的必要性。相比之下，“社会学方法”安全化理论的支持者则确定气候变化安全化是成功的，因为气候政策明显地证明了这一点，否则如果没有讲述人类和生态系统健康受到威胁的危机叙述的政治动员，气候政策也就不会被采纳和实施。这种分歧产生的原因是哥本哈根学派认为以国家为界限的领土概念是主导全球安全动力的力量源泉，而把气候变化看作一个地位较弱的非领土概念的安全化对象。社会学的方法则承认更广泛的安全影响来自对气候威胁的政治动员，因为安全化被认为是源于多种不同的施为空间（performative spaces）。[①] 而凯蒂·彼得斯（Katie Peters）的论文以2007—2017年联合国安全理事会的辩论以及1997—2017年英国安全政策为案例证明了气候变化处于一种安全化的渐进过程中，或气候变化实现了部分安全化（partial securitisation）。[②]

本章小结

总之，通过对国内外安全化理论及安全化案例研究的梳理，可以看出安全化研究在国内外学界的蓬勃发展之势。安全化理论振兴了后冷战时代的国际安全理论，它激励了新型的安全问题研究，这类学术研究把安全化理论用于分析多种类型以及具有不同国家和国际背景的问题。[③] 从目前来看，国内外学界的安全化研究的主流还是基于哥本哈根学派理论的，强调“言语行为”的安全建构作用，强调安全建构的主体间性。但是，哥本哈根学派理论也存在一些缺陷，像前文所梳理的如对语言的过度依赖、对听众和背景的忽略，以及缺乏对安全化之后安全化行为主体的后续行为的论述等。

---

① Michael Mason, “Climate Change, Securitisation and the Israeli-Palestinian Conflict,” *The Geographical Journal*, Vol.179, No.4, 2013, p.298.

② Katie Peters, “Disasters, Climate Change, and Securitisation: The United Nations Security Council and the United Kingdom’s Security Policy,” *Disasters*, first published online in August 16, 2018, https://doi.org/10.1111/disa.12307，登录时间：2018年9月9日。

③ Georgios Karyotis, “Securitization of Migration in Greece: Process, Motives, and Implications,” p.391.

在对哥本哈根学派安全化理论的批评中，其他的一些流派试图纠正哥本哈根学派理论存在的缺陷。如采用“社会学方法”的巴黎学派强调了安全化中的背景和场域、安全专家的作用以及日常实践对于安全的建构，社会语用学视角则更强调了话语与背景的融合。这些要素无疑丰富了安全化理论的本质内涵。但是巴黎学派把实践与话语（或言语行为）截然分开，在对实践强调的同时，对话语的作用太过忽视。而社会语用学视角则更具有折中性，强调了话语在一定的社会背景下的作用。人类学视角的安全化模式则拓展了安全化研究的对象和地域，尤其是非西方或非自由语境下的安全化。而规范视角的安全化理论则弥补了以上几种安全化理论中规范性的缺失，但是其对语言作用完全忽略的观点说服力不强。

此外，安全化的实证研究在分析政治实践问题的同时也促进了安全化理论的发展，涉及领域众多。从文献梳理来看，大多数安全化实证研究的理论基础还是哥本哈根学派安全化理论，但把话语作用与实践作用进行结合也是一种趋势，也可能更符合政治现实活动，也更具说服力。而对于气候变化安全化，相比于其他领域如能源、移民、卫生等，国内外学界的研究还较少，这也是一个值得研究的问题。

基于上述文献梳理，笔者发现，对于安全化中“话语”或“言语行为”的具体作用机制，哥本哈根学派理论语焉不详，其他学派或研究者也未加以深入探讨。鉴于安全化研究中的这一个盲点，本书试图做出一些探索，将对安全化过程中话语的具体作用机制做出较为系统的呈现。因此，总体来说，本书研究的理论起点依然是哥本哈根学派安全化理论，强调话语的重要作用并予以深入分析。但是在哥本哈根学派理论的基础上，本书研究将吸收其他安全化理论的观点，如强调安全化的“背景”因素和听众的作用，安全专家作为安全化行为主体之一，行为体在安全化后续的行为等，以此来探讨安全化过程中具体的话语操控行为，进而揭示和解释“言语行为”在安全化中的具体作用机制。

第2章

话语操控与安全化：一个分析框架

安全化是一个话语实践的过程，是一个安全化行为主体实施话语操控的过程。本书把话语操控概念化操作为三个自变量，即话语突显、话语框定和话语定位。

第一节　话语突显、听众关注度引导与安全化

对某一问题进行安全化，首先要使听众产生对这一问题的关注，认识到这一问题的重要性和紧迫性，而问题突显（issue salience）在使听众产生对某一问题足够关注度方面起着非常重要的作用。突显，被理解为个体对某些问题给予的重视程度，它与人们的价值观和规范有紧密的联系，而价值观和规范在影响人们如何考虑和认知风险中发挥着重要作用。[①] 在安全化过程中，安全化行为主体通过对某一问题的

---

① M. Thompson and S. Rayner, "Cultural Discourses," in S. Raynerm and E. L. Malone, eds., *Human Choice and Climate Change*, Pacific Northwest National Laboratory: Batelle Press, 1998, pp.264-343.

突显，可以对听众就这一问题的关注度起一个引导作用。问题突显程度越强，听众的关注度就会越高，进而这一问题的安全化程度也会越高。而问题突显在很大程度上是通过话语来实现的，话语突显（discursive salience）是实现问题突显的主要方式。

一、问题突显与政治议程设置

作为日常用语，“突显”是指明显的、引起注意和引发关注的事物。[①] 在认知语言学中，突显（英文对应词为prominence或salience）就是指对语言所传达信息的取舍和安排。[②] 而作为政治术语的“问题突显”是指一个行为体对政治议程中的某个问题予以相对的重要性或显著性。[③] 问题突显最明显的含义就是政治行为体对某个问题所给予的重视和强调。问题突显在严格意义上讲是关系性的，并表现了行为体把注意力集中于一些问题上而忽略了其他问题时所面对的取舍。[④] 突显是政治学的一个重要概念。传统上，这个词被用来指明问题的重要性，特别是对选民来说所具有的重要性。[⑤] 因此，问题突显与政策过程的“阶段启发式”（stages heuristic）模型中的问题识别和议程设置阶段有着很大的关联性。[⑥] 例如，在选举活动中政党最重要的决定之一就是要确定谈论哪些话题，哪些话题要相对予以忽视。因此对政党来

---

① D. B. Guralnik, ed., *Webster's New World Dictionary of the American Language* (Second College Edition), New York: The World Publishing Company, 1970.

② E. Ungerer and H. J. Schmid, *An Introduction to Cognitive Linguistics*, London: Longman, 1996, pp.37-39.

③ Stuart N. Soroka, “Media, Public Opinion, and Foreign Policy,” *The Harvard International Journal of Press/Politics*, Vol.8, No.1, 2003, pp.28-29.

④ Thomas Jäger, Kai Oppermann, Alexander Höse and Henrike Viehrig, “The Salience of Foreign Affairs Issues in the German Bundestag,” *Parliamentary Affairs*, Vol.62, No.3, 2009, p.421.

⑤ Christopher Wlezien, “On the Salience of Political Issues: The Problem with ‘Most Important Problem’,” *Electoral Studies*, Vol.24, No.4, 2005, p.555.

⑥ P. A. Sabatier, ed., *Theories of the Policy Process*, Boulder: Westview Press, 2007.

说，问题突显不仅是问题定位，而且更是一个战略性决策。[①] 这些决定之所以重要，不仅是因为它们有助于选举的成功或失败，也因为它们确定了政党制度性问题的议程以及在一般性的政治辩论中的议题。[②] 由此可见，问题突显对于政治活动尤其是政治议题设置有着重要影响。

在政治和政策行为实践中，“突显”这一概念构成了行为体的一种认知捷径：他们在决定行动方针之前，选择对哪些信息进行处理。[③] 依据认知心理学的基本原理，决策者可以被看作是“认知吝啬鬼”（cognitive miser），他们必须节约有限的信息处理能力。[④] 行为体在决策过程中，要面对大量的信息，如果对所有的信息都予以关注和进行处理，必然会对决策效率产生消极影响。而通过问题突显，决策者可以有选择性地进行信息处理，从而能够提高决策效率。在某一个时刻面对大量的需要关注的问题时，他们倾向于关注较小范围内最能吸引他们注意力的问题。决策者将会集中他们的认知能力于最重要的那些问题，即他们认为最突出或具有很高突显度的问题。而更高的突显度意味着问题具有更大的重要性和紧迫性。对于决策者而言，如果一个问题的突显度在他们的心目中越高，他们就更倾向于把这个问题公布于公众，也更倾向于把这个问题纳入议事日程。正是这个问题的相对重要性影响了决策者的优先次序及其后续的行动。[⑤] 可以说，问题突

① Edward G. Carmines and James A. Stimson, “On the Evolution of Political Issues,” in William H. Riker, ed., *Agenda Formation*, Ann Arbor: University of Michigan Press, 1993, pp.151-168; Jane Green, “A Test of Core Vote Theories: The British Conservatives, 1997-2005,” *British Journal of Political Science*, Vol.41, No.4, 2011, pp.735-764; Christoffer Green-Pedersen, “The Growing Importance of Issue Competition: The Changing Nature of Party Competition in Western Europe,” *Political Studies*, Vol.55, No.3, 2007, pp.607-628; Thomas M. Meyer and Markus Wagner, “Mainstream or Niche? Vote-Seeking Incentives and the Programmatic Strategies of Political Parties,” *Comparative Political Studies*, Vol.46, No.10, 2013, pp.1246-1272.

② Markus Wagner and Thomas M. Meyer, “Which Issues do Parties Emphasise? Salience Strategies and Party Organisation in Multiparty Systems,” *West European Politics*, Vol.37, No.5, 2014, p.1019.

③ 参见 Kai Oppermann and Catherine E. de Vries, “Analyzing Issue Salience in International Politics,” in Kai Oppermann and Henrike Viehrig, eds., *Issue Salience in International Politics*, London: Routledge, 2011, pp.3-4。

④ Susan T. Fiske and Shelley E. Talior, *Social Cognition*, Reading: Addison-Wesley, 1984, pp.11-12.

⑤ B. D. Jones and F. R. Baumgartner, *The Politics of Attention. How Government Prioritizes Problems*, Chicago: The University of Chicago Press, 2005.

显是政治决策过程中决策者们所依赖的重要工具或方法之一，同时也是问题能否被决策者纳入议事日程的必要条件之一。

在政治实践中，问题突显可以从两个层面来考察。一个是从政治行为体或政策制定者层面出发的问题突显，即政治行为体或政策制定者给予问题的重视程度。而另一个层面则是从公众角度出发的问题突显，即公众对于问题的重视和关注程度。这两个层面的问题突显具有相互影响的关系，但作为政治议程设置的执行者和主导者，政治行为体可以通过所拥有的社会资源影响和引导公众的舆论导向。所以从一定程度上看，前者对后者的影响会更大一些，而本书所关注的主要方面也是政治行为体对问题的突显。

因此，问题突显在政治中的作用主要体现在两个方面。一方面是问题的突显影响公众对此问题的舆论和看法；而另一方面，一个问题对公众来说具有较高的突显度又会对政府决策产生影响。一些学者的分析表明当问题具有很高突显程度时，政策就更有可能发生改变。[①] 例如，“9·11”事件后恐怖主义问题在当时可以说具有最高的突显度，从而促成了美国国土安全部的成立以及《爱国者法案》的通过。选民影响外交和安全政策决策的能力取决于他们威胁要对政府做出这些决策进行制裁的可信度。政治问题对于公众的突显是公众舆论影响政府决策的认知前提。如果不希望得到负面的后果以期望能够继续执政，政府会有很强的政治动机去制定符合公众偏好的外交和安全政策。[②] 因此，政治行为体通过赋予相关问题不同程度的重要性或显著性的方式，影响听众对于事件重要性的认知和判断，进而影响到相关政策的制定甚至改变。外交和安全政策的突显度越高，选民们对这一政策的

---

① 参见F. R. Baumgartner and B. D. Jones, *Agendas and instability in American politics*, Chicago: University of Chicago Press, 1993; P. Burstein, “The Impact of Public Policy on Public Policy: A Review and an Agenda,” *Political Research Quarterly*, Vol.56, No.1, 2003, pp.29-40; M. D. Jones and H. C. Jenkins-Smith, “Trans-Subsystem Dynamics: Policy Topography, Mass Opinion, and Policy Change,” *Policy Studies Journal*, Vol.37, No.1, 2009, pp.37-58; J. Kingdon, *Agendas, Alternatives, and Public Policies*, New York: Harper Collins, 1984。

② Kai Oppermann and Henrike Viehrig, *The Public Salience of Foreign and Security Policy in Britain, Germany and France*, Paper to Be Presented at the Second Global International Studies Conference World International Studies Committee University of Ljubljana, Slovenia, July 23-26, 2008.

信息做出的反应程度越高，那么作为个人投票决定基准的政策影响力也就可能越强。[①] 处于政治议程上的“热点”问题——被政治精英和大众媒体认为具有重要性的问题，就会得到更多的宣传。这样，公众就会接触到更多的与这些问题相关的信息，人们在形成对问题的看法时就会在短期记忆（short-term memory）提取此类信息。[②] 而人们基于此类信息而形成的态度或看法就可能会更接近政治精英或政治行为体所期望的结果。

而问题突显关系着政策过程中“阶段启发式”模式中的问题识别以及议程设置。[③] 在公共政策文献里，议程设置阶段中的问题突显被分析得最为广泛，它对问题能否最终进入议程起着制约作用。[④] 麦斯威尔·E.麦库姆斯（Maxwell E. McCombs）也认为，议程设置的主要目标之一就是使公众就一个特定问题或话题的重要性或突显性达成共识。[⑤] 可以说，一个问题要进入议事日程，其中一个要素就是要具有相对的重要性和紧迫性，而且这种相对的重要性和紧迫性需要得到公众的关注、认知与认可。引起关注是在议程设置过程中的一个重要元素——议程设置就是动员兴趣的过程。[⑥] 而通过对问题的突显则可以体现问题的重要性和紧迫性，可以引起公众对问题的关注和重视，进而能够引导和影响公众对问题的认知和判断，激发公众对问题的参与度，有利于相关问题进入议事日程并促成相关政策的制定。

---

① Mark N. Franklin, and Christopher Wlezien, “The Responsive Public: Issue Salience, Policy Change, and Preferences for European Unification,” *Journal of Theoretical Politics*, Vol.9, No.3, 1997, pp.348-351; Rabinowitz George, James W. Prothro and William Jacoby, “Salience as a Factor in the Impact of Issues on Candidate Evaluation,” *Journal of Politics*, Vol.44, No.1, 1982, pp.57-58.

② 参见J. Zaller, *The Nature and Origins of Mass Opinion*, New York, NY: Cambridge University Press, 1992。

③ 参见P. A. Sabatier, ed., *Theories of the policy process*, Boulder: Westview Press, 2007。

④ 参见B. Jones and F. Baumgartner, *The Politics of Attention: How Government Prioritizes Problems*, Chicago: The University of Chicago Press, 2005; J. W. Kingdon, *Agendas, Alternatives, and Public Policies*, New York: Harper Collins, 1995; S. Princen, *Agenda-Setting in the European Union*, Basingstoke and New York: Palgrave Macmillan, 2009。

⑤ Maxwell E. McCombs, “Building Consensus: The News Media's Agenda-Setting Roles,” *Political Communication*, Vol.14, No.4, 1997, pp.433-443.

⑥ Sebastiaan Princen, “Agenda-Setting Strategies in EU Policy Processes,” *Journal of European Public Policy*, Vol.18, No.7, 2011, p.929.

而在有些情况下，政治行为体根据其政治意图，也会降低一些问题的突显度，把问题的突显度保持在较低水平或使问题达到非突显（nonsalience）状态。[①] 非突显也可以说是低突显度的一种极端状态。政治行为体可能会通过对其他问题的突显以降低某一问题的公众关注度，通过对其他问题的突显可以在一定程度上转移公众的视线，从而达到使某一问题保持低突显度或非突显状态的目的。在政治实践中，对于某些问题，政治行为体出于某种原因而不愿意其进入日常议程，就可能采用降低问题的突显度甚至达到非突显状态，使问题受到公众或选民的较小关注或最小关注。假设在美国总统大选时，共和党不愿意把控制枪支列入其议事日程，其总统候选人可能会在竞选活动中尽量不提或少提这个话题，通过降低此问题的曝光率和关注度，使控制枪支问题保持较低的突显度。

二、话语突显及其主要形式

话语在政治中发挥着重要作用。政策制定的大部分工作都要围绕着语言的功能而进行——政策行为体使用词汇和思想来描述和定义政策问题以及相应的解决方案。[②] 马滕·A.哈杰尔（Maarten A. Hajer）指出，"语言被公认为是一个媒介，一个意义（signification）系统，通过这一系统行为体不只是描述并且创造政策意义的世界"。[③] 可以肯定的是，政策行为体通过有目的地选择词汇、术语和修辞，来强调他们

① 据笔者检索，"非突显"这个概念很少有学者提到，有一篇论文提到了"nonsalience"（非突显）这个概念，参见Marcus Berliant and Hideo Konishi, "Salience: Agenda Choices by Competing Candidates," *Public Choice*, Vol.125, No.1-2, 2005, pp.129-149。另外有一篇论文提到"non-salient"（非突显的），参见Jefrey R. Lax and Justin H. Phillips, "Gay Rights in the States: Public Opinion and Policy Responsiveness," *American Political Science Review*, Vol.103, No.3, 2009, pp.367-386。

② D. Dery, *Problem Definition in Policy Analysis*, Lawrence, KS: University Press of Kansas, 1984; D. Stone, *Policy Paradox: The Art of Political Decision Making* (Revised Edition), New York: W. W. Norton and Co., 2002.

③ Maarten A. Hajer, "Discourse Coalitions and the Institutionalization of Practice: The Case of Acid Rain in Britain," in F. Fischer and J. Forester, eds., *The Argumentative Turn in Policy Analysis and Planning*, Durham, North Carolina: Duke University Press, 1993, pp.42-76.

对于所讨论问题的定义和政策解决或替代方案的首选理念的突显。[①]因此，作为政策制定的一个组成部分，问题突显显然也是离不开对于语言的依赖和使用。问题突显在很大程度上是依靠话语来实现，特别是问题突显对公众认知引导功能的实现更是离不开语言。一般来说，公众对于政治问题的信息主要来源于政要讲话、政府声明、政府法案文件以及媒体宣传等，而语言则是信息的主要传播手段。因此可以说，话语突显是实现问题突显的最重要的方式之一。通过话语突显，行为体可以体现出对相关问题的突显和重视程度，以此也可以让公众认识到问题的重要性和紧迫性，从而得到公众的关注和支持并使问题更容易进入议事日程。此外，依据后结构主义，话语不仅是对现实的反映和呈现，话语还可以建构社会现实，它是一种建构社会现实的意义结构。因此，话语突显一方面通过话语把问题的重要性和突显性呈现给听众，而另一方面则通过话语建构出问题所具有的政策意义。

话语突显的手段是非常丰富的，涉及话语的多个方面。马库斯·瓦格纳（Markus Wagner）与托马斯·M.迈耶（Thomas M. Meyer）指出，政党在选举活动中最重要的突显策略之一，就是要尽可能地多谈论它首选的相关问题。[②]这种方法对其他政治活动也有较大的实用性。此外，一些语言表达策略的选择性使用也可以起到较为有效的突显效果。

具体来说，本书把话语突显概念操作分为以下四个方面。

一是话题（topic）的突显。一方面体现为话语中问题中心词或关键词的出现频率较高，另一方面体现为与问题有密切影响关系的词语或内容的有较高频次的出现或得到更多的强调。

二是句式的突显。主要体现为话语或语篇中具有强调功能句式的

---

① 参见 Nancy T. Kinney, "Engaging in 'Loose Talk': Analyzing Salience in Discourse from the Formulation of Welfare Policy," pp.254; G. Mucciaroni, "Problem Definition and Special Interest Politics in Tax Policy and Agriculture," in D. A. Rochefort and R. W. Cobb, eds., *The Politics of Problem Definition*, Lawrence. KS: University Press of Kansas, 1994, pp.117-137; N. W. Polsby, *Political Innovation in America: The Politics of Policy Initiation*, New Haven, CT: Yale University Press, 1984。

② 参见 Markus Wagner and Thomas M. Meyer, "Which Issues do Parties Emphasise? Salience Strategies and Party Organisation in Multiparty Systems," p.1020。

使用，如强调句、排比句、感叹句等。

三是修饰性词汇的使用。主要通过使用表示程度、范围的形容词或副词来达到突显的效果。

四是高情态词（high modality words）的使用。情态（modality）是指说话者通过选择使用某些词语来表明对于某事的确定程度，它可以表示从不确定（低模态）到非常确定（高模态）。通过高情态词的使用，说话者可以消除不确定性，达到突显和强化自己所持观点的效果，进而说服听众或读者。相反，通过低情态词（low modality words）使用，说话者也可以增强不确定性，从而弱化某种观点，降低某事或某种观点的突显程度。在英语中，常用的高情态助动词有must，should，shall，have to等，高情态副词有absolutely，always，amazingly，certainly，definitely，indeed，never，objectively，obviously，apparently，surely，unquestionably，seriously等，高情态形容词有certain，definite，clear，total，essential，abosolute，complete等。相反，常用的低情态助动词有may，might，could，would等，低情态副词有impossibly，possibly，rarely，occasionally等，低情态形容词有probable，likely，unlikely，potential，possible等。

此外，与问题突显相反，当政治行为体为使问题处于较低突显度或非突显状态时，其话语使用方式就会与话语突显反其道而行，就可能采用话语抑制或话语压制的策略。一方面，行为体自身在话语中尽量减少相关话题的出现频率，或者对话题避而不谈，也会尽可能避免语言或非语言形式的突显策略的使用；而另一方面，行为体可能对他人的相关言论采取压制的手段，以减少话题得到公众的注意和关注。

三、话语突显与安全化

安全语言的使用并不意味着一个问题会自然地作为一个安全问题。相反，达成共识的威胁需要具有足够的突显度以产生巨大的政治影响。[①] 布赞等人指出，安全化的精确定义与标准是由主体间建构的存在性威胁所构成，这种存在性威胁要具有足以有实质性政治影响的突显性[②]，而安全化成功的初始条件包括问题的突显、安全化宣称者的社会资本和听众的接受。[③] 由此可见问题突显在安全化过程中的重要性。而如上所述，话语突显与政治议程设置有着密切的关系，而安全化的过程也在很大程度上涉及议程设置。一个问题要被安全化，就要被纳入安全议事日程。此外，安全化行为主体对相关问题进行安全化过程中的言语行为，也要涉及话语突显的运用。通过话语突显，安全化行为主体能更好地实现“言语行为”的“以言行事”功能，并更有效地完成话语的安全建构功能。因此，话语突显对安全化过程产生着很大的影响，也可以说是对安全化产生影响的自变量之一。具体在本书所要讨论的气候变化安全化案例，话语突显与安全化的关系可以表述为：如果安全化行为主体突显气候变化问题带来的安全威胁，气候变化问题就可能进入安全议程而被安全化，或安全化程度会较高。反之，如果安全化行为主体对气候变化问题的突显程度较低，或对气候变化的安全威胁方面突显程度较低，那么气候变化进入安全议程的可能性就较小，其安全化的可能性也会较小，或安全化程度较低。

第二节　话语框定、认知图式建构与安全化

政治家们很早就获知了政治策略中言辞所具有的重要作用。如何框定一个社会问题可能是公众如何看待这个问题的唯一决定因素。[④] 框定是政治行为体频繁使用的策略之一。为了获得政治上的胜利，政治行为

① Ralf Emmmers, “Securitization,” in Alan Collins, ed., *Contemporary Security Studies* (3rd Edition), p.134.

② Barry Buzan, Ole Wæver, and Jaap de Wilde, Security: *A New Framework for Analysis*, p.25.

③ Ibid., p.23.

④ Michael J. Carter, “The Hermeneutics of Frames and Framing: An Examination of the Media's Construction of Reality,” *Sage Open*, Vol.3, No.2, 2013, p.6.

体对所讨论的问题进行策略性的框定。[①] 他们试图达到强调的效果，也就是说，要引导媒体或个人在形成观点时把焦点放在某个问题的某些方面，而不是其他方面。[②] 政治领域中所有的行为者都要框定他们所要讨论的话题。[③] 框定效应是精英影响公民意见的主要手段之一。[④]

一、框定及其在政治中的运用

框定是广泛运用于社会运动理论与传媒学的概念，近年来在政治学中也得到了较为广泛的运用。它起源于认知心理学和人类学领域。后来，它被其他学科所采用，包括社会学、经济学、语言学、社会运动研究、政策研究、通信科学、政治传播、公共关系研究和健康沟通。[⑤] “框定”被引入和应用于如此之多的学科，充分说明了框定概念所具有的研究潜力以及“框定”和“框架”在许多方面对人们产生的重要影响。

“框定”（framing）是“行为体影响听众对现实理解的过程”[⑥]，其名词是frame，即框架。认知科学家把“框架”描述为“塑造我们如何看待世界方式的心理结构”[⑦]。威廉·A.加姆森（William A. Gamson）和安德烈·莫迪利亚尼（Andre Modigliani）把“框架”定义为“一个具有核心组织功能的想法或故事情节，它可以为展开一系列事件提供

---

① 参见J. N. Druckman, “The Implications of Framing Effects for Citizen Competence,” *Political Behaviour*, Vol.23, No.3, 2001, pp.225-256; J. N. Druckman, “Political Preference Formation: Competition, Deliberation, and the (Ir)relevance of Framing Effects,” *American Political Science Review*, Vol.98, No.4, 2004, pp.671-686。

② J. N. Druckman, “The Implications of Framing Effects for Citizen Competence,” *Political Behaviour*, Vol.23, No.3, 2001, p.230.

③ Murray Edelman, *Constructing the Political Spectacle*, Chicago: University of Chicago Press, 1988; Deborah Stone, *Policy Paradox: The Art of Political Decision Making* (2nd Edition), New York: W.W. Norton and Company, 2002.

④ James N. Druckman and Kjersten R. Nelson, “Framing and Deliberation: How Citizens' Conversations Limit Elite Influence,” *American Journal of Political Science*, Vol.47, No.4, 2003, p.730.

⑤ Baldwin Van Gorp, “The Constructionist Approach to Framing: Bringing Culture Back In,” *Journal of Communication*, Vol.57, No.1, 2007, p.60.

⑥ Peer C. Fiss and Paul M. Hirsch, “The Discourse of Globalization: Framing and Sensemaking of an Emerging Concept,” *American Sociological Review*, Vol.70, No.1, 2005, p.30.

⑦ G. Lakoff, *Don't Think of an Elephant*, White River Junction, VT: Chelsea Green, 2004, p. xv.

意义。这个框架提出争论的问题是什么以及何为问题的本质。[①] 框架也是文化的一部分，它们可以引导精英如何建构信息，影响媒体的信息选择，它们在媒体文本中出现，影响听众的认知和态度。[②] 从最基本的层面讲，框架是“解释的图式”，它使个体在自己个人的背景下来“定位、感知、识别和标记”问题和主题。[③] 框架构成了“组织经验和指导行为”的“理解的图式”。[④] 而“图式”则是“表征一个概念知识的认知结构”。[⑤] 当我们遇到包括政治问题在内的模糊现象时，我们就会借助于图式。它们可以填补缺失信息，提供评价事物的基础，因此在人们理解问题方面起着积极作用。[⑥] 基于框定在影响认知方面所具有的重要作用，框定也经常被认为是认知结构的建构，它不仅可以组织经验，而且能够战略性地动员拥护者和遣散敌对者。[⑦] 框架可以起到“引入或提高某种思想的显著性或重要性的作用，激活可以鼓励目标听众进行思考、感受并以特定方式做出决定的图式”[⑧]。框定的作用机制类似于一个画框：使人们把注意力集中于具有相关性和重要性的方面，而对无关的方面则予以忽略。框定主要是通过赋予事件或发生的情况以一定的意义，建构一种适当的认知框架，从而对个人和集体行动起到经验总结和指导作用。[⑨] 事实上，框定被看作是成功说服

---

① William A. Gamson and Andre Modigliani, “The Changing Culture of Affirmative Action,” in R. D. Braungart, ed., *Research in Political Sociology* (Vol.3), Greenwich: JAI, 1987, p.143.

② Jörg Matthes, “Framing Politics: An Integrative Approach,” *American Behavioral Scientist*, Vol.56, No.3, 2012, pp.248-249.

③ E. Goffman, *Frame Analysis*, Cambridge, MA: Harvard University Press, 1974, p.21.

④ David A. Snow, *et al.*, “Frame Alignment Processes, Micromobilization, and Movement Participation,” *American Sociological Review*, Vol.51, No.4, 1986, p.464.

⑤ Susan T. Fiske and Shelley E. Taylor, *Social Cognition* (2nd Edition), New York: McGraw Hill, 1991, p.98.

⑥ Nicholas J. G. Winter, “Framing Gender: Political Rhetoric, Gender Schemas, and Public Opinion on U.S. Health Care Reform,” *Politics & Gender*, Vol.1, No.3, 2005, p.455.

⑦ David A. Snow and Robert D. Beford, “Ideology, Frame Resonance, and Participant Mobilization,” *International Social Movement Research*, Vol.1, No.1, 1988, pp.197-219.

⑧ R. M. Entman, “Framing Bias: Media in the Distribution of Power,” *Journal of Communication*, Vol.57, No.1, 2007, pp.163-173.

⑨ David A. Snow, et al., “Frame Alignment Processes, Micromobilization, and Movement Participation,” p.464.

听众的一个主导因素，它是影响公众对某一问题领域认知的重要手段，影响着人们对于问题的看法和偏好。

基于框定在建构认知及塑造行为方面的重要作用，框定在政治实践中得到了频繁的使用。政治领域内的所有的行为体都对他们所讨论的话题进行框定。① 框定也是一种政治操控行为，当一个行为体期望并试图影响目标听众对一个政策问题的态度和行为时，框定就可能成为其借助的政策工具或策略。对一项政策进行框定就是阐明政策的相关假设，如问题是什么，提出什么样的解决方案或将要采取什么样的行动方式。因此，通过解释在特定社会和文化背景下“政策如何产生意义”就是明确指出它的意义是什么以及对谁产生意义。② 因此，框定在政治或政策实践中具有极大的实用性，尤其在问题的理解甚至问题的解决方面对于政治行为体和公众来说都有着重要的意义，因为框定涵盖了一个问题的整个发展过程，正如罗伯特·埃特曼（Robert Entman）把框架或框定的功能总结为以下四个方面：问题界定、原因诊断、道德判断和方法建议。③ 但是，由于政治问题都是非常复杂和模棱两可的，它们总是可以被以许多不同的方式来框定。④ 换句话说，政策问题具有可塑性，他们是由政治行为体所构建而成的，而且没有任何客观的问题定义“在那里”（out there）。⑤ 正因为如此，政治行为体有能力通过框定来为民众塑造政治现实。⑥ 大多数行为体选择以某

① Murray Edelman, *Constructing the Political Spectacle*, Chicago: University of Chicago Press, 1988; Deborah Stone, *Policy Paradox: The Art of Political Decision Making* (2nd Edition).

② D. Yanow, *How Does a Policy Mean? Interpreting Policy and Organizational Actions*, Washington, D.C.: Georgetown University Press, 1996.

③ R. M. Entman, “Framing: Toward Clarification of a Fractured Paradigm,” *Journal of Communication*, Vol.43, No.4, 1993, pp.51-58.

④ 参见 Jean A. Garrison “Framing Foreign Policy Alternatives in the Inner Circle: President Carter, His Advisors, and the Struggle for the Arms Control Agenda,” *Political Psychology*, Vol.22, No.4, 2001, pp.775-807; K. Ingdon and W. John, *Agendas, Alternatives and Public Policies*, Boston, MA: Little Brown, 1997。

⑤ Roger W. Cobb and Charles D. Elder, *Participation in American Politics: The Dynamics of Agenda-Building* (2nd Edition), Boston: Allyn and Bacon, 1983; Jean A. Garrison “Framing Foreign Policy Alternatives in the Inner Circle: President Carter, His Advisors, and the Struggle for the Arms Control Agenda,” pp.775-807.

⑥ Ashlie B. Delshad, “Telling Stories: Exogenous Influences on Media, Presidential, and Congressional Framing of Biofuels,” *Politics & Policy*, Vol.41, No.2, 2013, p.215.

些特定方式来框定问题，因为他们寻求影响其他政治行为体和/或公众；他们试图说服其他人通过特定的视角来看待问题/政策/议题。[①]行为体在对政策问题进行框定时也就会有选择性地强调一个问题的一些因素，对政策问题提出特定的定义、构造和描述。[②] 杰弗里·费尔德曼（Jeffrey Feldman）也指出，框架关注于理解问题的特定方面（或解释）……框架强调问题与特定因素之间的联系，这增加了在考虑问题时这些特定因素将被检索的可能性。[③] 框定者可以根据其意图对同一个问题进行不同的框定，对公众产生符合其期许的影响。因此，框定也就成为政治行为体建构和实施政策的重要策略，但框定在一定程度上也是一种主观性的建构。而在根本上讲，框定是一种行使以及获取政治权力的方式。[④]

框架分析法应用于政策冲突方面尤其有效，在此各方可以以不同的和相互矛盾的方式来看待问题、政策和政策形势，它体现了不同的观念系统和相关的行为方案。[⑤] 行为体通过框定可以更好地实行一种战略性社会建构，在与话语对象的交际过程实行巧妙的框定，可以更好地推销自己的观点。[⑥] 有关"框定效应"的研究表明，人们对于政策性问题的态度和观点取决于一个问题的哪些方面得到强调。同一问题因被强调方面的不同，可以框定为具有不同的性质，可以使公众对同一问题产生完全不同的看法，建构出迥异的认知图式，进而有助于使问题进入不同性质的议事日程，也会导致不同的结果。例如，"9·11"恐怖袭击发生后，小布什政府对此事件的最初反应是把袭击事件框定

① Robert M. Entman, *Projections of Power: Framing News, Public Opinion, and U.S. Foreign Policy*, Chicago: The University of Chicago Press, 2004; Murray Edelman, *Constructing the Political Spectacle*.

② Edward Schatz and Renan Levine, "Framing Public Diplomacy, and Anti-Americanism in Central Asia," *International Studies Quarterly*, Vol.54, No.3, 2010, p.856.

③ 参见Alex Mintz and Steven B. Redd, "Framing Effects in International Relations," *Synthese*, Vol.135, No.2, 2003, pp.193-194。

④ Michel Foucault, "Body/Power," in Michel Foucault: *Power/Knowledge*, edited by Colin Gordon, Brighton, UK: Harvester, 1980, pp.55-62.

⑤ Donald A. Schön and Martin Rein, *Frame Reflection: Toward the Resolution of Intractable Policy Controversies*, New York: Basic Books, 1994, p. xviii.

⑥ 参见孙吉胜等:《"中国崛起"话语对比研究》，北京：世界知识出版社，2015年版，第13页。

为犯罪，而在几个小时内把此袭击事件重新框定为"战争"。这两种不同框定之间的差异在于它们分别暗示着不同的响应。犯罪意味着将犯罪分子绳之以法，对他们进行审判和处以刑罚，而战争则意味着进攻敌人的领土、政府采取军事行动和发动战争的权力。[①] 此外，框定也涉及把特定问题建构为具有合法性的社会关注对象，以此得到公众的支持。[②] 对于气候变化问题，克林顿政府和小布什政府分别框定为不同性质的问题，而这两个时期公众对于气候变化问题的态度、认知和反应也就相应地产生了差异。

二、框定过程

框定效果是通过特定的框定过程而实现的。戴维·A.斯诺（David A. Snow）和罗伯特·D.本福德（Robert D. Benford）把框定过程分为三个方面或步骤：诊断型框定（diagnostic framing），即对问题进行清晰的界定并指出导致问题的责任者；预期型框定（prognostic framing），即提出解决问题的方法和具体的策略、手段和目标；激励型框定（motivational framing），即呼吁行动。[③] 在框定理论中不同流派或学者对于框定的分类以及框定过程的分析中，笔者认为这二位学者对框定过程的归类比较全面，涵盖面较广，其过程与安全化的过程具有很高的吻合度，因此本书对安全化中框定过程的分析拟采用此种框架。

可以看出，从诊断型框定到预期型框定，最后到激励型框定的过程是一个线性发展过程。首先，诊断型框定和预期型框定在框定过程中起着重要的作用。斯诺和本福德声称，当一项社会运动成功地采

① G. Lakoff, *Don't Think of an Elephant*, White River Junction, VT: Chelsea Green, 2004, p.56; Zhang Juyan, "Beyond Anti-Terrorism: Metaphors as Message Strategy of Post-September-11 U.S. Public Diplomacy," *Public Relations Review*, Vol.33, No.1, 2007, pp.31-39.

② 参见J. Gusfield, *The Culture of Public Problems: Drinking-Driving and the Symbolic Order*, Chicago and London: University of Chicago Press, 1981, p.3; S. Hilgartner and C. Bosk, "The Rise and Fall of Social Problems: A Public Arenas Model," *American Journal of Sociology*, Vol.94, No.11, 1988, pp.53-78。

③ 参见David A. Snow and Robert D. Beford, "Ideology, Frame Resonance, and Participant Mobilization," pp.199-202。

用诊断型框定和预期型框定策略时，此运动将会更有可能激发动机（motivation）。[①] 诊断型框定旨在弄清楚问题的原因和根源，同时要对问题本身的特征予以界定，其中包括发现谁为这个问题负责并应承担损害补偿以及厘清问题的严重程度和影响对象。预期型框定则是用来表达和说明解决问题的方法，即说明“应该做什么”的问题，包括一个或多个特定的解决方案，这些解决方案的来源，所提出的解决方案的成本和风险，以及为什么一个解决方案优于其他方案的理由。而在大多数情况下，预期型框定中所选择的解决方案和行为策略取决于问题本身在诊断型框定过程中是如何被定义的。诊断型框定具有确定一个社会问题的功能，然后把社会生活的消极方面与某项事业相连接。相反，预期型框定提供了一个解决问题的方法。[②] 这二者是一种相互补充的关系，同时预期型框定也是诊断型框定发展的必然阶段。最后，激励型框定则是呼吁行动，为支持者提供令人信服的描述，以使他们能参与集体行动以及能维持他们的参与积极性。[③] 更具体地说，激励型框定需要进行“动机词汇”（vocabularies of motive）[④] 的建构，这样通过消除通常与集体行动相关风险的恐惧以及曼瑟尔·奥尔森（Mancur Olson）所讲的“搭便车”问题，[⑤] 就可以激发行动。[⑥] 框定行为者（framer）要使用适当的同步性语言来动员和激发政策行为者的积极参与。在此种情况下，强调政策问题的重要性、紧迫性、有效性和时效

① David A. Snow and Robert D. Beford, “Ideology, Frame Resonance, and Participant Mobilization,” p.199.

② Robert Benford, “The Half-Life of the Environmental Justice Frame: Innovation, Diffusion, and Stagnation,” in David Naguib Pellow and Robert J. Brulle, eds., *Power, Justice and the Environment: A Critical Appraisal of the Environmental Justice Movement*, Cambridge, MA: The MIT Press, 2005, p.38.

③ Robert D. Benford and David A. Snow, “Framing Processes and Social Movements: An Overview and Assessment,” *Annual Review of Sociology*, Vol.26, 2000, p.617.

④ C. Wright Mills, “Situated Actions and Vocabularies of Motive,” *American Sociological Review*, Vol.5, No.6, 1940, pp.904-913.

⑤ Mancur Olson, *The Logic of Collective Action*, Cambridge: Harvard University Press, 1965.

⑥ David A. Snow and Scott C. Byrd, “Ideology, Framing Processes, and Islamic Movements,” *Mobilization: An International Quarterly Review*, Vol.12, No.1, 2007, p.128.

性的语言被经常使用。[①]

三、话语框定及其作用

框定主要是通过话语实现的。威廉·H.瑞克（William H. Riker）认为政策领域内的框定可以被看作是一种修辞策略，通过这种修辞策略政治行为体来对一个问题进行框定，以寻求最有助于“赢得”特定听众、选区或公众支持的方式。[②] 卡伦·卡拉汉（Karen Callaghan）和佛罗克·施内尔（Frauke Schnell）把“框定”总结为“所有政治参与者，包括媒体所参与的过程，在此过程中他们利用语言提示来给问题进行定义和赋予意义，并把问题与更大的政治环境相联系。在本质上，框架设定了公共政策争论的边界”。[③] 埃特曼把“框定”定义为“选择可感知现实的一些方面并使它们在一个交流的文本中更加突出，以这样一种方式来促成一个特定问题的定义、因果解释、道德评价和/或处置建议”。[④] 托德·吉特林（Todd Gitlin）认为，框架是“持久性的认知、解释和演示模式以及选择、强调和排斥模式，符号处理者（symbol-handlers）通常通过框架来组织话语”。[⑤] 框定也被理解为“有意识地使用语言说服听众了解问题的原因和解决办法”。[⑥] 伯特·克兰德曼斯（Bert Klandermans）把“框定”定义为社会行为体、媒体和社会成员共

① Minah Kang and Jiho Jang, “NIMBY or NIABY? Who Defines a Policy Problem and Why: Analysis of Framing in Radioactive Waste Disposal Facility Placement in South Korea,” *Asia Pacific Viewpoint*, Vol.54, No.1, 2013, pp.49-60.

② William H. Riker, *The Strategy of Rhetoric: Campaigning for the American Constitution*, New Haven, CT: Yale University Press, 1996.

③ Karen Callaghan and Frauke Schnell, *Framing American politics*, Pittsburgh, PA: University of Pittsburgh Press, 2005, p.2.

④ Robert M. Entman, “Framing: Towards Clarification of a Fractured Paradigm,” *Journal of Communication Studies*, Vol.43, No.4, 1993, p.53.

⑤ Todd Gitlin, *The Whole World Is Watching*, Berkeley: University of California Press, 1980, p.7.

⑥ J. Corbett, *Communicating Nature: How We Create and Understand Environmental Messages*, Washington, D.C.: Island Press, 2006; R. Cox, *Environmental Communication and the Public Sphere*, Thousand Oaks, CA: Sage, 2006.

同解读、定义和重新定义事件状态的一个过程。[①] 威廉·A.加姆森与凯瑟琳·E. 拉希（Kathryn E. Lasch）认为，框定就是通过选择性地使用词汇、图像、隐喻和其他一些“框定手段”而去关注现实的某些方面，同时忽略其他方面。[②] 以上几种对“框定”或“框架”的定义或表述都把它们与语言的相关方面联系起来：修辞、语言提示、隐喻、文本、话语和定义等。语言可以框定叙述内容和意义体系，决定了话语对象、叙述、概念与主体选择是如何发生的，进而体现出一种权力—知识共生关系。[③] 因此，可以说框定在很大程度上主要是一种语言或话语的框定，是通过语言的手段来实施和完成的，是利用语言对现实的意义进行积极建构的过程。

认知科学和认知语言学已经提供的证据表明，语言塑造思维。我们通过语言框定事物的方式影响我们对社会事物如政治态度以及道德和因果推理的概念化方式。语言框定通过限制我们如何收集有关人、事件和情况的信息而塑造我们感知世界的方式。[④] 因此，话语框定通过一系列过程对人的思维和行动都会产生影响。首先，语言框定过程是一个筛选的过程。言语者通过频繁地提及某些内容而把它们框定在话语之内，另一些内容则被排除在话语之外。框定过程把话语涉及的内容联系在一起，使某些意义固定下来，产生了相关性和一个相对完整的意义体系，进而影响行为体的行为选择。[⑤] 此外，依据心理学的认知一致性理论（cognitive consistency theory），如果某个问题或事件与人们早已接受的观念相类似，它就会更容易被公众所接受。[⑥] 因此，框定的过程也是选择性地利用话语对象的背景知识和社会文化的过

① Bert Klandermans, *The Social Psychology of Protest*, Cambridge, MA: Blackwell, 1997, p.44.

② William A. Gamson and Kathryn E. Lasch, “The Political Culture of Social Welfare Policy,” in S. E. Spiro and E. Yuchtman-Yaar, eds., *Evaluating the Welfare State: Social and Political Perspectives*, New York: Academic, 1983, pp.397-415.

③ 孙吉胜等:《“中国崛起”话语对比研究》，第 12 页。

④ G. Lakoff and M. Johnson, *Philosophy in the Flesh*, New York, NY: Basic Books, 1999.

⑤ 孙吉胜:《国际关系中语言与意义的建构——伊拉克战争解析》，载《世界经济与政治》，2009 年第 5 期，第 46 页。

⑥ R. A. Payne, “Persuasion, Frames and Norm Construction,” *European Journal of International Relations*, Vol.7, No.1, 2001, p.43.

程。通过这样一个过程，行为体可以把新的事件置于一个历史的社会文化语境中，更好地引起话语对象的共鸣。① 而且在框定过程中，语言也起到了一种规范作用。如果新的事物和观念与公众已经接受的观点和实践相吻合，说服公众的过程更加容易，行为体的施动性就更容易发挥。②

四、框定中的话语策略

框定中的具体话语策略和手段的运用对框定效果会产生重要影响。修辞对于战略性安全化的成败有着重要的作用。③ 在安全化中，隐喻（metaphor）、类比（analogy）、互文（intertext）等一些重要的话语策略可能被安全化行为主体所使用，以达到更有效的框定效果。

（一）隐喻与框定

从传统的修辞学角度来看，隐喻就是用一种事物指代另一种完全不同的事物，用一种事情或经验理解和经历另一种事情或经验。具体来讲，隐喻就是通过人类的认知和推理将一个语义源域（semantic source domain）系统地和对应地投射（projecting或mapping）到另一个语义目标域（semantic target domain），以此建立起不同概念之间的相互联系。源域通常是那些我们作为人类可以很容易思考的东西，或者是我们得心应手和熟悉的物质世界部分。而目标域通常是概念性的，它对于我们的感官来说具有隐藏性而不为我们所知。④ 总体而言，对于日常生活世界外的事物，我们一无所知。而理解感官不能感知世界的唯一途径在于，将日常生活世界同抽象世界进行相似性转换。这方

① 孙吉胜：《语言、意义与国际政治：伊拉克战争解析》，上海：上海人民出版社，2009年版，第129页。

② 孙吉胜等：《"中国崛起"话语对比研究》，第13页。

③ Felix Ciuta, "Security and the Problem of Context: A Hermeneutical Critique of Securitisation Theory," pp.301-326.

④ G. Lakoff, *Women, Fire and Dangerous Things: What Categories Reveal About the Mind*, Chicago, IL: Chicago University Press, 1987.

面可以借助人们熟悉的参照物，使抽象世界被人理解。这种将已知运用于未知的原则构成了隐喻的本质。日常生活的概念及观念被用在抽象世界，使之成为人们已知的现象而被人们所接受。[①] 作为修辞学意义上的隐喻，其使用只是为了达到特殊的修辞或交际效果，只是一种语言的装饰与修饰。而在现代隐喻理论看来，隐喻不仅仅是一种语言修辞手段，更是一种思维方式和认知方式，"隐喻无处不在，人类的整个概念系统都是建立在隐喻基础之上的"。隐喻"不仅仅是语言形式，不仅仅是认识事物的过程中以一个事物来认识另一个事物的这种潜在的隐喻思想"，隐喻更是人类普遍的认知工具，是用一种事物来认识、理解、思考和表达另一种事物的过程，是构筑概念系统的必要手段。"隐喻可以建构我们对现实的看法，建构我们的思维方式，也可以建构我们的行为方式"。[②] 对隐喻的研究表明隐喻在构建世界观、简化对复杂难懂状况的描述、组织公众的特定观念方面卓有成效。[③] 隐喻可以为奇异和抽象的现象提供一个替代性框架，[④] 它可以使人们借助熟悉的事物或观点来认识新奇陌生的事物或现象。

隐喻在政治中具有重要作用。政治领域的隐喻有着与其他如日常生活方面的隐喻相同的运作方式，它们有助于听者借助生活中熟悉的概念或事物来达到对社会的一种外在的、难以理解的观念的把握。作为一种探索政治语义域中新概念的启发式方法，隐喻可以被政治党派创造性地利用，也被官员和其他能优先使用大众媒体的人员所使用。[⑤] 诺曼·费尔克拉夫（Norman Fairclough）指出，隐喻是政治组织、大众传媒和其他机构的社会控制工具。[⑥] 政治家通过隐喻的使用可以更

① ［德］赖纳·许尔森：《论隐喻建构社会现实的功能——以欧盟扩大为例》，王志强译，载《国际观察》，2008年第3期，第17页。

② G. Lakoff and M. Johnson, *Metaphors We Live by*, Chicago: The University of Chicago Press, 1980.

③ Stephen J. Heidt, "Presidential Rhetoric, Metaphor, and the Emergence of the Democracy Promotion Industry," *Southern Communication Journal*, Vol.78, No.3, 2013, p.235.

④ Christopher Shaw and Brigitte Nerlich, "Metaphor as a Mechanism of Global Climate Change Governance: A Study of International Policies, 1992-2012," *Ecological Economics*, Vol.109, 2015, p.36.

⑤ Teun A. Van Dijk, "Principles of Critical Discourse Analysis," *Discourse & Society*, Vol.4, No.2, 1993, pp.249-283.

⑥ Norman Fairclough, *Language and Power*, London: Longman, 1989, pp.36-37.

有效地表达与传递他们的观点和政策，也能更有效地说服听众。此外，隐喻在建构社会与政治现实方面也具有核心作用。[①] 保罗·里克尔（Paul Ricouer）指出，隐喻具有重新描述现实的奇特功能。[②] 因此，基于隐喻对于人们认知方面的独特而重要的影响，政治家在政治话语中通过隐喻的使用可以影响和建构听众对于现实的看法。例如，在第一次海湾战争中，老布什总统就使用了这样一些隐喻——萨达姆是恶棍（vallain），科威特是受害者，美国是英雄，以此建构美国进兵海湾地区的合法性和民众对此行动的支持与认同。

隐喻在认知方面的强大作用使得它在框定中的运用也具有独特的效果。通过隐喻表达的使用而对抽象的概念进行的语言框定，可以激活抽象概念的隐喻表征并对推理产生影响。[③] 例如，隐喻性地把犯罪行为框定为"一种病毒困扰着城市"或者框定为"一只野兽肆虐着城市"使人们对假设的犯罪浪潮提出了不同解决方案。[④] 而事实上，隐喻本身就可以被看作是用来对问题进行概念化的显性框架。"当我们通过一个隐喻而不是别的隐喻来表示事物，我们就用这种方式而不是别的方式建构我们的现实。"[⑤] 因此，隐喻在框定中被频繁地使用也不是偶然的。隐喻性框定被广泛地运用于公共话语中（例如杂志社论、政治宣传广告等），以此来对有争议性的社会政治问题进行交流和沟通。此外，隐喻性框定也被用作其他一些有争议性话题的交流，如恐怖主义、移民问题、战争、民权等。大量的证据表明，隐喻性框定会迅速激发听众迁移他们对于隐喻中的抽象概念知识，进而理解目标问题中的类

---

① G. Lakoff and M. Johnson, *Metaphor We Live by*, p.159.

② Paul Ricouer, *The Rule of Metaphor: Multi-Disciplinary Studies in the Creation of Meaning in Language*, Toronto and Buffalo: University Toronto Press, 1978, p.132.

③ M. J. Landau, D. Sullivan and J. Greenberg, "Evidence that Self-Relevant Motives and Metaphoric Framing Interact to Influence Political and Social Attitudes," *Psychological Science*, Vol.20, No.2, 2009, pp.1421-1427.

④ P. H. Thibodeau and L. Boroditsy, "Metaphors We Think with: The Role of Metaphor," *Plos One*, Vol.6, No.2, 2011, http://www.plosone.org/article/info%3Adoi%2F10.1371%2Fjournal.pone.0016782

⑤ N. Fairclough, *Discourse and Social Change*, Cambridge: Polity Press, 1992, p.194.

比性特征。[①]

基于隐喻在认知方面的优势，公共话语或政治话语中的隐喻性框定可以有助于听众对于框定者的框定意图的理解与把握，有助于听众对于问题或政策的理解，也是对相关话题进行沟通与交流的有效工具。隐喻以这样一种方式对一个话题进行框定，使得对问题的这种理解优于其他可能的理解。[②] 在框定中隐喻的使用一方面可以使听众更加容易理解并接受一个框架，另一方面也可以起到建构听众对这一框架认知的作用。隐喻性框定的影响效果可能是隐性的：人们没有意识到隐喻对他们所做决定的影响；相反人们依靠更加"实质性"（常常是数字性）的信息作为他们做出解决问题决策的动力。但是，一个隐喻微妙的实例化（通过一个词）可以极大地影响人们如何解决类似犯罪等社会问题以及如何收集充分的信息而做出决定。[③] 正因为在人类认知中具有重要的作用，隐喻性框定在政治实践中被大量地使用。例如，"战争"就是一个在美国政治中经常被使用的框定性隐喻，用以表示一些外在的、生成性的和真正的威胁，例如"冷战"（cold war）、"反恐战争"（war on terror）、"抗癌战争"（war on cancer）和"应对全球变暖的战争"（war on global warming），这样的框定性隐喻可以激发全国以及社会的团结并超越意识形态的分歧。[④] 而小布什政府在建构其反恐政策时通过使用"反恐战争"（war on terror）的隐喻，成功地把"反恐"框定为战争，激发起了美国民众对于恐怖主义的憎恶情绪，并使其可以通过战争行为来应对恐怖主义。

与隐喻在其他政治实践活动中的使用一样，在安全化过程中隐喻的使用也具有独特而有力的效果。通过隐喻性框定，安全化行为主体

① 参见Mark J. Landau and Lucas A. Keefer, "This Is Like That: Metaphors in Public Discourse Shape Attitudes," *Social and Personality Psychology Compass*, Vol.8, No.8, 2014, p.463。

② B. Nerlich, and N. Koteyko, "Compounds, Creativity and Complexity in Climate Change Communication: The Case of 'Carbon Indulgences'," *Global Environmental Change*, Vol.19, No.3, 2009, pp.345-353.

③ P. H. Thibodeau and L. Boroditsy, "Metaphors We Think with: The Role of Metaphor in Reasoning," http://dx.doi.org/10.1371/journal.pone.0016782，登录时间：2018年5月6日。

④ 参见E. Nepstad, "The Continuing Relevance of Coser's Theory of Conflict," *Sociological Forum*, Vol.20, No.2 2005, pp.335-337。

可以有效地建构“存在性威胁”和紧急行动的必要性，也更易于实现对听众的话语说服，从而成为安全化取得成功的一个有利因素。安全化隐喻经常使用“危言耸听的”（alarmist）和“使人惊慌的”（alarming）语言，[①] 例如隐喻“临界点”（tipping point）的使用诱发出对于即将到来的不可逆转的危险的情感和镜像。[②] 通过此类隐喻的使用，听众就更容易与安全化行为主体之间就“存在性威胁”达成共识和实现主体间性建构。

（二）类比与框定

类比也是一种常用的框定策略。类比的英文对应词“analogy”来源于类比一词的拉丁文“analogia”，是指不同事物之间的类似和相像。“类比”是以共同性或相似性为基础，在一个更大的场域当中建立两个事物、形象、结构或过程之间的关联。[③] 类似于隐喻，类比可以使人们通过熟悉的事物或概念来认识不熟悉的事物或概念，它是人类认知和推理的重要方式之一。大多情况下，类比推理是把我们的想法从我们理解的事情延伸到我们在当时不理解的事物，以此来解决问题、描述事物、学习或解释事物。[④]

在国际政治上，类比也得到了较多的运用。历史是一面镜子，从历史上学习可以说是政治人物的一种习惯，这就涉及历史性类比的运用。历史性类比，是指政治决策者面对自己不清楚的决策环境时总喜欢与自己亲身经历的或历史上已经非常明确和清楚的类似事件进行比较。[⑤] 这种思维的形式化可以表述为：“A X∶B X=A Y∶B Y”。即，如果事件A与事件B二者都具有X的属性，同时A又具备Y的属性，因

---

① J. S. Risbey, “The New Climate Discourse: Alarmist or Alarming?” *Global Environmental Change*, Vol.18, No.1, 2007, pp.26-37.

② C. Russill and Z. Nyssa, “The Tipping Point Trend in Climate Change Communication,” *Global Environmental Change*, Vol.19, No.3, 2009, pp.336-344.

③ 董洪亮：《教育理论建设中的类比问题》，载《教育研究》，2007年第12期，第36页。

④ A. Juthe, “Argument by Analogy,” *Argumentation*, Vol.19, No.1, 2005, p.3.

⑤ 参见张清敏、潘丽君：《类比、认知与毛泽东的对外政策》，《世界经济与政治》，2010年第11期，第56页。

此我们就可以推断出B也具有Y的属性。通过对某些方面相同或类似的情况进行比较，从而根据历史经验做出决定，以推断它们在其他方面也具有相似性。[①] 在政治实践中，类比尤其是历史性类比被频繁地使用。当政策制定者遇到一个复杂问题时，他们经常会把这个问题与他们所知晓并与他们已有概念相匹配的历史事例进行比较。[②] 历史性类比可以提供认知框架，通过这些认知框架，我们可能会评估新的信息和经验。但它们也会激发情感性的甚至潜意识的联想，同样能够激励、吸引和为特定政治决策提供支持。系统地利用恰当的历史性类比可以澄清目前的情况，提供战略性的见解，并提供政策选择。[③] 因此，政策决策者可以从历史事件中获取有益于现实的经验教训。例如，在1962年古巴导弹危机发生时，巴巴拉·W.塔奇曼（Barbara W. Tuchman）的著作《八月枪声》（*The Guns of August*）描述的第一次世界大战爆发的情节使肯尼迪总统意识到，如果不能正确处理这次危机就可能把世界引向灾难。[④] 在一定程度上讲，通过把古巴导弹危机与一战爆发进行类比，肯尼迪总统吸取了一战爆发的教训，尽力排除了可能导致战争爆发的一切因素，从而避免了重蹈一战爆发的覆辙。

政治家所使用的类比往往具有规范功能而不是描述或分析功能。[⑤] 历史性类比的使用不仅可能对政策决策者的决策产生影响，也可以影响听众对事件或问题的认知，这也是政治家所使用的类比所具有的另一个重要功能。例如，近年来美国政府和工业界的权威专家警告即将到来的“网络珍珠港”（Cyber Pearl Harbor），用这样一个历史类比暗

---

① Yaacov Y. I. Vertzberge, *The World in Their Minds: Information Processing, Cognition, and Perception in Foreign Policy Decision Making*, Stanford: Stanford University Press, 1990, p.113.

② Michael Neiberg, “The 1914 Analogy at War,” *Orbis*, Vol.58, No.4, 2014, pp.486-499.

③ David Sulek and Ned Moran, “What Analogies Can Tell Us About the Future of Cybersecurity,” in Christian Czosseck and Kenneth Geers, eds., *The Virtual Battlefield: Perspective on Cyber Warfare*, Amsterdam: IOS Press, 2009, p.118.

④ Barbara W. Tuchman, *The Guns of August*, London: Macmillan, 1962. 此外，对于此书对肯尼迪的古巴导弹危机决策产生影响的论述，可参见Maxwell Taylor, *Swords and Plowshares*, Boston: DaCapo, 1990, p.205。

⑤ David Hoogland Noon, “Operation Enduring Analogy: World War II, the War on Terror, and the Use of Historical Memory,” *Rhetoric & Public Affairs*, Vol.7, No.3, 2004, p.340.

示一次突然的电子攻击将可能消除美国的军事力量，并导致美国和全球计算机网络大规模的中断。此历史性类比的使用把网络攻击框定为“战争”，旨在影响美国公众对网络攻击的认知，从而有利于美国制定和实施其网络战略和政策。因此，在框定中通过历史性类比的使用，可以激发听众的历史记忆，从而达到框定者预想的政治效果。而历史性类比的这种作用在安全化中也是有效的。巴尔扎克就曾指出，安全化行为主体应该尝试把过去“伤痛的”（traumatic）事件与当前的威胁相联系，以此来增加安全化行为的说服力。[①] 布赞等人也认为，当与被普遍认为具有威胁性的事物相联系，安全化行为的有效性就能增加，这样成功的可能性也会提高。[②] 虽然上述观点都没有直接提及“历史性类比”，但其思路基本相似于“历史性类比”。

（三）互文性与框定

互文策略也是框定中所使用的手段之一。互文性（intertextuality）是源于文学领域的一个概念，由法国后结构主义批评家朱莉娅·克里斯蒂娃（Julia Kristeva）在20世纪60年代所提出。克里斯蒂娃指出，“任何文本都是对其他文本的吸收和转化”。[③] 互文性是一种不同文本之间的相互借用，这种借用可能是作者的有意识行为也可能是无意识行为。没有一个文本是作为一个密封的或自给自足的整体而存在的：其一，任何特定文本的作者都是其他（通常是具有影响的）文本的读者；其二，在阅读的瞬间，读者必然会把他/她所有聚集的相关知识带入到当前文本。[④] 因此，文本都是互文性建构的产物——只有与其他文本相联系时它才具有意义。总之，所有的文字（和阅读），都是互文性

---

① Thierry Balzacq, “The Three Faces of Securitization: Political Agency, Audience and Context,” pp.182-183.

② Barry Buzan, Ole Wæver and Jaap De Wilde, *Security: A New Framework for Analysis*, pp.32-33.

③ J. Kristeva, *Desire in Language. A Semiotic Approach to Literature and Art*, New York: Columbia University Press, 1980, p.66.

④ M. Worton and J. Still, eds., *Intertextuality: Theories and Practices*, Manchester: Manchester University Press, 1990, pp.1-2.

的。[①] 简而言之，“互文性”的概念就是指一个文本在符号性背景中的最终意义与多个文本存在着内在的联系。[②]

互文性不仅仅是一个文学或语言学概念，其使用及影响扩展到了文化、社会、政治等其他领域。例如，有学者研究了家庭互动中的互文性，并展示了先前文本所具有的功能，它们被融入家庭纠纷、家庭游戏和家庭认同之中。[③] 丽贝卡·鲁宾·达马里（Rebecca Rubin Damari）的研究则揭示了关系和身份是如何互文性地编织在一起，特别是关注了对先前文本采取的立场作为一种协商跨国夫妇的文化身份的方式而起的作用。[④] 互文性关注嵌入并包含跨文本间的社会与历史关系构成的网格。[⑤] 每一个文本都是对话性的，其意义都是在与其他文本相联系时获得的。[⑥] 新的文本和旧的文本相联系的过程本身也是造就新意义的过程。新的文本经常需要吸收其他文本，把过去文本的内容纳入当前新的文本之中。通过参考和引用其他文本，新的文本获取了知识方面的权威性，建构了一种合法性。同时该过程也强化了旧文本的合法地位。[⑦] 通过直接的引用，或者采用关键概念和名言，文本可以借助于其他文本构建它们的观点和权威性。[⑧]

---

① Jim Marlow, "Metaphor, Intertextuality, and the Post-War Consensus," *Politics*, Vol.17, No.2, 1997, p.131.

② J. Gray, *Watching with The Simpsons: Television, Parody, and Intertextuality*, New York: Routledge, 2006.

③ Cynthia Gordon, "I'm Mommy and You're Natalie: Role-Reversal and Embedded Frames in Mother-Child Discourse," *Language in Society*, Vol.31, No.5, 2002, pp.679-720; Deborah Tannen, "Intertextuality in Interaction: Reframing Family Arguments in Public and Private," *Text and Talk*, Vol.26, No.4-5, 2006, pp.597-617; Tovares Alla, "Public Medium, Private Talk: Gossip About a TV Show as Quotidian Hermeneutics," *Text and Talk*, Vol.26, No.4-5, 2006, pp, 463-491.

④ Rebecca Rubin Damari, "Intertextual Stancetaking and the Local Negotiation of Cultural Identities by a Binational Couple," *Journal of Sociolinguistics*, Vol.14, No.5, 2010, pp.597-617.

⑤ 参见M. Bakhtin, *Speech Genres and Other Late Essays*, Austin, TX: University of Texas Press, 1986; N. Fairclough, *Discourse and social change*; J. Kristeva, *Desire in Language*, New York: Columbia University Press, 1980。

⑥ M. Bakhtin, *Speech Genres and Other Late Essays*.

⑦ David Campbell, *Writing Security: United States Foreign Policy and the Politics of Identity*, Minneapolis: University of Minnesota Press, 1998, p.56.

⑧ Lene Hansen, *Security as Practice: Discourse Analysis and the Bosnian War,* London and New York: Routledge, 2006, p.8.

同样，在安全化对问题的框定中，安全化行为主体不可避免地会使用互文的策略，而互文策略的使用在建构安全意义和合法性方面具有重要的作用。互文性关联（intertextual links）可以帮助行为体适应特定环境下的社会政治和社会语言的要求，并以这种方式增加它们权威性地宣称威胁和被接受为政治对话中正当声音的合法性。互文性关联在安全化行动中的使用能够起到说服听众和强化安全化的作用。[1] 安全化中互文性的表现形式包括政治话语、文学话语、媒体话语和电影话语之间的各种联系，以及现在与过去的陈述之间的联系。[2]

五、框定与安全化

框定在安全化中起着重要的作用，安全化学者如维夫对安全化过程的论述中也强调了框定的重要作用，可以说"框定"是安全化理论中的关键词之一。通过框定，安全化行为主体突出问题的某些方面，把问题界定为安全领域，同时也有助于对听众的说服。"就是在社会学转向后，安全化理论仍然赋予语言，尤其是框定以本源的地位。"[3] 安全框定提供了一个强大的政治工具，从而可以把安全理性运用于传统意义安全之外的政策领域。[4] 费利克斯·休特（Felix Ciuta）认为，安全化行为很少是通过把问题明确地、直接地、重复地描述为威胁或安全问题而进行，而是通过由一个完整的概念集合所构成的语言框定而进行的。[5] 斯特凡·J.巴勒（Stéphane J. Baele）与奥利弗·C.斯泰尔克（Olivier C. Sterck）认为，安全化应该被理解为是实践和框定性叙事的

① Holger Stritzel, "Securitization, Power, Intertextuality: Discourse Theory and the Translations of Organized Crime," p.555.

② Ibid., p.550.

③ Christina Boswell, "Migration Control in Europe After 9/11: Explaining the Absence of Securitization," *JCMS: Journal of Common Market Studies*, Vol. 45, No. 3, 2007, p. 591.

④ Mariya Y. Omelichev, "Islam in Kazakhstan: A Survey of Contemporary Trends and Sources of Securitization," *Central Asian Survey*, Vol.30, No.2, 2011, p.250.

⑤ Felix Ciuta, "Security and the Problem of Context: A Hermeneutical Critique of Securitization Theory," pp.301-326.

结果。[①] 可以说，框定是安全化过程中一个不可或缺的要素。但是对于框定在安全化中的作用与过程，包括哥本哈根学派在内的诸多安全化理论都未作详细的论述。

对于同一个客观的事物，对其使用不同的语言会产生不同的效果。不同的语言会演绎出不同的规则和规范，框定出不同的行事逻辑，产生的力量和建构的效果也完全不同。[②] 而在安全化中，对某一问题的不同框定会影响听众对问题的认知，使听众建构出不同的认知图式，从而对安全化的程度产生影响（如果把某一问题框定为安全威胁，听众就会建构出与安全威胁相关的认知图式，那么这一问题就有可能被安全化，或安全化程度可能会较高）。

第三节　话语定位、职责和行为界定与安全化

定位理论（positioning theory）是由布朗温·戴维斯（Bronwyn Davies）、罗姆·哈里（Rom Harré）、梵·兰根霍夫（van Langenhove）等心理学家所提出的一个用来分析互动过程中身份协商的分析框架。定位理论是对社会群体中的个体如何对权利和义务进行归因、归属和正名的研究。[③] 建立在福柯的话语建构概念之上，定位理论认为，个体的主体性主要是通过由谈话创造和再创造位置而产生。[④] 定位理论阐述“人们如何利用语词（以及各种形式的话语）来确立自己与他人的位置”。[⑤] 虽然定位理论主要是研究个体互动及个体社会身份协商的

---

① Stéphane J. Baele and Olivier C. Sterck, "Diagnosing the Securitisation of Immigration at the EU Level: A New Method for Stronger Empirical Claims," *Political Studies*, Vol.63, No.5, 2014, p.1124.

② 孙吉胜:《国际关系不能忽视语言研究》，载《中国社会科学报》,2009 年 12 月 24 日，第 6 版。

③ Robert E. Schmidle, "Positioning Theory and Terrorist Networks," *Journal for the Theory of Social Behaviour*, Vol.40, No.1, 2009, p.65.

④ Seamus Prior, "Overcoming Stigma: How Young People Position Themselves as Counseling Service Users," *Sociology of Health & Illness*, Vol.34, No.5, 2012, p.700.

⑤ F. M. Moghaddam and R. Harré, "Words, Conflicts and Political Processes," in F. M. Moghaddam and R. Harré, eds., *Words of Conflict, Words of War: How the Language We Use in Political Processes Sparks Fighting*, Santa Barbara, CA: Praeger, 2010, p.2.

理论，但是近年来已有一些国际政治学领域的学者用此理论分析一些国际政治领域的问题。[①] 目前此类借鉴定位理论进行的研究还比较少，但在一定程度上丰富与拓展了国际政治学研究。

一、定位及其与政治的关系

定位理论被描述为“对当地道德秩序的研究，这种道德秩序被看作不断变化的相互竞争的与言语和行为有关的权利和义务”。[②] 定位分析力求描述各种话语策略所引起的关系结构的变化，也就是说，它关注话语的社会影响。[③]

定位（positioning），可以理解为个人故事的话语建构，这些故事使人们的行动作为社会行为具有可理解性和相对的确定性，在故事中对话的成员具有各自特定的位置。[④] 定位理论是一个有用的工具箱，它能帮助我们理解人们的行事方式以及使他们能如此行事的意义和规范。[⑤] 在定位理论中，话语实践是其中的一个核心要素，语言或其他符号系统是人们之间进行互动的媒介或手段。社会现实产生于三种话语实践：对话、制度性实践与修辞的使用。在这三者中，对话是社会

① 在国际政治学领域运用定位理论的研究还不是很多，据笔者检索主要有以下几篇(部)学术论文和著作，涉及区域一体化、恐怖主义、人权和冲突解决等话题：Nikki Slocum and Luk Van Langenhove, “The Meaning of Regional Integration: Introducing Positioning Theory in Regional Integration Studies,” *European Integration*, Vol.26, No.3, 2004, pp.227-252; Robert E. Schmidle, “Positioning Theory and Terrorist Networks,” pp.65-78; Nicholas J. O’Shaughnessy and Paul R. Baines, “Selling Terror: The Symbolization and Positioning of Jihad,” *Marketing Theory*, Vol.9, No.2, 2009, pp.227-241; Irene Brunaseu, “‘Shoot the Messenger’: Dynamics of Positioning and Denial in Response to Human Rights Appeals,” *Journal of Human Rights Practice*, Vol.3, No.2, 2011, pp.139-161; Fathali M. Moghaddam, Rom Harré and Naomi Lee, eds., *Global Conflict Resolution Through Positioning*, New York: Springer-Verlag New York Inc., 2007。

② R. Harré and L. van Langenhove, “The Dynamics of Social Episodes,” in R. Harré and L. van Langenhove, eds., *Positioning Theory: Moral Contexts of Intentional Action*, Oxford: Blackwell, 1999, p.1.

③ Lisa M. Osbeck and Nancy J. Nersessian, “Forms of Positioning in Interdisciplinary Science Practice and Their Epistemic Effects,” *Journal for the Theory of Social Behaviour*, Vol.40, No.2, 2010, p.137.

④ L. van Langenhove and R. Harré, “Introducing Positioning Theory,” in R. Harré and L. van Langenhove, eds., *Positioning Theory: Moral Contexts of Intentional Action*, p.16.

⑤ Svend Brinkmann, “Guilt in a Fluid Culture? A View from Positioning Theory,” *Culture & Psychology*, Vol.16, No.2, 2010, pp.257-258.

现实的基本元素，在对话中我们的日常现实得以复制和转化。[①] 定位通过话语而得以实现[②]，定位的过程在本质上是一个话语过程。在这样的话语过程中，人们通过把他们自己塑造为共同创作的叙述中的“人物”而对自我以及他人在互动中的身份进行协商。在定位中，“我们是通过语词来赋予并拥有权利并置别人以义务”。[③] 定位分为两类，一类为互动定位，即人们的相互定位，另一类为反思定位，即人们的自我定位。[④] 通过定位，彼此的权利以及责任和义务得到了界定和明确，进而对各自的行为产生影响。“定位”的概念与“角色”相比，“角色”通常被认为具静态性和单一性，而“定位”则更能反映社会交往中身份所具有的动态性和偶发性。[⑤] 社会现实的发展不是通过识别静态的结构或已经存在的关于人类行为的概念，而是通过对话中的相互交流，在此过程中位置不断发生变化。[⑥] 因此，相对于“角色”，“定位”能够更好地体现社会实践中身份建构的实际状况。

可见，定位理论主要是关于行为体身份协商和建构及身份对权利、责任和行为产生影响的理论，而定位理论所涉及的这些核心要素也是政治实践中的重要构成要素。例如，身份就是政治中的一个重要影响要素。在政治互动中，政治行为体的身份也是在行为体的相互定位中建构和形成的。政治行为体的身份决定着各自的利益诉求，而不同的利益诉求也决定着各自的行为。政治行为体的自我定位和相互定位与政治行为体身份的建构有着密切的关系，而身份的建构则影响着政治实践中行为体的行为走向。具体在国际政治中，身份也是一个重要的概念和影响因素。国家身份理论是国际关系理论建构主义学派的一个

① Francisco Tirado and Ana Gálvez, “Positioning Theory and Discourse Analysis: Some Tools for Social Interaction Analysis,” *Historical Social Research*, Vol.33, No.1, 2008, p.230.

② 参见 R. Harré and L. van Langenhove, *Positioning Theory: Moral Contexts of Intentional Action*。

③ F. M. Moghaddam and R. Harré, “Words, Conflicts and Political Processes,” in F. Moghaddam and R. Harré, eds., *Words of Conflict, Words of War: How the Language We Use in Political Processes Sparks Fighting*, p.3.

④ Rodney H. Jones, “Positioning in the Analysis of Discourse and Interaction,” in Carol A. Chapelle, ed., *The Encyclopedia of Applied Linguistics*, Oxford: Blackwell Publishing Ltd., 2013, p.1.

⑤ Ibid.

⑥ Robert E. Schmidle, “Positioning Theory and Terrorist Networks,” p.69, pp.65-78.

核心理论。国家身份决定着国家利益，国家利益又决定和影响国家行为，可以说身份是国际政治中的一个重要影响因素。关于身份的形成和产生，后结构主义认为语言建立表象，表象形成身份。身份的形成过程实际是一个话语过程。[①] 从强调话语建构的作用来看，后结构主义与定位理论有很大的相似性。当然事实上，定位理论也在部分程度上吸收了后结构主义的理论观点。而从定位理论的视角来看，国家身份也是在国家行为体的互动中建构的，这种建构在很大程度上也可以说是国家行为体在不断的自我定位和相互定位中实现的。因此看来，定位理论与政治有着较为密切的关系，政治行为体的定位大量存在于政治实践活动中。然而，就目前来看，有关定位在政治实践中的作用与过程等问题的研究还比较少，定位理论与政治学研究的结合还有待进一步加强。

二、话语定位的主要构成要素与过程

话语定位涉及三个要素，即位置（position）、社会行为（social act）和故事情节（story-line），这三个要素构成了哈里与兰根霍夫所提出的定位理论中的定位三角（positioning triangle），[②] 这三个要素的关系如图2–1所示：

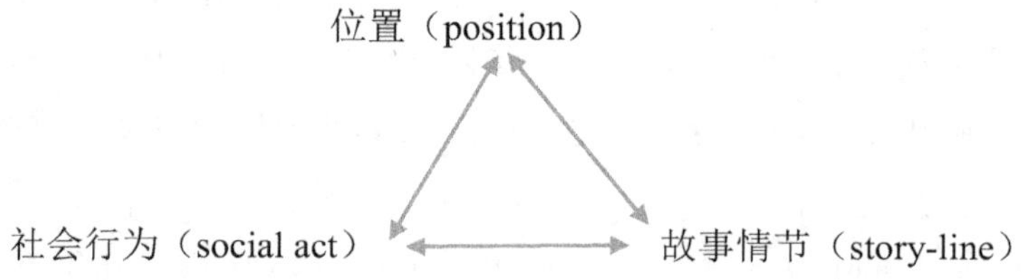

图2–1

（引自 L. Van Langenhove and R. Harré, “Introducing Positioning Theory,”

① 孙吉胜:《话语、身份与对外政策——语言与国际关系的后结构主义》，载《国际政治研究》，2008年第3期，第47页。

② L. van Langenhove and R. Harré, “Introducing Positioning Theory,” in R. Harré and L. van Langenhove, eds., *Positioning Theory: Moral Contexts of Intentional Action*, p.18.

in R. Harré and L. van Langenhove, eds., *Positioning Theory: Moral Contexts of International Action*, p.18.）

从定位三角可以看出，这三个要素是一种彼此间相互影响和相互作用的互动关系。

首先，“位置”被定义为“执行具有一定意义的行为的一系列权利和义务，还可能包括被禁止或剥夺执行一些有意义行为的权利”。[①] 位置的两个特征说明了其具有社会影响方面的特性。一是位置可以建立行动的可能性。其次是“一个位置可以看作是限制行动可能性的一系列松散的权利和义务”。[②] 声称具有一定的权利和接受或承担一定的职责是基本的“主动自我定位”。在大多数情况下，被公认拥有一项权利也要求个人或机构接受相关的职责。而职责界定一个人的预期行为。[③] 因此，在互动中一个行为者的位置的确立意味着其既有做某些事情以及以特定方式做事的权利，同时也要承担相应的（道德）职责，并要遵照特定方式来行事。此外，定位参与者的位置具有多重性。“在每一个社会背景、实践或是情境中，人们都具有与某一领域相匹配的位置。”[④] 例如，一个人在家庭中具有丈夫的位置，在单位则具有雇员的位置。位置对于一个人的言语与行为起着制约作用。位置包含着做某些事情的权利和特定的行事方式，同时也包含着承担职责并按特定方式履行职责。由于所具有的位置，老师通常会被定位为有责任进行合理的安排以帮助学生的学习和发展。反过来，学习者凭借他们各自所具有的位置，可以说他们拥有接受教育的权利，而同时要承担遵守学校制度的义务。[⑤] 显然，位置的不同意味着拥有不同的权利，履行不

---

① R. Harré and F. M. Moghaddam, “Introduction: The Self and Others in Traditional Psychology and in Positioning Theory,” in R. Harré and F. M. Moghaddam, eds., *The Self and Others: Positioning Individuals and Groups in Personal, Political, and Cultural Contexts*, London: Praeger, 2003, pp.5-6.

② Ibid., pp.4-6.

③ R. Harré and N. Slocum, “Dispute as Complex Social Events: On the Uses of Positioning Theory,” *Common Knowledge*, Vol.9, No.1, 2003, p.106.

④ R. Harré and L.van Langenhove, “The Dynamics of Social Episodes,” in R. Harré and L. van Langenhove, eds., *Positioning Theory: Moral Contexts of Intentional Action*, pp.1-13.

⑤ Svend Brinkmann, “Guilt in a Fluid Culture? A View from Positioning Theory,” p.258.

同的职责和义务。

其次，"故事情节"也是定位过程中的一个关键要素。位置制约一个人的言与行，而每一个位置都伴随着一个故事情节。根据哈里与凡萨里·M. 穆加达姆（Fathali M. Moghaddam）的定义，"故事情节"是指一个关于情节展开时被遵守的原则和公约的工作假说……每一个故事情节都与位置相结合，而位置以一个明确的方式与参与者联系起来。[①]"故事情节"的概念在很大程度上借鉴了叙事学的观点。故事情节是用来组织和赋予意义的叙述结构。人们通过讲述一种关于他们的故事来感受自身的经历。他们借助于某些叙事模式实现这一目的。[②]"故事情节"的概念也许是定位理论对社会互动分析作出的最独特贡献。它使分析者能够对进行的互动性微观管理与参与者的个人历史和文化的宏大叙事联系起来。[③] 而故事情节是在个体进行的互动中共同建构的，他们通过话语实践使故事情节得到明确的显现。故事情节在很大程度上决定着互动参与者的位置和行为。一个故事情节就像一个剧本，它依据隐性或显性的位置来指导行为。[④] 但是，故事情节也不是任意的，它"往往遵循已经建立的事件序列模式，通常是熟悉的文化性叙述"。[⑤] 因此，故事情节和位置不是任意建构的，它们都产生于相关个体的文化背景。[⑥] 故事情节也是定位产生的社会背景，在特定的故事情节背景下，特定的位置得以产生。人们在对话中所处的位置

---

① R. Harré, and F. M. Moghaddam, "Introduction: The Self and Others in Traditional Psychology and in Positioning Theory," in R. Harré and F. M. Moghaddam, eds., *The Self and Others: Positioning Individuals and Groups in Personal, Political, and Cultural Contexts*, p.9.

② Nikki Slocum-Bradley, "The Positioning Diamond: A Trans-Disciplinary Framework for Discourse Analysis," *Journal for the Theory of Social Behaviour*, Vol.40, No.1, 2010, pp.93-94.

③ Rodney H. Jones, "Positioning in the Analysis of Discourse and Interaction," in Carol A. Chapelle, ed., *The Encyclopedia of Applied Linguistics*, Oxford: Blackwell Publishing Ltd., 2013, p.2.

④ R. P. Abelson, "Script Processing in Attitude Formation and Decision Making," in J. S. Carroll, and J. W. Payne, eds., *Cognition and Social Behavior*, Hillsdale, N. J.: Lawrence Erlbaum Associates, 1976, pp.33-45.

⑤ R. Harré, and F. M. Moghaddam, "Introduction: The Self and Others in Traditional Psychology and in Positioning Theory," in R. Harré and F. M. Moghaddam eds., *The Self and Others: Positioning Individuals and Groups in Personal, Political, and Cultural Contexts*, p.9.

⑥ L. van Langenhove and R. Harré, "Introducing Positioning Theory," in R. Harré and L. van Langenhove, eds., *Positioning Theory: Moral Contexts of Intentional Action*.

与故事情节相关联。[1] 每一个故事情节都包含了与参与者明确相关联的位置。例如，如果叙事展开的情节是“医生和病人”，那么这个定位为“医生”的人就具有处方权，而另一个定位于“病人”的人就有义务遵循“医生”的嘱咐。[2]

最后，社会行为也是定位三角中的一个重要节点。行为体的定位赋予他们各自对应的权利和义务，从而塑造了他们所采取的行为模式。[3] 不同的位置可以使不同的实践形式得以可能，并要求某些形式的实践：位置从广义上讲可以建立行动的可能性。[4] 位置决定着社会互动中可能的行为和行动，也就是说，在特定故事情节的背景下，位置伴随着以一定方式行事的职责。[5] 因此，行为体的行为和实践与行为体的位置和故事情节是密切相关的。

三、话语定位与安全化

成功的安全化必须涉及安全化行为主体及听众的行为和实践，这就需要通过话语定位使双方界定各自职责和权利并付诸实施。通过话语定位使安全化主体与听众界定各自权利和责任，进而决定其行为。通过定位理论的引入，可以弥补安全化理论中对于安全化行为体以及听众的行为论述的缺失，而安全化与否或安全化程度高低最终需要通过行动和实践予以体现。因此，本书提出把话语定位作为一个自变量，以此来考察其对安全化程度的影响作用。对话语主客体的不同定位决

---

① L. van Langenhove and R. Harré, “Introducing Positioning Theory,” in R. Harré and L. van Langenhove, eds., *Positioning Theory: Moral Contexts of Intentional Action*, pp.14-31.

② R. Harré, and F. M. Moghaddam, “Introduction: The Self and Others in Traditional Psychology and in Positioning Theory,” in R. Harré and F. M. Moghaddam, eds., *The Self and Others: Positioning Individuals and Groups in Personal, Political, and Cultural Contexts*, p.9.

③ 参见 Robert E. Schmidle, “Positioning Theory and Terrorist Networks,” p.68。

④ Lisa M. Osbeck and Nancy J. Nersessian, “Forms of Positioning in Interdisciplinary Science Practice and Their Epistemic Effects,” p.138.

⑤ T. Paulus, H. Stewart, A. Reece and P. Long, “Positioning Theory as an Analytic Tool for Understanding Intersubjective Meaning-Making,” *CSCL'09 Proceedings of the 9th International Conference on Computer Supported Collaborative Learning*, Vol.2, 2009, pp.51-53.

定了主客体的各自社会位置，影响听众对问题的认知以及相关的行为，进而对安全化的程度产生影响。

本书对安全化中话语定位的分析也是基于上文所述的由哈里与兰根霍夫所提出的“定位三角”，但是具体到本书案例的线性发展逻辑以及出于便于分析的原因，本书研究把这种互动关系调整为线性关系，即：故事情节→位置→社会行为。同时，本书对互动中的参与者限定为安全化中的话语主客体，即安全化行为主体与听众（美国公众）。具体到本研究中的两个案例，不同的定位导致了不同的安全化程度或政策走向。在主客体定位中，通过不同的故事情节，界定出了不同的主客体职责，进而影响了主客体的行为。在气候变化安全化过程中，使用“威胁国家安全”或者“威胁生态环境”的故事情节，就会产生完全不同的主客体职责定位，进而产生不同的主客体行为取向及走向。在前者的情况下，气候变化的安全化程度就比较高。而在后者的情况下，气候变化的安全化程度就会比较低。在哥本哈根学派的安全化理论中，对于行为体及听众的行为的论述较少，在这一点上如前文所述，一些学者提出了质疑。为了解决这一盲点，本书尝试通过引入定位理论的分析框架来进行一定程度的弥补。基于本书的研究目的，本书主要关注定位理论中话语的行为取向，即安全化过程中特定的话语定位所带来的结果，这在一定程度上可以填补哥本哈根学派对于安全化过程中关于“行为”论述的空白。

第四节　理论分析框架：安全化中的话语操控

如前文所述，本书所要研究的核心问题是：在客观安全威胁基本相同或相近的情况下，有的问题的安全化程度较高，而有的问题安全化程度较低，那么话语作为安全化过程中的一个核心要素如何对此结果产生影响？而具体来讲，作为安全话语的发出者，安全化行为主体如何通过话语操控来实现其控制安全化程度的目的？

对此问题，本书提出了一个理论假设，即安全化行为主体通过话语操控影响安全化程度的高低。本书认为安全化行为主体通过话语操控，具体表现为三个自变量——话语突显、话语框定和话语定位，来实现其对于安全化程度的控制。这三个自变量在一定程度上是哥本哈根学派安全化理论中“言语行为”作用机制的具体体现。

首先是话语突显。为了使某个问题具有较高的安全化程度，安全化行为主体通过话语突显，使问题得到较高的公众关注度，从而有助于问题被纳入安全议事日程之中。抑或为了使某个问题具有较低的安全化程度（或使问题实现去安全化），安全化行为主体要通过对话语的抑制或压制，以达到降低公众关注度的目的，从而把问题排除在安全议事日程之外。具体到本书的案例分析，克林顿政府为了实现气候变化问题的安全化，就需要对气候变化问题及相关话题予以突显，因此就采用了话语突显的相关策略与手段以体现其重要性并引起听众即美国公众的共鸣，从而使气候变化问题获得了得以实现安全化的突显度。而小布什政府要弱化气候变化问题的安全化，使气候变化问题脱离于美国国家安全议程之外，因此气候变化问题的突显程度就必须处于相对较弱的程度，使美国公众对于气候变化问题的关注度处于较低水平。为了达到这些目的，小布什政府对气候变化相关问题采用了话语抑制以及话语压制的手段，以期消解美国公众对于气候变化问题的热情与关注程度。

其次是话语框定。在引起公众对问题的关注度之后，安全化行为主体就需要对问题的性质、严重性和解决方案等予以界定和阐明，以进一步塑造公众对问题的认知图式并能动员公众参与的积极性，这就涉及话语框定的运用。具体过程或步骤包括诊断型框定、预期型框定和动机型框定，而具体使用的语言策略包括隐喻、类比和互文等。通过不同的框定，行为体来实现对相关问题安全化程度的控制或者安全化与否。在本书案例中则表现为克林顿政府和小布什政府对于各自在任期间的气候变化问题通过不同框架的使用而界定为具有不同的性质，并相对应地提出了各自不同的解决方案。克林顿政府强调了气候变化问题的严重性，把气候变化问题框定为安全问题，而小布什政府则对气候变化问题的严重性进行了弱化，把气候变化问题主要框定为环境问题，由此两任政府在任时期的气候变化安全化程度就产生了较大的差异，同时两任政府对气候变化问题的具体应对策略和行为也产生了明显的不同。

最后是话语定位。在对问题进行了成功的框定并被听众所接受并不意味着安全化的成功。如前文所述，本书所采用的安全化成功与否的界定标准是把安全化延伸到了具体的行为实践阶段。安全化行为主体以及听众之间应该就问题进行双方的权利和义务的界定，也就是在特定的背景下，各自应该做什么和如何做的问题。对于权利和义务的界定就涉及了话语定位，通过话语实践对相关方进行定位以确定各自职责并确立其行为。不同的定位会产生不同的权利和职责，进而使行为体的行为产生差异。而定位是通过故事情节来实现的，不同的故事情节会产生不同的定位。“安全化”故事情节与“去安全化”故事情节将会产生迥异的定位，因此也会产生不同的行为取向与发展路径。在本书案例中，克林顿政府和小布什政府通过不同故事情节的讲述，即“安全化”与“去安全化”故事情节，使得各自政府与它们执政时期所对应的民众之间的定位产生不同。这种不同的定位使涉及的相关方在面对气候变化问题时所负有的职责和相应的行为表现出差异。而这些差异也正是促成和服务于各自政府的气候变化政策的重要因素。

本书的基本理论框架如图2–2所示。

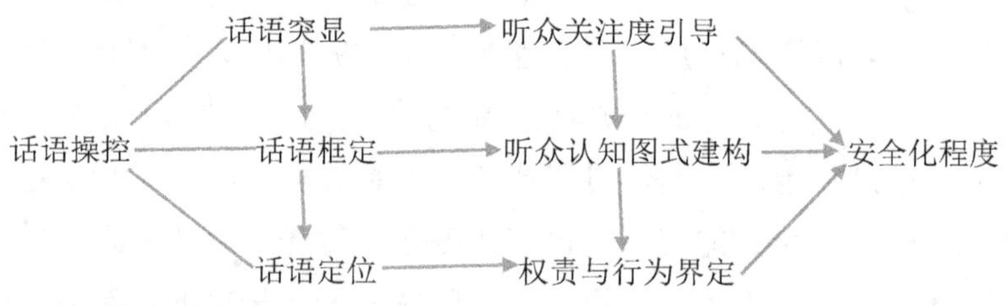

图2–2

（作者自制。）

而本书理论分析框架中的三个自变量之间主要是一种线性的逻辑发展关系，如图2–3所示：

图2-3

（作者自制。）

但是，在很多情况下话语也可能具有多重功能，因此本书框架中的自变量在遵循线性的主逻辑发展关系外，也不排除一定的相互交叉和重叠关系。

实现安全化就是安全化行为主体通过话语把一个问题界定为对指涉对象形成存在性威胁，并要采取超出正常政治模式的紧急措施来应对，如果这种言语行为能够被听众所接受，那么安全化就取得了成功。本书所提出的安全化理论分析框架基本契合安全化的发展过程。具体到本书的案例分析，在气候变化问题上，克林顿政府通过话语操控实现了气候变化问题的较高程度安全化，而小布什政府则通过话语操控实现了气候变化问题的较低程度安全化，甚至是去安全化。下文将基于本书提出的安全化理论分析框架，对克林顿政府和小布什政府在气候变化安全化中的话语操控进行具体的案例分析，以期对本书所提出的理论假设予以验证。

本章小结

本章首先对话语操控中的三个变量话语突显、话语框定和话语定位从定义、作用机制、具体运用等方面进行了较为详细的梳理和阐述。基于话语突显、话语框定和话语定位这三个自变量，本书提出了分析安全化的一个理论框架：安全化行为主体通过话语操控，即话语突显、话语框定和话语定位的不同来影响安全化程度。而这三个自变量基本遵循着从对问题的关注，到对问题的定性，最后到付诸行动的线性逻辑关系，这个逻辑关系也合乎人们处置事物的基本行为模式。

第3章

美国气候变化状况和政策：从克林顿政府时期到小布什政府时期

气候变化已经成为人类面临的一个严峻挑战，全球的国家行为体以及公众越来越重视气候变化问题，在应对气候变化方面做出了许多努力。作为全球第一强国和温室气体排放大国的美国，为应对气候变化也制定了相应的政策，推出了一些具体的减排方案。

第一节　气候变化及其影响

气候作为人类赖以生存的自然环境和自然资源的重要组成部分，与人类生存和社会活动有着密切联系。[①] 因此，主要由人类活动造成的气候变化对人类产生了深刻而严重的影响。

① 秦大河:《气候系统变化与人类活动》，北京：气象出版社，2003年版。

一、气候变化的特征、定义及成因

人类生活的地球正经历着气候变化，其主要特征为温度升高，最近100年（1906—2005年）全球平均地表温度上升了0.74℃（0.56℃—0.92℃）。而过去50年温度每10年平均上升0.13℃，是过去100年平均升高量的两倍。[①] 科学家称，这一升温趋势近年来已经加快。自1860年有温度记录以来，所有十个最暖年份都产生于1995年到2005年之间。[②] 根据联合国政府间气候变化专门委员会（Intergovernmental Panel on Climate Change，IPCC）的定义："气候变化是指气候平均状态或变化幅度产生统计学意义上的显著波动，而且持续很长的一段时期（通常为十年或以上）。气候变化可能是由自然的内在过程或外在因素，或由大气成分构成或陆地使用发生长期的人为导致的变化而造成的。"[③]《联合国气候变化框架公约》对"气候变化"的定义是指"除在类似时期内所观测的气候的自然变异之外，由于直接或间接的人类活动改变了地球大气的组成而造成的气候变化"。[④]

多数研究结果表明，全球气候变暖的主要原因有两个：一是自然原因；二是人类活动，其中人类活动对近年来气候变化作用明显。[⑤] 在过去50年中，二氧化碳浓度的增加一直是造成气候变暖的主要因素。从18世纪中叶工业时代开始，二氧化碳在大气层中的浓度持续增加，主要原因是化石燃料（煤、石油、天然气）的燃烧和森林的砍伐。人

① 姜冬梅、张孟衡、陆根法主编：《应对气候变化》，北京：中国环境科学出版社，2007年版，第3页。

② World Meteorological Organization, "WMO Statement on the Status of the Global Climate in 2005," http://www.wmo.ch/ web/wcp/wcdmp/statement/html/WMO998_E.pdf，登录时间：2018年9月15日。

③ Thomas G. Weiss and Ramesh Thakur, *Global Governance and the UN*, Bloomington and Indianapolis: Indiana University Press, 2010, p.238.

④ 参见黄林军编著：《环境安全管理体系理论与实践》，广州：暨南大学出版社，2013年版，第219页。

⑤ 廖静秋：《全球气候变化及其对人类生存的影响》，载《西华师范大学学报（自然科学版）》，2010年第3期，第284页。

类活动也增加了其他温室气体排放量，如甲烷、氧化亚氮和卤代烃。[①]这些温室气体排放物使得地球大气层中的热俘获气体的厚度增加，从而引起地球表面温度的上升。

二、气候变化产生的影响

在过去几十年出现的环境问题中，全球气候变化问题最为严重，并且最难解决。大家之所以称全球气候变化问题最为严重，是因为它可能带来严重的危害。[②]

首先，气候变化对人类的生存环境和生存状况造成十分严重的影响，而这种影响涉及的范围非常广泛。联合国2007/2008年关于人类发展的报告《应对气候变化：分散世界中的人类团结》指出，气候变化在以下五个方面对人类生存环境和生存状况产生影响，并有可能阻止和影响人类发展。一是农业生产和粮食供给。气候变化影响降水量、温度和农业灌溉所需用水，特别是在一些薄弱的地区。至2080年粮食产量的缺口大约增长到6亿吨。二是水资源紧缺和水资源不足带来的危险。气候系统的改变和冰川融化加剧了生态危机，会导致巨大的水资源流失，亚洲和拉丁美洲人饮水和灌溉系统面临风险。到2080年大约有18亿人口面临缺水。三是海平面上升和气候灾难的承受。气候变化引起很强的热带风暴，因为海洋温度升高后很容易产生气旋，导致海平面上升。海平面骤然上升有可能受冰川融化加快影响。地球上温度升高3℃—4℃，就会因为海平面升高，导致3.3亿人周期性或永久性迁移。四是健康下降。富裕的国家已经使自己的卫生保健机构做好准备，以应对将来气候振荡产生的后果，例如欧洲2003年的炎热。气候振荡产生的威胁，会对发展中国家的人民健康影响强烈，因为这些国家大

① P. Forster, et al., "2007: Changes in Atmospheric Constituents and in Radiative Forcing," in S. Solomon, ed., *Climate Change 2007: The Physical Basis. Contribution of Working Group I to the Fourth Assessment Report of the Intergovernmental Panel on Climate Change*, Cambridge, UK, and New York: Cambridge University Press, 2014, pp.129-234.

② ［美］安德鲁·得斯勒、［美］爱德华·A. 帕尔森：《气候变化：科学还是政治？》（第二版），李淑琴等译，北京：中国环境科学出版社，2012年版，第1页。

部分还很贫穷，而且卫生健康部门在应对措施上还有一定的局限性。五是生态系统崩溃。世界上大约有一半的珊瑚礁系统由于水温升高而受到脱色损害。珊瑚礁的破坏有可能给人类发展和一些国家带来毁灭性影响。①

其次，气候变化预计将对人类经济和政治产生严重、加速而持久的后果，此外也将带来严重的安全问题。② 全球变暖引起的环境问题不仅影响人类的生存条件，而且也会通过威胁社会结构以及引起使问题更加恶化的社会反应而导致更大的社会影响。由此带来的社会经济和政治压力可能会削弱社区的运作功能、制度的有效性和社会结构的稳定性。这些恶化的状况可能进一步导致民事冲突甚至武装冲突。③ 气候变化问题最初是作为一个环境问题而由科学家提出和讨论的。20世纪70年代有人开始将环境、气候变化、外交和安全等问题联系起来，直到1988年，“气候变化”问题才逐渐引起了大众的关注，有了上升为国家安全和外交“政策”的可能，1970—1988年堪称是“气候变化”问题进入安全领域的“引起关注”阶段。④ 安全研究人员和学术界很早就已经发出警告：气候变化会威胁水资源和粮食安全、资源的分配、沿海人口生存，而这些威胁进而会增加被迫性迁移、增加紧张和引起冲突。⑤ 气候变化已经成为一个引发全世界关注的重大问题。而气候变化也对美国形成了极大的安全威胁。早在1989年时，当时任美国参议员的戈尔就在《华盛顿邮报》发表文章指出，环境已成为一个关乎国家安全的问题，成为一个对美国利益和人民的福祉构成直接威胁的迫切问题。他进一步把“温室效应”与国家安全问题直接联系在

---

① 参见蒋明君：《蒋明君文集（第二卷）》，北京：世界知识出版社，2014年版，第248—249页。

② Rymn J. Parsons, “Climate Change: The Hottest Issue in Security Studies?” *Risk, Hazards & Crisis in Public Policy*, Vol.1, No.1, 2010, p.89.

③ Jurgen Scheffran, “Climate and Security,” *Bulletin of the Atomic Science*, Vol.64, No.2, 2008, p.19.

④ 李海东：《从边缘到中心：美国气候变化政策的演变》，载《美国研究》，2009年第2期，第21页。

⑤ Oli Brown, Anne Hammill and Robert Mcleman, “Climate Change as the ‘New’ Security Threat: Implications for Africa,” p.1141.

一起。[①] 2007年4月16日，由退休将军组成的美国海军分析中心军事咨询委员会发布的《国家安全与气候变化威胁》报告指出，不同于传统意义的安全威胁，气候变化会通过影响粮食、水资源、能源等战略物资的供应与再分配，引发社会动荡和边境冲突，进而扰乱国际秩序和地缘政治格局，对美国国家安全造成严重威胁。[②] 环境政治专家托马斯·F.荷马–迪克森（Thomas F. Homer-Dixon）2007年在《纽约时报》撰文称，"气候压力对国际安全构成的挑战很可能与冷战期间美国与苏联之间的军备竞赛和今天'流氓国家'的核武器扩散一样危险，而比它们更加难以处理"。[③] 气候变化对安全构成的威胁已经引起了越来越多的关注。

最后，气候变化问题已成为一个影响人类生存和发展的严峻问题。气候变化直接影响着空气质量、淡水资源的分布、海平面的上升、农业产量、生物多样性、能源使用、飓风台风等恶劣天气的多寡等，对人类自身生活环境及国际关系带来显而易见的冲击，而气候变化给美国带来的危害程度也是非常重大的。[④] 作为世界第一大国的美国，其工业发展水平居于世界领先地位，然而工业的发展对于环境造成的破坏也是惊人的。美国一直以来是全球主要的二氧化碳排放国家，是世界上人均温室气体排放量最大的国家。美国占世界总人口的4.5%，其能源消耗量占到世界的25%，温室气体的排放量大约占世界的20%。而其人均排放量在19 tCO_2/人左右上下波动，远超过世界平均水平。[⑤] 由此导致的气候变暖给美国带来了巨大的自然灾害，气候变化成为美国所面临的一个严峻的问题。从克林顿政府到小布什政府期间，美国就经历了众多的与气候变化相关的自然灾害，如飓风、风

① Nicole Detraz, "Threats or Vulnerabilities? Assessing the Link Between Climate Change and Security," p.108.

② 汪方等:《美国军方发布〈国家安全与气候变化威胁〉报告》，载《气候变化研究进展》，2007年第3期，第186页。

③ Thomas F. Homer-Dixon, "Terror in the Weather Forecast," *New York Times*, April 24, 2007.

④ 李海东:《从边缘到中心：美国气候变化政策的演变》，第20页。

⑤ 陈泮勤、曲建升等编著:《气候变化应对战略之国别研究》，北京：气象出版社，2010年版，第5页。

暴、干旱、雪灾、洪灾等，这些灾害给美国及其民众造成了巨大的经济和人员损失。而同样，气候变化在给美国带来这些自然灾害的同时，也带来了极大的安全风险。但是，尽管在克林顿政府和小布什政府期间发生的气候灾害众多，气候变化造成的灾害和影响没有十分明显的差异，但两任政府在执政期间的气候政策却有着很大的不同。

第二节　克林顿政府时期美国的气候变化状况和政策

克林顿政府对包括气候变化在内的环境问题非常重视，被认为是近代历任美国总统之中对环境问题最为积极的一任政府。克林顿总统主张积极地应对全球气候变化问题，1998年3月美国签署了《京都议定书》，为控制全球气候变暖做出了很多努力。

一、克林顿政府时期美国的气候变化状况与影响

美国作为世界头号大国，工业发展处于世界领先水平。而工业的快速发展也带来了大量的环境污染。工业发展中化石燃料的使用产生了大量的二氧化碳等温室气体，并进一步造成了全球气候变暖。

克林顿从1993年就任美国第42任总统到2001年卸任期间，美国所面临的气候变化问题十分严峻，其间美国遭受了不少极端气候所带来的自然灾难，造成了重大的损失。例如，1993年1月1日至14日南加州持续暴雨，使该地区在经历6年干旱之后出现1888年有气象记录以来最潮湿的1月；1月20日，路易斯安那州大雨倾盆，数小时降雨250毫米，河流泛滥，洪水之严重为1940年以来未有过；2月7日至8日，西南部多雨，洛杉矶24小时降雨58.2毫米，公路被泥石阻塞，酿成事故。[1] 1994年4月9日至12日，中西部连降大雨，河水泛滥，造成巨大

① 邱杏琳:《1993年世界重大气候》，载《世界农业》，1994年第6期，第39页。

的经济损失；4月15日，南部和中部地区遭龙卷风袭击，财产和人员遭受不同程度的损失和伤亡；4月25日至27日，中部龙卷风成灾，房屋受损，树被拔起，人员伤亡；7月3日，热带风暴袭击美国南部，造成暴雨洪水灾害，佐治亚州受灾最重，1.6万公顷作物被淹，损失惨重；8月16日，龙卷风席卷东南部，造成房屋倒塌，交通中断；10月中旬至下旬初，得克萨斯州东南部大雨频繁，引发洪水，造成人员伤亡；11月中旬，热带风暴袭击美国东南沿海，暴风雨使冬季蔬菜及作物受损。① 1995 年7月中旬，美国中西部和东部出现1980年以来最严重的热浪，死亡700余人，农牧业损失严重。② 1996年1月中旬末，美国东部发生了严重洪水，西弗吉尼亚、宾夕法尼亚、特拉华、俄亥俄等州有数千人转移，一周的洪水和冰雪严寒至少造成 45人丧生；2月上旬，美国西北部也发生了 30多年来所罕见的洪水，2万多人逃离家园，俄勒冈州和华盛顿州有30多个县被总统宣布为灾区；而美国西南部和墨西哥北部的干旱已持续了近3年，1996年上半年，美国从得克萨斯州向北至俄克拉何马州与堪萨斯州，向西至新墨西哥州及科罗拉多州的降水量出现近几十年的最低值。③ 1997年美国1月到5月连续遭到龙卷风袭击，造成严重损失，特别是3月上旬，罕见的系列强龙卷风（约14个）席卷了美国中南部地区，阿肯色州受灾最重，是30年来遭遇的最严重的灾难性龙卷风，至少 25人丧生，龙卷风过后的连续暴雨引起俄亥俄河水位暴涨，洪水严重泛滥，一些地区洪水为 1937年以来最严重，数以万计的人被迫撤离，死亡总数达59人，损失超过3.5亿美元；4月上旬美国北达科他州发生近几十年来最严重的洪水，下旬向北推进到美、加边境地带，红河流域发生了1852年以来最大的一次洪水，红河流量达正常流量的22倍，近8万人逃离家园。④ 1998年1月底至2月初，美国加利福尼亚州连遭风暴袭击，风暴降水造成河流决堤，河水泛滥，几个地区被宣布处于紧急状态，太平洋沿岸的高速公路被迫

---

① 邱杏琳:《1994年世界重大气候》，载《世界农业》，1995年第5期，第49页。

② 邱杏琳:《1995年世界重大气候》，载《世界农业》，1996年第5期，第35页。

③ 李晓燕:《1996年全球重大气候事件概述》，载《气象》，1997年第4期，第22页。

④ 李晓燕:《1997年全球重大气候事件概述》，载《气象》，1998年第4期，第24页。

关闭，强风暴还袭击了美国东部的俄亥俄和弗吉尼亚等7个州；同年2月至5月，美国连续遭受龙卷风的袭击，数百人丧生，上千人受伤，几千间房屋被毁，数万人受到影响，经济损失惨重。① 1999年7月，美国东部和中西部地区受到高温热浪的袭击，从大平原到东南部气温高达40℃，其中北达科他州的最高温度达44℃，纽约也出现了连续8天32℃的高温记录，与热浪天气有关的死亡人数至少达263人，高温天气还使该地区的干旱进一步加剧。② 2000年夏季热浪袭击美国南部，高温使28人死亡；上半年墨西哥州气温是106年来最高的一年；同年9月初得克萨斯州气温高达45℃，干旱使该州损失6亿美元。③

以上所列举的只是克林顿在任期间其中规模相对较大的一些气候灾害，事实上更多的规模较小的灾害造成的损失也非常巨大。这些与气候变化有关的灾害给美国造成了巨大的财产和生命损失。

二、克林顿政府的气候变化政策与举措

面对气候变化所带来的严峻形势，克林顿政府从一上任起就高度重视气候变化问题，在气候变化上表现出不同于老布什政府的态度，并采取了积极的应对政策与措施，期望在气候变化问题上有所作为。克林顿政府将包括气候变化问题在内的环境问题置于战略性高度，不仅积极参与并且大力推动国际气候谈判进程，期望重塑美国在气候变化方面的国际声誉。

在上任伊始的1993年2月17日，克林顿提出征收英国热量单位（British Thermal Unit，BTU）税方案，热量单位税基于燃料的热含量来征收，如若实施可以起到减少温室气体排放并能减少政府财政赤字的效果和作用。但此方案后来因被国会否决而未能获得通过。

在同年4月22日庆祝“世界地球日”的当天，克林顿总统宣布了《美国气候变化行动计划》（*Climate Change Action Plan*，CCAP），在

① 王丽华：《1998年全球重大气候事件概述》，载《气象》，1999年第4期，第31页。
② 李晓燕：《1999年全球重大气候事件概述》，载《气象》，2000年第4期，第18页。
③ 刘传凤：《2000年全球重大气候事件概述》，载《气象》，2001年第4期，第19页。

这个长达49页的行动方案中，克林顿政府正式表示完全同意关于过度排放温室气体而导致全球变暖和气候产生异常的观点。《美国气候变化行动计划》建议采取52种自愿措施以达到减少温室气体排放的目标，并强调温室气体减排可以获得巨大进展而不会出现负面的经济后果，而开发清洁能源和环保技术会给美国带来经济利益。① 该计划提出的目标是在2000年时将美国的二氧化碳和其他温室气体的排放量减少到1990年的排放水平，即13.67亿吨，通过采取各种减排措施，每年减少排放量1亿吨。行动方案同时委托政府在2000年和1994年争取19亿美元的新的定向资金以实施该计划。然而，克林顿政府最初反对制定具有法律约束力的目标和时间表以满足《联合国气候变化框架公约》（FCCC）所规定的排放目标，而主要依赖工业企业的自愿行为实施减排，这一点也成为引发争议的主要问题之一。例如，该计划被许多环保组织指责为存在欠缺，因为它没有提出任何强制性的排放量减少要求和限制。②

1994年7月21日，美国政府发布了《参与和扩展的国家安全战略》，确认了环境恶化对美国国家安全利益构成了新的挑战，正式将环境问题提升至国家安全领域，这表明了美国政府对于环境以及气候变化问题的重视程度进一步提高。克林顿政府在《参与和扩展的国家安全战略》中强调，美国将在全球范围内推行"参与和扩展"。"参与"是指美国将积极参与国际事务，进一步加强对世界的领导；"扩展"是指加强美国在世界上的影响力，向全球推广美国式的市场经济、民主制度和价值观念。提出这一战略的意图是：加强美国的安全，促进美国的经济繁荣，推进国外民主，在全球范围内保护巩固和扩大自由市场民主国家的阵营，谋求美国利益在全球的最大化。③《参与和扩展的国家安全战略》报告扩大了美国国家安全概念的内涵，确认气候变化

① Paul G. Harris, ed., *Climate Change and American Foreign Policy*, New York: St. Martin's Press, 2000, p.116.

② 参见Gary Lee, "Clinton Offers Package to 'Halt Global Warming'," *Washington Post*, October 20, 1993。

③ 李波：《美国气候政策的演变与特征》，青岛：青岛大学硕士论文，2012年，第16页。

对美国国家安全战略构成了新的挑战。因此，包括人口、资源短缺以及全球气候变化等在内的“非传统的外交政策”将成为克林顿政府新的战略重点。[①] 将气候变化问题与国家安全问题联系起来的做法进一步提升了克林顿政府对于气候变化问题的重视程度，提高了气候变化问题在美国政府政策议事日程上的优先性，也有利于克林顿政府在气候变化问题上做出更加有效的实际应对举措。

在1996年，克林顿政府宣布要把环境外交作为美国的主要外交政策之一，并且美国要承担保护地球环境的“领导责任”。尽管环境问题好多年来已经成为美国对外政策的一个组成部分，但克林顿政府的举措无疑是第一次真正把全球变暖和其他环境问题制度化，使它们成为美国对外政策架构的一部分。[②]

1996年，在瑞士日内瓦举行的《联合国气候变化框架公约》第二次缔约方大会上，美国首席代表、负责全球事务的副国务卿迪摩西・沃斯（Timothy Wirth）发表声明，同意由联合国气候变化专家小组在1995年公布的第二份评估报告中有关气候变化的科学研究结论，支持34个工业化国家提出的温室气体减排目标和时间表。这次会议上，克林顿政府的气候政策出现了最重要的转变，沃斯宣布美国将支持进行具有约束力的国际协议的谈判，并制定目标和时间表以要求发达国家减少温室气体排放。

对于全球变暖，克林顿政府给予了高度的重视。1997年发布的《环境外交报告》特别指出，全球变暖是一个日益严峻的威胁，为了保护生命及经济不受其影响，包括美国在内的绝大多数国家政府都认为，必须付出更多的努力。[③] 在这个报告中，美国政府公开宣称其外交政策有一个新的“绿色”重点，将在多个方面采取行动应对世界生态环境的挑战，并于今后每年的地球日都发表环境报告，对全球的环保趋

① 韩庆娜、丁金光:《克林顿执政时期美国环境外交特点》，载《复旦国际关系评论》，2007年，第150页。

② Jacob Park, “Governing Climate Policy,” in Paul G. Harris, ed., *Climate Change and American Foreign Policy*, p.82.

③ http://www.state.gov/www/global/ oes/earth.html，登录时间：2018年10月15日。

势、国际政策发展以及美国来年的工作重点做出评估。[①] 在1997年7月召开的联合国大会上，克林顿总统宣布了一个五年计划来帮助发展中国家和“转型国家”（东欧以及前苏联国家）减少温室气体的排放。[②]

随后，克林顿政府于1998年签署了《京都议定书》。为了使人类免受全球变暖的威胁，1997年12月，《联合国气候变化框架公约》第3次缔约方大会在日本京都召开。根据该项协议，美国在承诺期内确保其温室气体的排放量比1990年的排放量减少7%。但是，在《京都议定书》的谈判过程中，美国参议院以95比0的投票比例通过了由参议员伯德（Byrd）和哈格尔（Hagel）联合提出的伯德—哈格尔决议（Byrd-Hagel Resolution），要求在即将于日本京都举行的缔约方第三次会议上，美国不应当接受只要求发达国家减少排放而发展中国家不做减排承诺以及严重损害美国经济的气候协议。这个决议对克林顿政府的气候政策实施形成了掣肘。然而，虽然面临国会的反对，但迫于国际社会的压力，克林顿总统于1998年签署了《京都议定书 》，但他从未将该议定书提交到参议院批准。总的来看，虽然克林顿政府的气候政策由于受美国国内政治的制约而在具体执行及其效果上打了折扣，但其政策总体上还是积极的。

1996年至2000年期间，克林顿政府试图通过各种方式和途径增强公众的气候变化风险意识。克林顿政府在重申温室气体减排会带来巨大经济收益的同时，积极鼓励对温室气体控制给美国经济带来的成本支出方面的研究。1998年，美国总统经济顾问委员会发表的一项研究报告指出，如果运用灵活的市场化政策工具达到《京都议定书》约定的减排目标，其花费的成本大约为美国年国民生产总值的0.5%。该研究报告还预测，《京都议定书》约定的减排目标对美国贸易赤字不会产生负面影响，石油价格会有小幅上升，但是对美国就业不会产生显著影响。

对于气候变化问题的投入方面，克林顿政府的力度也是比较大

① 史卉：《论小布什执政时期美国的环境外交》，载《前沿》，2007年第10期，第205页。

② Paul G. Harris, *Climate Change and American Foreign Policy*, p.42.

的。例如，为应对全球变暖问题，美国自1993年至1999年投入了超过100亿美元进行全球气候变化相关问题的研究，并且从1993年到1999年整体上呈现增长的态势。[①]

此外，作为美国政府行政首脑的克林顿，其在应对包括气候变化在内的环境问题的作用在一定程度上是通过行政任命和机构重组来实现的，这类任命也是克林顿总统积极应对气候变化的一个信号和举措。首先，克林顿在就任不久后支持把环境保护署（Environmental Protection Agency，EPA）提升为内阁级别，只是由于国会未能通过而放弃，但这也反映了克林顿对于环境问题所给予的特别重视。此外，克林顿通过任命环保主义者担任相关部门的要职，确保其环保政策得到有力的执行。据统计，克林顿共任命了20多位环保主义者担任与环境保护有关的各政府机构的要职，其中包括担任国务院、国家安全委员会、管理与预算办公室等机构内部新设立的职位。[②] 1993年，美国国务院设立了负责全球事务的副国务卿，其中全球环境问题是全球事务中的重要一项。同年，克林顿政府特设“可持续发展问题总统委员会”，研究向发展中国家提供技术、资金援助以改善全球环境等议题。[③] 同样是在1993年，美国国防部设立了负责环境安全的副国防部长助理办公室，国防部成为唯一设置专门应对环境安全办公室的政府机构，这说明美国开始从军事和国防层面重视环境问题。1997年2月，美国环境质量委员会和国家经济委员会设立白宫环境变化专门工作组。同年4月，总统可持续发展委员会创立了一个有关气候变化的特别工作组，以对总统就减少温室气体采取有效的国内政策和措施提出建议。[④] 克林顿政府还设立了数个国际环境安全项目，例如北冰洋军事环境合作项目（AMEC）等。此外，在设立一些机构的同时，克林

① “Meeting the Challenge of Global Warming,” http://clinton4.nara.gov/CEQ/earthday/ch3.html，登录时间：2018年10月16日。

② Dennis L. Soden, ed., *The Environmental Presidency*, Albany: State University of New York Press, 1999, p.267.

③ 夏正伟、孔宁：《克林顿政府的环境外交》，载《历史教学问题》，2014年第4期，第31页。

④ 徐蕾：《美国环境外交的历史考察（1960年代—2008年）》，长春：吉林大学博士学位论文，2012年，第88页。

顿撤销了老布什总统时期设立的竞争委员会（Council on Competition），这个机构一直支持或实行以牺牲环境法规而提高企业竞争优势的做法。[①]

总之，克林顿总统在任期间，美国在气候变化问题上的态度和行动都是积极的。在其八年任期内，克林顿政府积极地参与了《京都议定书》谈判，支持美国国内的气候变化政策制定。无论是从其国内气候政策的制定与落实，还是参与国际气候变化合作机制上来看，尽管种种原因影响了实际效果，但其表现还是值得称道的。

第三节　小布什政府时期美国的气候变化状况和政策

小布什总统在2001年至2009年的任期内，虽然在应对气候变化方面也做出了一些举措，但是总体而言，相对于前任克林顿政府，小布什政府的气候政策比较消极，在应对气候变化方面的成就也较为有限。

一、小布什政府时期美国的气候变化状况与影响

小布什从2001年至2008年的在任期间，美国的气候变化形势相比于克林顿在任期间并没有根本性差异，与气候变化有关的自然灾害频繁发生。2001年，全球气候持续偏暖，世界气象组织公布的观测结果表明2001年全球地表平均温度比1961—1990年的30年平均值高出0.42℃，与1997年相同，仅次于温度最高的1998年，为1860 年以来第二个最暖的年份。[②] 2002年3月中旬，美国南部和东部的一些地区连续遭到暴雨袭击，暴雨引发的洪水在田纳西、肯塔基、西弗吉尼亚等州造成人员伤亡和财产损失；7月上旬，得克萨斯州中南部发生历史上

① Byron W. Daynes and Glen Sussman, *White House Politics and the Environment: Franklin D. Roosevelt to George W. Bush*, College Station: Texas A & M University Press, 2010, p.111.

② 李晓燕：《2001年全球重大气候事件概述》，载《气象》，2002年第4期，第25页。

最严重的洪水，中部许多小村镇被洪水围困，100多条道路被堵塞；而美国大部分地区降水却较常年偏少，年内有40%以上的地区发生干旱，科罗拉多州经历了107年来最为干燥的春季，亚利桑那州与加利福尼亚南部的春季干燥程度仅次于1934年的大旱。① 2003年是全球第三个最暖年。5月上、中旬，美国自西向东遭受特大龙卷风袭击，在19个州内发生412次，是其建国200多年来同期最多的，打破了1999年出现177个龙卷风的纪录，造成42人死亡，数百人受伤，数十人失踪，房屋倒塌，交通中断，电力和通信设施受损严重；7月15日，美国得克萨斯州海岸遭到飓风"克劳德特"袭击，至少7.4万户居民停电；9月18日，飓风"伊莎贝尔"在美国东海岸登陆，造成至少16人死亡，600多万用户断电，经济损失近10亿美元。② 2004年8—9月，多个飓风相继袭击美国和加勒比海地区；8月中旬，飓风"查理"袭击美国佛罗里达州，造成100万户断电，数千人无家可归，至少15人死亡，经济损失约为200亿美元，是美国历史上损失最惨重的飓风之一；9月上中旬，飓风"伊万"袭击加勒比地区和美国东南部，至少夺去115条生命，造成经济损失约30亿—100亿美元；9月上旬，飓风"法兰西斯"两度袭击美国佛罗里达州，导致至少9人丧生，约600万人断电；9月中下旬，飓风"珍妮"相继袭击加勒比海和美国，美国佛罗里达州至少108人丧生，约150万户居民断电，经济损失约178亿美元，该州6周内连续受到4个飓风袭击，创造了自1851年以来的最新纪录。③ 2005年为有记录以来全球第二暖年。7月中下旬，热浪席卷美国中西部，部分地区最高气温连续一周在40℃以上，西部近200个城市创历史最高纪录，其中凤凰城和拉斯维加斯日最高气温达47℃，高温至少造成34人死亡；年内，7个风暴（其中4个达到飓风强度）登陆美国；8月下旬，"卡特里娜"飓风造成美国南部的路易斯安那和密西西比州至少1300人死亡，是1928年以来影响美国最严重的飓风。④ 2006年，美国南部持续干旱。

① 李晓燕:《2002年全球重大气候事件概述》，载《气象》，2003年第4期，第30页。

② 李晓燕:《2003年全球重大气候事件概述》，载《气象》，2004年第4期，第28页。

③ 郭艳君、任福民:《2004年全球重大气候事件概述》，载《气象》，2005年第4期，第33页。

④ 梁潇云、任福民:《2005年全球重大气候事件概述》，载《气象》，2006年第4期，第75—76页。

其中1—3月，美国西南部得克萨斯州、俄克拉何马州和阿肯色州等地区由于持续干旱，引发多处火灾，造成建筑被毁和人员伤亡；5—6月，美国东北部数州连降暴雨，导致河水和湖水水位上涨，洪水泛滥，并引发70年不遇的洪水，多达20万居民被疏散；7月，美国中西部、东北部和南部地区遭遇热浪，一些地区最高温度创1895年以来之最，其中加州最为严重，最高温度达到51.6℃，热浪造成加州各地至少14人死亡，东部各州20人死亡。[①] 2007年，全球大部地区气温持续偏暖，年平均地表气温较常年（1961—1990年的30年平均）气温偏高0.41℃，是自1861年有器测气象记录以来的第七个最暖年。7月，罕见的高温袭击美国西部多个州，不少城市突破历史同期高温纪录，拉斯维加斯日最高气温高达47℃，热浪和干旱还导致美国西部发生森林火灾；8月中旬，美国南部和中西部遭遇热浪袭击，最高气温高达44℃，造成至少41人死亡；9月初，热浪袭击美国加州南部，造成至少25人死亡。2—5月，由暴雨引发的多次龙卷风袭击美国，共造成至少62人死亡，大量建筑毁坏。[②] 2008年全球表面气温较常年（1961—1990年平均）偏高0.31℃，为自1850年有器测记录以来的第十个暖年。1—2月，暴风雪频繁袭击美国和加拿大，造成至少19人死亡；12月中下旬，美国东北部、中西部和南部地区遭持续风暴袭击，至少30人死亡；6月上中旬，美国密西西比河流域连降暴雨，引发洪灾，造成至少24人死亡，密西西比河决堤，锡达河水位打破1851年以来最高纪录，为该流域15年来最大洪灾；6月上旬，美国东海岸地区出现持续高温天气，造成至少17人死亡；6月中旬末下旬初，美国加州南部日平均气温连续3天破历史纪录，达38℃以上，其中洛杉矶地区出现近46℃的极端高温，高温天气造成1人死亡，引发800余起山火；9月初，飓风“汉娜”和“艾克”相继袭击加勒比海和美国，造成至少650人死亡。[③]

从以上数据和资料来看，小布什任职的2001年至2008年期间，美

---

① 李威、朱艳峰:《2006年全球重大气候事件概述》，载《气象》,2007年第4期，第109—111页。

② 梁潇云、郭艳君:《2007年全球重大天气气候事件概述》，载《气象》,2008年第4期，第114—116页。

③ 同上，第109—111页。

国遭受了数量众多的气候灾害，粗略比较，其间的气候灾害无论从数量还是从强度来看并不少于或弱于克林顿任职期间。

二、小布什政府的气候变化政策与举措

相对于克林顿政府积极应对气候变化问题并采取具体的应对举措，小布什政府对于气候变化的态度则较为消极。首先在上任初期的2001年3月29日，小布什宣布美国将不批准《京都议定书》。小布什政府之所以宣布美国退出《京都议定书》，其所谓的理由有三：其一，执行该议定书中所规定的削减温室气体排放份额，会给美国工业带来沉重负担，特别是在美国经济减速以及能源部门出现问题的情况下，更会影响整个美国经济的发展；其二，《京都议定书》对发展中国家排放温室气体的限制太过宽松；其三，温室气体是否必然会导致全球变暖，在科学研究中并无定论。[①] 2002年2月美国提出新的气候变化战略。这一新的气候变化战略抛开了《京都议定书》的量化减排目标（《京都议定书》规定美国要在2008—2012年将温室气体排放比1990年水平减少7%），发布了以降低温室气体强度为核心的《晴空与全球气候变化行动》(*the Clear Skies and Global Climate Change Initiatives*)，作为替代《京都议定书》的气候新政策。该政策的目标是，在未来10年（2002—2012年），将每百万美元GDP的温室气体排放量削减18%，即从2002年的每百万美元GDP排放183 tCO_2下降到2012年的151 tCO_2。这一政策的实际结果将是美国温室气体排放量将继续缓慢增长。[②] 与设定排放绝对量上限的固定目标不同，这种强度目标是按照国内生产总值的比例来限制温室气体的排放量。同时该方案提出采用自愿性原则来实现这一目标。

从2002年2月起，小布什政府在气候变化应对上一直贯彻《晴空与全球气候变化行动》所设定的自愿、灵活、科学的行动路线。而这

① 史卉：《论小布什执政时期美国的环境外交》，载《前沿》，2009年第10期，第206页。

② 曲建升、孙成权、张志强、高峰：《美国温室气体减排政策变化及其分析》，载《科学新闻》，2003年第9期，第32页。

一旨在依赖自愿行动来减少美国经济发展中的"温室气体排放强度"的方案，被广泛认为缺乏可信度。这一方案事实上只是表明美国经济将继续保持原有的排放强度降低率，没有采取政策措施来实现这一点，绝对排放量将继续显著地上升。[①] 而小布什政府一直声称，其国内和国际气候变化上的举措是比《京都议定书》更好、更"切合实际"的选择，因为它们在部分程度上是基于更加"现实"的手段和目标基准。[②] 美国退出《京都议定书》是不负责任的表现，不仅削弱了国际气候制度的效力，延缓了其发展步伐，同时也动摇了那些心存犹豫的缔约方的决心。2004年10月8日，在谋求连任的竞选活动中，小布什重申他对于《京都议定书》的看法，认为"美国加入的话，代价就是会使美国人丢掉许多工作岗位"。面对来自国内外的批评，小布什政府仍然采取保守主义立场，但是不得不采取与卡特政府同样的措施，即把此问题交给国家科学院。而国家科学院所做出的回答支持国际社会中主流的科学共识，即"问题是真实存在的"。[③] 在国际社会愈来愈多的指责和压力之下，小布什政府接连出台了《国家能源政策法案》（2005年）和《能源独立与安全法案）（2007年），规定了鼓励发展可再生能源和新能源、提高能效等内容，但是在其任期内始终没有限制温室气体的排放水平。[④] 在国际领域，小布什总统重申美国对《联合国气候变化框架公约》的承诺，以及美国不干涉其他国家可以选择批准《京都议定书》的立场。他认为控制温室气体强度的方法也有利于发展中国家。[⑤]

此外，小布什政府对于气候变化的政策与态度也体现在有关机构

---

① Matthew Paterson, "Post-Hegemonic Climate Politics?" *The British Journal of Politics and International Relations*, Vol.11, No.1, 2009, p.142.

② Robyn Eckersley, "Ambushed: The Kyoto Protocol, the Bush Administration's Climate Policy and the Erosion of Legitimacy," *International Politics*, Vol.44, No.2-3, 2007, p.310.

③ National Research Council, *Climate Change Science: An Analysis of Some Key Questions*, Washington D.C.: National Academy Press, 2001.

④ 赵行姝:《美国气候变化政策及其影响因素》，载浦东美国经济研究中心、武汉大学美国加拿大经济研究所编:《美国金融危机与中美经贸关系》，上海：上海社会科学院出版社，2010年版，第526—527页。

⑤ Odile Blanchard and James F. Perkaus, "Does the Bush Administration's Climate Policy Mean Climate Protection?" *Energy Policy*, Vol.32, 2004, p.1994.

与职位的撤销及政府人员的任命上。首先，小布什上任之后，撤销了一些克林顿总统任职期间设立的相关环保机构和职位，影响较大的就是负责环境安全的副国防部长助理办公室职位。在小布什执政的8年时间里，美国的顶级气候科学家都没有涉足白宫参政。一位国家环境署的科学家指出，小布什政府经常“甚至不邀请国家环境署进入气候变化问题的讨论”。[①] 小布什第一个任期时在科学和技术政策办公室（OSTP）任职的罗西纳·比尔鲍姆（Rosina Bierbaum）博士从一开始就声称，“科学和技术政策办公室中对气候变化最了解的科学家不允许参加在白宫内部范围内的气候变化问题审议”。[②] 白宫大量起用了攻击气候科学和政策的保守活动分子和产业集团代表在气候变化科学研究项目、白宫环境质量委员会（CEQ）以及副总统切尼领导的能源特别小组里任职。[③]

总之，小布什政府在任期间的气候政策总体是非常消极和保守的。小布什政府气候政策策略的一个重要特点是它反对强制性的气候减排政策和措施。在国内层面，气候政策的主要手段是达成与工业界的自愿协议。而在国际层面，在参与联合国谈判进程中，小布什政府也采取了一种非承诺性、“软性法”（soft-law）的方式。[④]

第四节　克林顿政府时期与小布什政府时期的美国气候变化政策对比

克林顿政府时期与小布什政府时期的气候变化状况都比较严峻，

① “Climate Change Research Distorted and Suppressed,” https://www.ucsusa.org/resources/climate-change-research-distorted-and-suppressed#.Vsz4mOwQi6I，登录时间：2018年10月19日。

② 参见N. Thompson, “Science Friction: The Growing and Dangerous Divide Between Scientists and the GOP,” *Washington Monthly*, July/August 2003。

③ 谢来辉：《气候怀疑论、民主与美国气候政策的阻滞》，载《马克思主义与现实》，2013年第6期，第135页。

④ Tora Skodvin and Steinar Andresen, “An Agenda for Change in U.S. Climate Policies? Presidential Ambitions and Congressional Powers,” *International Environmental Agreements: Politics, Law and Economics*, Vol.9, No.3, 2009, p.264.

与气候变化有关的自然灾害频繁发生，给美国造成了巨大的损失，可以说这两任政府期间的气候变化状况基本相似，无本质性的差异。但是相比之下，这两任政府应对气候变化的政策却有很大的差异。

一、对气候变化问题的态度和性质界定的差异

对气候变化问题的态度和性质界定方面，两任政府有着明显的差异。首先，就气候变化的科学性方面，两任政府就有不同的看法和表态。克林顿政府改变了老布什政府对气候变化议题相对被动的政策，并于1993年10月公布了《气候变化行动方案》。[①] 克林顿政府承认，人类活动导致了大气中温室气体浓度的增加，而这又会导致海平面上升、沿海区域被淹没、生态体系遭受不可避免的损害，以及农业生产不稳定等严重后果。[②] 而小布什对于“二氧化碳导致全球变暖”这一大多数科学家已经达成共识的观点一直持保留或不认可的态度。面对来自国内外的批评与压力，2005年7月6日，小布什总统赴欧洲参加八国集团峰会时才首次对外承认，“人类活动导致的温室气体排放增加引起全球变暖”。

其次，对于气候变化问题的性质界定上，克林顿政府除了承认这是一个环境问题外，更强调了其安全问题的特性。在上任伊始，克林顿政府就明确了气候变化与国家安全存在直接联系的观点，克林顿政府把气候问题与安全问题结合起来，把气候变化作为一个安全问题来应对。而小布什政府最初不承认“二氧化碳导致全球变暖”这一观点，对其科学性提出质疑。后来虽然小布什政府对外承认了这一观点，也采取了一些具体行动和措施，但基本未从安全的高度对待和处理气候变化问题，只是把气候变化问题作为环境问题进行应对。小布什政府在气候变化问题的具体应对策略和措施上，一直强调加强科学研究的必要性，并倡导采取自愿措施和市场激励原则减少温室气体排放，通

① 参见李海东:《从边缘到中心：美国气候变化政策的演变》，第29页。

② 同上。

过温室气体排放许可证的贸易来“弹性”履约。[①] 而这种自愿的、非约束性的政策或方法在气候变化治理上的成效在国内层面和国际层面都大打折扣。

二、具体应对措施的差异

基于克林顿政府与小布什政府对于气候变化问题的不同认知与态度，它们应对气候变化的具体措施也产生了很大的差异。

克林顿政府对气候变化问题一贯采取积极的态度，因此在气候变化应对措施上就更加得力，所涉及的方面也更加广泛，不仅仅把问题局限在环境保护或科学问题上，而且还进一步扩展到了军事、安全等方面。一方面，克林顿政府加强气候变化方面的科学研究，加大投入力度。在气候问题上克林顿政府与以往政府的本质区别在于其非常严肃地看待气候科学，因此致力于制定一个能在促进有效的全球反应上发挥领导作用的国家气候变化政策。[②] 在1995年，美国国家科学院地球环境和资源委员会发布研究报告，从海洋生物、生物多样性、土壤、热带雨林、生物灭绝和人类基因等几个方面对气候变化造成的影响进行了分析和评估。[③] 同年，联合国政府间气候变化专门委员会（IPCC）第二次研究报告公布，科学界对“温室气体正在增加”的观点表现出了广泛的认同，1996年美国国家气候变化研究委员会也对IPCC的第二次评估报告表示认可。类似的这些研究成果大大减少了气候变化科学的不确定性，为克林顿政府在国内和国际积极应对全球气候变暖提供了科学基础。[④] 而另一方面，从安全视角出发，上台伊始的克林顿政府明确了气候变化与国家安全存在直接联系的观点，并于1993年10月

---

① 赵庆寺：《美国能源政策与能源安全》，北京：北京大学出版社，2012年版，第168页。

② Timothy E. Wirth, “Developments in U.S. Policy Toward Global Climate Change,” *U.S. Department of State Dispatch*, Vol.4, No.22, 1993, p.400.

③ National Research Council, *Effects of Past Global Change on Life*, Washington, D.C.: National Academies Press, 1995.

④ 参见张莉：《从美国气候变化政策的既往特征预判其未来走向》，载《和平与发展》，2011年第1期，第22页。

公布了《气候变化行动方案》。这一方案明确美国将迎接来自全球变暖及加强美国经济的双重挑战，"确认环境恶化对美国国家利益构成了新的挑战，把全球变暖等'非传统的外交政策'定位为新的战略重点"。[①]该方案确定了2000年把美国温室气体排放量减少到1990年水平的目标，而实现该目标可以在推进经济增长的同时创造更多的工作机会。[②]正是在克林顿政府时期，美国开始致力于将全球环境问题纳入其更广泛的外交政策议程之中。在随后几年的国家安全战略报告中，美国反复提到环境灾难的危害以及对美国国家安全和人们生活的威胁，以确保国家政策中的环保因素。[③]

而小布什政府很长时间不承认气候变化的事实，到后来勉强承认人类活动造成了全球气候变暖。这一态度和认知使得小布什政府的具体应对措施基本上围绕和局限在加强科学和技术的层面上。尽管科学界的绝大多数人认为全球变暖正在发生，而且至少部分原因归于人为的温室气体排放，但小布什政府仍然坚持进行更多的科学研究而不是采取更多的紧急行动。[④]小布什政府强调需要更多的研究，以减少全球变暖的规模和影响上的科学不确定性，并发展低成本的气候友好型技术。例如在2001年，小布什总统委托国家研究委员会（National Research Council, NRC）就美国对于气候变化科学的知识和了解做出一个评估。NRC的报告表明，温室气体对环境系统造成影响的测量能力仍然有很大的不足。[⑤]2002年小布什政府启动了"气候变化科学研究计划"（*Climate Change Science Program*，CCSP）和"气候变化技术研究计划"（*Climate Change Technology Program*，CCTP），希望通过科技研发减少有关全球变暖规模和影响的不确定性，寻求可实现成本—效益

---

① Radoslav S. Dimitrov, "Knowledge, Power, and Interests in Environmental Regime Formation," *International Studies Quarterly*, Vol.47, No.1, 2003, p.135.

② 李海东：《从边缘到中心：美国气候变化政策的演变》，第29页。

③ 孔宁：《"不算完美但让人敬佩"——克林顿政府的环境外交研究》，上海：上海大学硕士学位论文，2013年，第29页。

④ 参见Brian McCammack, "Hot Damned America: Evangelicalism and the Climate Change Policy Debate," *American Quarterly*, Vol.59, No.3, 2007, p.654。

⑤ Spencer Abraham, "CLIMATE: The Bush Administration's Approach to Climate Change," *Science*, Vol.305, No.5684, 2004, p.616.

的气候友好型技术。[①] 2002年2月14日，小布什总统宣布了《晴空与全球气候变化行动》。但是《晴空与全球气候变化行动》没有规定对温室气体排放量的绝对值限制，而是使用温室气体排放强度（Emission Intensity）这一相对指标。温室气体排放强度是一定时期内温室气体的排放量与经济产出量的比重。《晴空与全球气候变化行动》将自愿性的"温室气体排放强度"作为国家目标，其核心是在未来10年，即到2012年，将温室气体的排放强度降低18%，即从2002年每百万美元GDP产生183吨碳当量降到2012年的每百万美元GDP产生151吨碳当量。[②] 但是，小布什政府没有对排放施加任何的总额限制。同年2月，小布什政府还启动了名为"气候先行者"的自愿性企业—政府伙伴关系计划，以推动企业制定长期的气候变化战略。参加伙伴关系的企业必须承诺，制定温室气体排放目录，设定长期减排目标并每年向环保署汇报进展。[③] 2002年美国政府建立了气候变化科技综合委员会，其核心职能是向总统提供气候科学和技术方面的建议。虽然小布什政府在应对气候变化方面也采取了不少措施，但小布什政府只是把气候变化框定为一个环境问题，主张通过科学手段予以改善与解决，基本没有将其作为安全问题来对待。而小布什政府在气候变化问题上的主要原则是：首要考虑被认为能促进经济增长的因素；只要求自愿（非强制性）的承诺；在提高气候变化科学知识和实现更具成本效益的技术上，给予足够时间和渐进主义是必要的。[④] 通过声称只有等到获得更好的气候变化科学信息才能采取行动，小布什政府采用了拖延策略来避免立刻减少温室气体的排放。[⑤] 2007年1月23日，小布什总统首次在国情咨文中提及全球气候变化问题，认为解决这个问题依赖技术进

① 王瑞彬：《美国气候政策之辩（2001—2008）：支持联盟的视角》，北京：经济日报出版社，2009年版，第57—59页。

② 赵庆寺：《美国能源政策与能源安全》，第169页。

③ 陈宝明：《气候外交》，上海：立信会计出版社，2011年版，第106页。

④ Odile Blanchard and James F. Perkaus, "Does the Bush Administration's Climate Policy Mean Climate Protection?" p.1994, pp.1993-1998.

⑤ Shreekant Gupta, "Inaction on Climate Change: Follow the Leader?" *Economic and Political Weekly*, Vol.38, No.49, 2003, pp.5141-5142.

步以及使用乙醇等可再生能源。

2007年9月28日，小布什在美国国务院举行的“主要经济体能源安全与气候变化会议”上发表讲话时主张，减少温室气体排放，应该遵循自愿原则，各国应重点利用新能源技术来减缓全球变暖。应对气候变化，“每个国家应该自己来选择适合的工具和技术”，来获得“可衡量的、对环境友好的”效果。“我们必须减少排放温室气体，但必须是以一种不会破坏经济增长或危及人们更美好生活的方式。”[①]

总之，小布什政府在气候变化和环境方面的作为较为有限。在小布什的八年总统任期内，没有一件重大的环境立法获得通过。[②]

三、参与国际气候变化合作机制的差异

气候变化是一个全球性问题，因此应对气候变化问题必须要进行全球性合作，需要各国共同参与国际气候变化合作机制。而克林顿政府与小布什政府在参与国际气候变化机制上也有着较大差异。克林顿政府从一开始就对参与国际气候变化机制表现出很大的积极性，在气候变化议题上采取了积极主动的政策，努力促使美国在全球应对气候变化威胁中发挥领导作用，可以说在此期间美国担当了国际气候变化机制的倡导者与领导者。例如，克林顿政府参与了《联合国气候变化框架公约》1995年到2000年举办的共5次缔约方会议（即第2次至第6次），努力改变美国之前在气候问题上的无为做法。[③] 而对于《京都议定书》，克林顿政府积极参加了其中的协议和该机制中具有影响力的重要内容的谈判，例如碳排放交易和遵约机制。1998年，克林顿在来自国内尤其是国会的巨大压力下签署了《京都议定书》，虽然后来未能提交国会批准，但这无疑是克林顿政府积极参与国际气候变化合作机制

---

① 张忠霞：《布什仍坚持“自愿”减排温室气体》，http://news.sohu.com/20070929/n252418586.shtml，登录时间：2018年10月21日。

② Byron W. Daynes and Glen Sussman, *White House Politics and the Enviroment; Franklin D. Roosevelt to George W. Bush*, p.207.

③ 张莉：《美国气候变化政策演变特征和奥巴马政府气候变化政策走向》，载《国际展望》，2011年第1期，第79页。

的最好体现。

而相反，小布什政府在参与国际气候变化机制上表现得较为消极，在气候变化问题上基本奉行单边主义，当然其消极面最明显的体现就是在2001年退出《京都议定书》。尽管最终此举没有像许多观察人士预料的那样导致《京都议定书》流产，但缺少了美国的参与却极大地影响了议定书在降低人类造成的气候变化风险方面的有效性。[①] 美国作为世界上最有影响的国家拒绝接受《京都议定书》，对其他国家核准或加入议定书产生了负面影响。澳大利亚以温室气体第一排放大国美国不参加《京都议定书》为由，也拒绝接受该议定书。[②] 而之后，美国对国际气候变化机制的态度从仅仅观察谈判的进展，转变为竭力说服其他国家（发展中国家）相信《京都议定书》存在诸多缺陷。[③] 在一定程度上，美国在国际气候变化机制谈判中起了"拖后腿"的消极作用。例如，在2007年12月巴厘岛的缔约方谈判中，小布什政府的谈判人员威胁要抵制"巴厘岛路线图"中的一项协议，但最终达成妥协，使得2012年后的减排谈判能得以继续进行。但在同时，小布什政府没有发挥积极作用以帮助多边气候机制取得建设性发展。[④] 可以说，美国的这种做法对全球应对气候变化合作带来了不良示范作用。美国在参与国际气候变化合作上的消极态度，遭到国际社会的严厉批评。而美国退出《京都议定书》后，在气候变化治理上主要选择走美国式的自愿减排模式。

---

① Maurie J. Cohen and Anne Egelston, "The Bush Administration and Climate Change: Prospects for an Effective Policy Response," *Journal of Environmental Policy & Planning*, Vol.5, No.4, 2003, p.315.

② 朱庆华、王旭东：《布什政府温室气体减排政策评析》，载《中国人口 · 资源与环境》，2003年第3期，第42页。

③ Jutta Brunnee, "The United States and the Environmental Law: Living with an Elephant," *EJIL*, Vol.15, No.4, 2004, p.623.

④ Matthew Paterson, "Post-Hegemonic Climate Politics?" *The British Journal of Politics and International Relations*, Vol.11, No.1, 2009, p.142.

四、两任政府气候变化政策的动因

作为理性的国家行为体，美国政府在任何决策过程中，都是以国家利益为根本出发点的，都是为追求美国国家利益的最大化。所以，无论是克林顿政府还是小布什政府的气候变化政策，在本质上讲它们的动因是一致的。当然，两任政府各自气候变化政策产生差异是因为各自执政时期的国内外环境有所不同。各自不同的气候变化政策都满足了当时美国的国家利益诉求。在具体的实践层面，克林顿政府与小布什政府的气候变化政策存在着较大的差异，那么各自气候变化政策的动因是什么呢?

克林顿政府采取积极的应对气候变化政策，也积极地参与国际气候合作，虽然本质上还是为了维护美国的国家利益，但总体上看，其主张和所采取的措施符合了当时国际气候问题的形势和客观要求。具体来看，克林顿政府积极的气候政策主要有以下两个方面：一是克林顿1993年担任美国总统后，推出以恢复美国世界领导地位为总目标的“参与和扩展”战略，在世界范围内推广民主、宣扬人权、扩大自由市场，从而拓展美国的国家利益，其中就包括对环境因素的考虑。[①] 而作为环境政策的主要组成部分，克林顿政府的气候变化政策显然也是为这一战略服务的；二是冷战后经济利益已成为国家利益中的重中之重，而环保产业也开始在经济中占有重要的地位。美国在此期间改变其气候政策，凭借其积极的气候政策来扩大环保产业，经济利益的诉求也是其中一个重要考量因素。例如在《气候变化行动方案》中，克林顿就表达了在关注环境问题时对经济问题的考量。他建议通过刺激在减少温室气体排放技术上的投资，创造新的环境友好型工作岗位和促进与企业的伙伴关系来达到这一目的。[②]

小布什政府采取相对消极保守的气候变化政策的表面原因如小布

---

① 韩庆娜、丁金光:《克林顿执政时期美国环境外交特点》，第147页。

② Tori De Angelis, “Clinton’s Climate Change Action Plan,” *Environmental Health Perspectives*, Vol.102, No.5, 1994, p.448.

什政府退出《京都议定书》时所言：一是落实《京都议定书》规定的条款会导致失业、通货膨胀等经济问题；二是气候变化在多大程度上是由人类活动造成的，答案并不明确，同时也缺乏在商业上消除与储藏二氧化碳的技术；三是认为中、印等温室气体排放大国也必须受到约束；四是反对采取强制性限排措施来减少温室气体排放，主张采取自愿性的限排措施。[①] 而除了这几条涉及经济、气候变化、科学的不确定性等原因外，还有一些深层原因。一是为了维护能源资本家等利益集团的利益。小布什政府在气候变化上的态度体现了一些利益集团在其政策制定上的影响。具体而言，能源和采掘相关行业对小布什政府的能源政策，在此背景下，也就是气候政策的制定，具有最大的影响力。[②] 因为小布什代表的是支持其上台的石化、天然气、采矿等利益集团。美国是一个能源消费大国，众多的能源资本家提供着美国的能源消费，如果加入《京都议定书》就会影响美国整个国家的能源消费，进而损害相关利益集团的利益。反之则能继续保证美国巨大的能源消费，从而维护相关利益集团的利益。二是这与小布什上任不久就发生"9·11"恐怖袭击事件有关。"9·11"恐怖袭击对小布什政府的外交路线产生了很大的影响，新保守主义逐渐成了小布什政府第一任期的主导外交思想，在具体行动上小布什政府奉行单边主义外交策略。随着之后美国相继发动阿富汗战争和伊拉克战争，美国的战略重心自然就落在了国内安全和国际反恐战争中，这些问题被普遍认为是美国社会面临的最严重的问题。而作为"低政治"的气候变化问题则受到小布什政府的忽视甚至漠视。此外，小布什政府对气候变化采取消极的应对态度以及退出《京都议定书》的举动也与美国维护其军事实力有关。在当时反恐的大背景下，军事安全是小布什政府的首要任务，加入《京都议定书》可能对美国的军事安全产生影响。美国众议院国家安全委员会主席斯本塞就指出，"《京都议定书》将极大地限制美国的军事行动。虽然保护环境是我们应当努力争取的，但是我们无法忍受

---

① 王维、周睿：《美国气候政策的演进及其析因》，载《国际观察》，2010年第5期，第75页。

② Odile Blanchard and James F. Perkaus, "Does the Bush Administration's Climate Policy Mean Climate Protection?" p.1997.

的是这将影响到我们的军事训练和军事行动"。[①]

五、两任政府气候变化安全化程度界定与对比

本书绪论部分提出了对于安全化程度的三条界定标准，即相关官方应急机构的设立或撤销，公众对问题的反应程度高低，应对问题的资金预算投入的高低。依据这一界定标准，可以看出克林顿政府与布什政府的气候变化安全化程度存在着较大的差异。

第一，从相关应对气候变化官方机构的设立上来看，如前文所述（详见本章第二、三节），克林顿政府设立了几个专门应对气候变化问题的机构和职位，也大量任用环保人士加入美国政府的相关机构。而相反，小布什政府则撤销了几个与应对气候变化相关的机构，并大量任用环境方面的保守人士。

第二，从美国公众对气候变化的态度上来看，两个时期也显示出一定的差异。克林顿政府的气候政策得到了民间的鼓励和支持。根据盖洛普对美国公众的民意调查，2000年大约72%的美国公民对全球变暖表示出相当（fairly）担忧或非常（greatly）担忧，2002年这一数据为58%。[②] 而这两个时间点正是克林顿总统即将卸任的执政末期和小布什总统执政一年多时间。这两个数据的高低对比在一定程度上可以说明公众对气候变化的反应，也在部分程度上说明了两位总统的不同气候变化政策对公众认知和态度所产生的不同影响。此外，克林顿总统的气候政策与态度也得到了科学界和经济学界精英人士的认可和支持。1997年2月13日公布的《经济学家关于气候变化的声明》进一步鼓励克林顿政府在气候变化方面有所作为。在由哈佛大学达勒·W. 哲根森（Dale W. Jorgenson）、麻省理工学院的保罗·R. 克鲁格曼（Paul R. Krugman）及罗伯特·M. 瑟罗（Robert M. Solow）、斯坦福大学肯尼斯·J. 埃罗（Kenneth J. Arrow）、耶鲁大学威廉·D. 诺德豪斯（William

① "Proceedings and Debates in 105th Congress, Second Session," May 20, 1998.

② Anthony A. Leiserowitz, "American Risk Perceptions: Is Climate Change Dangerous?" *Risk Analysis*, Vol.25, No.6, 2005, p.1435.

D. Nordhaus）五位经济学家组织发起，由包括六位诺贝尔经济学奖得主在内的2000位美国经济学家签署发表的这份声明中，经济学家们一致认为，全球气候变化有重要的环境、经济、社会、地缘政治等方面的危险，需要采取预防性措施加以应对。声明直接批驳了关于降低温室气体排放会导致美国经济严重受挫、美国生活水准降低、大量人群失业的观点，从而对克林顿政府积极参与国际合作应对气候变化的挑战起到了积极推动作用。[①] 可见，美国民众作为气候安全化中的“听众”，对气候变化给美国带来存在性威胁的话语有着较高的认可度。而相比之下，在小布什总统任期中，美国民众对气候变化的态度相对较为消极，对气候变化问题的关注度比较低。例如，据2008年9月的民意调查显示，只有2%的受访者认为环境问题是决定他们国会投票的最高议题，而在2007年4月这个数据为最高值，也只有4%。[②] 另外，许多公众质疑全球变暖与人为的温室气体排放之间的联系：2007/2008年的盖洛普民意调查显示，97%的美国成年公民回答他们都知道全球变暖，但只有49%的人认为这是人为造成的。[③] 这种民意是小布什政府所乐见的，也可以说是其刻意营造了与其气候变化政策相匹配的结果，这对其气候变化政策的制定与执行显然也是有利的。

第三，从对应对气候变化的资金投入上看，两任政府也有一定的差距。首先，对比克林顿政府与小布什政府的对于国防环境质量项目的环境质量预算（Environmental Quality Budget），可以看到克林顿政府的数据要高于小布什政府，表3–1和表3–2为两任政府的相关数据。[④]

① 陈宝明：《气候外交》，第104页。

② http://newmodelsusa.org/polldocs/new_models/pdf/，登录时间：2018年11月6日。

③ Sweder van Wijnbergen and Tim Willems, “Optimal Learning on Climate Change: Why Climate Skeptics Should Reduce Emissions,” *Journal of Environmental Economics and Management*, Vol.70, 2015, p.18.

④ 原始数据转引自R. Floyd, *Security and the Environment: Securitization Theory and US Environmental Security Policy*, Cambridge: Cambridge University Press, 2010, p.91, p.133。

表3-1　克林顿政府的国防环境质量预算数据（单位：美元）

1993年	1994年	1995年	1996年	1997年	1998年	1999年	2000年	总额	年均额
24.1亿	28亿	26亿	26亿	22.7亿	23亿	21亿	21亿	191.8亿	23.98亿

表3-2　小布什政府的国防环境质量预算数据（单位：美元）

2001年	2002年	2003年	2004年	2005年	2006年	2007年	2008年	总额	年均额
20亿	20亿	22亿	19亿	20亿	18亿	18.6亿	19.7亿	157.3亿	19.66亿

从以上两表的数据来看，克林顿政府的年均国防环境质量预算为23.98亿美元，而小布什政府的年均国防环境质量预算为19.66亿美元，前者高出后者大约21.97%，差距较为明显。另外，从国际援助来看，克林顿政府时期美国的对外环境援助资金相对较高。在克林顿政府的第一个任期中，美国的对外环境支出占美国对外援助预算的平均比率为10%，克林顿政府的第二个任期中，这一数据为10.6%，而在1995年和1997 年这一比率均达到了13%。而小布什政府时期美国的对外环境支出占美国对外援助预算的平均比率为 9.2%。[①] 以上都是关于环境方面的统计数据，但是也可以在一定程度上说明气候变化方面的情况。总的来看，克林顿政府在包括气候变化在内的环境质量预算以及这方面的国际援助都要比小布什政府高，这从一个侧面也可以说明两任政府在气候变化问题的态度和政策上的差异。

此外，从克林顿政府与小布什政府在气候变化方面的支出数据[②]来看，小布什政府的绝对数字要高于克林顿政府，但从气候变化支出

① 参见Glen Sussman, “The USA and Global Environmental Policy: Domestic Constraints on Effective Leadership,” *International Political Science Review / Revue internationale de science politique*, Vol.25, No.4, 2004, p.356。

② 美国气候变化支出主要包括三项：气候变化技术支出、气候变化科学支出、气候变化国际援助支出。表3-1—3-6的数据参见Jane A. Leggett, Richard K. Lattanzio and Emily Bruner, “Federal Climate Change Funding from FY2008 to FY2014,” September 13, 2013, https://www.fas.org/sgp/crs/misc/R43227.pdf; United States Government Accountability Office, “Federal Reports on Climate Change Funding Should Be Clearer and More Complete,” www.gao.gov/cgi-bin/getrpt?GAO-05-46; 世界银行网站, http://data.worldbank.org/indicator/NY.GDP.MKTP.CD?page。

在国内生产总值（GDP）的占比来看，两任政府的差别不是很大，从两任政府8年的平均值占比来看，克林顿政府为0.036%，小布什政府为0.040%，小布什政府的数据还要略高于克林顿政府，可见小布什政府在气候变化方面的投入还是比较大的。参见表3–3与表3–4。

表3–3　克林顿政府气候变化项目支出数据（单位：百万美元）

年份	1993年	1994年	1995年	1996年	1997年	1998年	1999年	2000年	8年均值
气候变化项目实际支出	2352	2668	3271	2952	2876	3114	3535	3511	3035
国内生产总值（GDP）	6878718	7308755	7664060	8100201	8608515	9089168	9660624	10284779	8449353
气候变化支出的GDP占比	0.034%	0.037%	0.043%	0.036%	0.033%	0.034%	0.037%	0.034%	0.036%

表3–4　小布什政府气候变化项目支出数据（单位：百万美元）

年份	2001年	2002年	2003年	2004年	2005年	2006年	2007年	2008年	8年均值
气候变化项目实际支出	3621	3528	4881	5118	4906	4729	5498	8460	5093
国内生产总值（GDP）	10621824	10977514	11510670	12274928	13093726	13855888	14477635	14718582	12691346
气候变化支出的GDP占比	0.034%	0.032%	0.042%	0.042%	0.037%	0.034%	0.038%	0.057%	0.040%

但是从投入比例来看，从表3–5和表3–6的数据对比可以看出，小布什政府在气候变化国际援助上的支出在气候变化总支出中的比例与克林顿政府有不小的差距，克林顿政府的最高值为1999年的9.19%，小布什政府的最高值为2002年的6.36%，而克林顿政府的最低值为2000年的5.04%，小布什政府的最低值为2002年的2.39%，克林顿政府和小布什政府8年的平均值占比分别是6.83%和4.55%。从这些数据

可以看出，小布什政府在气候变化方面的支出虽然较高，但更多投入到了气候变化科学和技术方面，而在气候变化国际援助方面的投入比例较低，这体现了小布什政府在参与国际气候变化合作机制方面的态度相对消极，在应对气候变化上主要关注气候变化科学技术的发展。但是，"单靠科学并不能够拯救环境，要用适当的政治选择才能把环境科学的发现转换为可行的政策"。[①] 因此，小布什政府这种注重气候变化科学和技术的投入，而轻视治理政策制定与实施的做法不利于其气候变化治理的实际效果。相比较而言，克林顿政府在参与国际气候变化合作机制方面表现出了更大的热情，对气候变化问题的解决不仅局限于科学技术的发展，也试图在政策与制度方面，尤其是促进国际气候变化机制的形成方面做出更多的努力。

表3-5　克林顿政府气候变化国际援助支出数据（单位：百万美元）

年份	1993年	1994年	1995年	1996年	1997年	1998年	1999年	2000年	8年均值
气候变化国际援助实际支出	201	186	228	192	164	186	325	177	207
气候变化项目实际总支出	2352	2668	3271	2952	2876	3114	3535	3511	3035
国际援助在总支出中的占比	8.55%	6.97%	6.97%	6.50%	5.70%	5.97%	9.19%	5.04%	6.83%

表3-6　小布什政府气候变化国际援助支出数据（单位：百万美元）

年份	2001年	2002年	2003年	2004年	2005年	2006年	2007年	2008年	8年均值
气候变化国际援助实际支出	218	224	270	254	234	249	188	202	230
气候变化项目实际总支出	3603	3522	4584	5090	4904	4729	5498	8460	5049

① Lynton Keith Caldwell, *Between Two Worlds: Science, the Environmental Movement, and Policy Choice*, New York: Cambridge University Press, 1990.

续表

年份	2001年	2002年	2003年	2004年	2005年	2006年	2007年	2008年	8年均值
国际援助在总支出中的占比	6.05%	6.36%	5.89%	4.99%	4.77%	5.27%	3.42%	2.39%	4.55%

通过以上对三个维度的比较，可以看出克林顿政府时期的气候变化问题安全化程度要明显高于小布什政府时期。

本章小结

本章对克林顿总统任职期间和小布什总统任职期间的气候变化相关问题进行了梳理和对比。首先，从所遭受的气候灾害看，两任政府在任期间差别不大，美国在这两段时间里，都经历了不少极端气候，都遭受了很大的损失，粗略地判断，笔者认为两任总统在任期间所受的气候变化威胁基本相同，也就是说，安全化中的指涉对象——美国，在两个时期都受到了威胁程度相近的气候变化威胁。其次，本章对两任总统任职期间的气候变化政策进行了一些比较。总体上看，克林顿总统任职期间的气候政策比较积极，小布什总统任职期间的气候政策相对消极，而这种差异的出现也有各自的动因。最后，基于本书绪论部分提出的安全化程度界定标准，本章也对克林顿政府和小布什政府的气候变化安全化程度进行了界定和比较，即对两任政府在相关应对气候变化官方机构的设立、美国公众对气候变化的态度以及两任政府在气候变化或环境方面的预算投入进行了比较，并得出结论：克林顿政府的气候变化安全化程度较高，而小布什政府的气候变化安全化程度则比较低。本书最后两章的案例分析与理论假设验证正是基于这个初步的结论而进行的。

第4章

克林顿政府的气候变化问题安全化

克林顿在任美国总统期间对包括气候变化在内的环境问题高度重视。克林顿政府推动了美国的对外政策和国家安全，使它们涵盖了包括气候变化在内的新的更加广泛的议题。克林顿政府把气候变化与安全问题紧密地联系起来，对气候变化问题进行了安全化。而其气候变化问题安全化的过程中，话语操控是如何运用和实施的？本章将对此问题进行分析，以此对本书所提出的理论假设进行检验。

第一节 克林顿政府气候变化问题安全化中的话语突显

在哥本哈根学派看来，环境问题具有独特的安全化潜力，因为它们高度依赖于科学发现：要使环境风险或危险来为所采取的紧急措施提供正当性依据，目标听众必须接受相关的科学观点和指定行为的紧迫性。[①] 同样，气候变化安全化也需要以一定的科学知识为依据，在

① Michael Mason, "Climate Change, Securitisation and the Israeli-Palestinian Conflict," *The Geographical Journal*, Vol.179, No.4, 2013, p.299.

安全化过程中安全化行为主体也要使听众充分了解相关的气候变化科学知识。因此，话语突显在克林顿政府的气候变化安全化中就具有重要的作用。通过突显相关支撑气候变化安全化的气候科学知识，在政策文件或政策宣传中增加气候变化话题的出现频次，或使用一些有效的语言策略，克林顿政府使美国公众充分认识并关注气候变化问题，以促进气候变化问题能够进入议事日程。

一、气候变化话题的突显或对相关信息的强调

克林顿政府在对气候变化问题进行安全化的过程中，通过增加气候话题在各种公众场合中的出现频次以及对气候变化相关信息的不断强调和强化以达到对气候变化问题的突显。

（一）气候变化话题的突显

首先，一个政策问题要引起公众的关注，话题突显是其中的一个重要策略或手段。克林顿政府在建构气候政策中也加强了对于气候变化问题的突显，其中一点就是增加此话题在各种政治活动场合、政治讲话、政府文件中的出现频率。1993年在克林顿的首次国会演讲中，他五次提到了“环境”，他承诺“要实现最雄心勃勃的环境清洁”。而在克林顿总统在任期间所作的国情咨文演说（State of the Union Address）中，克林顿都提到了环境问题。在8次国情咨文演说中，与“环境相关的词”（environment，environmental，environmentally）共出现40次，词语“气候”（climate）出现4次，“温室”（greenhouse）出现了7次。而相比之下，“贸易”（trade）出现40次，与“军事相关的词”（military，militarily）共出现17次。从这些数据的对比来看，环境或气候等问题的突显度还是相对较高的。另据统计，在克林顿总统1993年至2001年的任期内，他在重要的场合中240次提到“全球变暖”，而同

期284次提到"气候变化"。[1] 这些数字充分说明了克林顿政府及克林顿总统本人对于气候变化的重视程度，也印证了克林顿政府对气候变化问题的突显。

其次，克林顿政府就气候变化召开专题会议的次数也比较多，共举行两次白宫气候变化会议（分别在1993年和1997年举行），而相比之下，小布什政府在8年任期中从未举行过气候变化专题会议。[2] 这种国家级的专题会议对公众的认知产生着很大的影响，也会引发公众对于相关议题的极大关注，因此可以说克林顿政府召开气候变化专题会议的较高频率也体现了它对于气候变化话题的突显和重视。

最后，气候变化在一些重要的政府文件中以专题的形式出现，也能起到突显的效果。例如，在1997年4月22日世界地球日当天，美国国务院发表了美国第一份关于环境问题的年度报告——《环境外交：环境与美国对外政策》，报告的发布显示环境外交已正式成为美国外交中的一项长期性、经常性的重要工作。[3] 而作为环境的重要组成部分，"气候变化"也被单独作为一章的标题并进行了阐述，这显然也是对气候变化话题的突显。

（二）对相关信息的强调

除了直接对气候话题进行突显之外，对气候变化相关信息的强调也可以增进公众对于气候变化的关注，从而达到对气候变化问题的突显。

1. 对主要问题的指标性因素（indicators）的强调

气候变化科学有大量的指标性因素。相关数据能够证明全球气温的升高，而科学家收集的相关证据也证明气候变化会影响海平面、降水、极地冰盖覆盖率、动物迁徙模式、物种栖息地、飓风强度以及其

① 数据转引自Glen Sussman and Byron W. Daynes, *US Politics and Climate Change*, Boulder and London: Lyne Rienner Publishers, 2013, p.89。

② 据笔者对网站http://www.presidency.ucsb.edu相关信息的统计。

③ 夏正伟、孔宁：《克林顿政府的环境外交》，第29页。

他一些自然过程。[①] 这些因素也成为气候变化是否产生的一些指标。政策制定者以及公众通过相关指标来达到对问题的了解，[②] 因此对于气候变化问题，行为体也可以通过对气候变化相关指标的强调来增进公众对于气候变化科学与知识的了解，提高其突显度。

在克林顿政府对气候变化的突显中，这样的话语也得到了利用。在1994年的地球日演讲中，克林顿总统提道："一年前的地球日，我们做出了一个承诺，以减少温室气体，它造成了从全球变暖到日益严重的飓风在内的气候变化。"[③] 在1997年10月的一次演讲中，克林顿总统讲道："（气候变化）后果将是导致更多的疾病，海洋的上升，各大洲低地和海洋岛屿的淹没，所有的大洲都会发生更加频繁和严重的极端性天气，包括更多的干旱和洪涝灾害。"[④] 克林顿总统在1999年的演讲中指出："如果同样的事情（冰雪融化）发生在南极西部冰盖，上帝保佑我们这还是一个遥远的事情，但它总有发生的一天。如果发生，全球海平面将会上升20英尺之多。"[⑤] 在这次演讲中，克林顿总统还列举了气候变化的多种影响指标："如果我们不做出改变，大多数科学家认为海平面的上升将会吞噬整个岛屿和沿海地区。诸如飓风这样的风暴和干旱，都会加剧。例如疟疾这样一些疾病将由蚊子传播到越来越高的纬度，并跨越国界，威胁到更多的生命，这是我们在非洲看到的现象。"[⑥] 总之，通过对气候变化指标性因素的频繁强调，克林顿政府使公众对气候变化有一个更加直观的了解和认知，进而提升了气候变化在公众心目中的突显程度。

---

① J. Abatzoglou, et al., "A Primer on Global Climate Change and Its Likely Impacts," in J. F. C. DiMento and P. Doughman, eds., *Climate Change: What It Means for Us, Our Children, and Our Grandchildren*, MA: The MIT Presss, 2007, pp.11-44.

② J. W. Kington, *Agendas, Alternatives, and Pulic Policies*, New York: Harper Collins, 1995.

③ William J. Clinton, "Remarks on the Observance of Earth Day," April 21, 1994, https://www.presidency.ucsb.edu/documents/remarks-the-observance-earth-day，登录时间：2018年10月28日。

④ William J. Clinton, "Remarks at Nahuel Huapi National Park in San Carlos de Bariloche, Argentina," October 18, 1997, https://www.presidency.ucsb.edu/node/223704，登录时间：2018年10月28日。

⑤ William J. Clinton, "Remarks on Antarctica and Climate Change, in Christchurch, New Zealand," September 15, https://www.presidency.ucsb.edu/node/226093, 登录时间：2018年10月28日。

⑥ Ibid.

2. 对气候变化科学一致性与确定性的强调

研究表明当人们认为科学家对气候变化问题还没有一个非常明确的理解时，他们对气候变化的关注度就较低。[①] 因此，对于气候变化的任何信息都应该强化以下事实：科学界同意全球变暖正在发生变化，而且这是人类活动的结果。如果人们信任科学家的观点并且对此问题了解得很多，他们就会倾向于对问题少打一些折扣，而会有可能认为它是一个优先问题，也更有可能支持采取紧急行动来应对全球变暖。[②] 在对气候变化政策的建构中，克林顿政府频繁地强调气候变化科学的一致性与确定性，此类话语大量出现在相关政要的讲话或政府文件中。克林顿总统在1997年发表演讲时指出："对于究竟是什么增加了温室气体排放对气候的影响存在着一些疑问，但没有人怀疑，它们正在改变气候，没有人怀疑，潜在的后果可能是非常深远和严重的。"[③] 在同年的另一个场合中，克林顿讲道："没有人再严肃地质疑气候变暖了，它将产生一些不利的后果。"[④] 而对于气候变化科学的一致性和确定性，克林顿总统经常转引科学家的看法或发现，这样更能体现这些观点的权威性。例如，在许多讲话中，克林顿总统使用了这样一些表达方式：绝大多数的科学家已经明确地得出结论……；世界顶尖的气候科学家已经明确地得出结论……；世界顶尖的气候科学家已经发出警告……；许多科学家认为……。这些说法对于公众的气候变化科学认知具有积极的建构作用。

3. 对气候变化影响公众个人切身利益的强调

气候变化对许多人来说可能是非常遥远的问题，这样的认知会影响问题的突显度。而那些对人们来说是眼前的、直接的问题更能引发

① D. Wood and A. Vedlitz, "Issue Definitin, Information Processing, and the Politics of Global Warming," *American Journal of Political Science*, Vol.51, No.3, 2007, pp.552-568.

② Sarah B. Pralle, "Agenda-Setting and Climate Change," in Hugh Compston, ed., *Climate Change and Political Strategy*, London and New York: Routledge, 2011, pp.121-141.

③ William J. Clinton, "Remarks at Braulio Carrillo National Park, Costa Rica," May 9, 1997, https://www.presidency.ucsb.edu/node/224518，登录时间：2018年10月29日。

④ William J. Clinton, "Remarks to the Democratic Business Council," August 7, 1997, https://www.presidency.ucsb.edu/node/224138，登录时间：2018年10月30日。

民众的最大关注。[①] 因此，在对气候变化问题的危害进行定义时也要关注对当地，尤其是对公众个人切身利益的影响，这样能引起公众的更大共鸣和反应。克林顿政府在强调气候变化或全球变暖产生的全球影响外，也对此方面进行了强调。例如，在1993年举行的白宫气候变化会议上，克林顿总统指出："……我们必须控制全球变暖，它对我们的健康，对我们的生态，对我们的经济构成了威胁。"[②] 在1997年的国情咨文演说中，克林顿总统提出："……要减少挑战我们健康和改变我们气候的温室气体。"[③] 在同年的一次演讲中，克林顿总统指出："这（气候变化）会影响所有的人，不分收入，不分背景，无论来自我们国家的哪个地区，事实上，它会影响全世界的人。"[④] 在1997年举行的气候变化讨论中，克林顿总统讲道："如果我们不采取行动，科学家们预计，我们的海洋将上升1英尺至3英尺，我们美国的佛罗里达、路易斯安那和其他沿海地区的数千平方英里土地将被淹没。传染病将蔓延到新的地区。严重的热浪将夺去生命。农业将遭受严重的干旱，洪水将更加普遍。这些都是合理的预测。"[⑤] 克林顿总统讲话中提到的这些因素都与公众自身有关，尤其是健康、传染病、生命和经济等。通过对这些因素的强调，以及把每一个公民和美国本土地区纳入遭受气候变化危害对象和区域的范围内，会极大地激发公众的忧患意识，从而增加对于气候变化问题的关注度，气候变化问题就会成为他们认知体系中的突显性问题和优先性问题之一。

---

① D. A. Rochefort and R. W. Cobb, *The Politics of Problem Definiton*, Lawrence, KS: Unversity Press of Kansas, 1994.

② William J. Clinton, "Remarks at the White House Conference on Climate Change," October 19, 1993, https://www.presidency.ucsb.edu/node/218750，登录时间：2018年10月30日。

③ William J. Clinton, "Address Before a Joint Session of the Congress on the State of the Union," February 4, 1997, https://www.presidency.ucsb.edu/node/223396，登录时间：2018年11月2日。

④ William J. Clinton, "Remarks at American University," September 9, 1997, https://www.presidency.ucsb.edu/node/224635，登录时间：2018年11月2日。

⑤ William J. Clinton, "Remarks During a Discussion on Climate Change," July 24, 1997, https://www.presidency.ucsb.edu/node/223807，登录时间：2018年11月3日。

二、语言层面的突显

政策制定者往往可以通过特定语言策略的使用达到问题突显的效果。例如，在陈述问题时选用一些表示强调的词语或句型。克林顿总统对于气候变化的阐述中，这样的词汇或句型的运用非常频繁。例如，在1993年的白宫气候变化会议上克林顿总统称全球变暖“也许是对这个星球最大的环境威胁”（perhaps the biggest environmental threat to this planet）[①]。通过形容词最高级“biggest”的使用，克林顿总统突显了全球变暖所造成威胁的严重性。克林顿政府在《气候变化行动计划》中对气候变化问题的重要程度的框定上，形容词最高级的使用也达到了突显的目的。“气候变化是世界上最重要（the world's most important）的环境政策问题。”[②] 通过这种框定，克林顿政府就可能把过去公众相对忽视或轻视的气候变化问题重新纳入公众的视野。在1998年的地球日演说中，形容词最高级的使用也达到了这种突显气候变化问题的目的。克林顿总统指出，“今天我们面临的最大（the greatest）的环境挑战是全球气候变化的挑战”。[③] 在1998年的国情咨文演说中，克林顿总统曾这样来框定气候变化问题的严重性：“我们今天最重要（overriding）的环境挑战是全球气候变化问题，全球变暖是一个需要采取全球行动的日益加深的（gathering）危机。”[④] 克林顿总统通过形容词overriding说明了气候变化是环境问题中的重中之重，以此引起听众对气候问题的关注。通过使用修饰词“日益加深的”（gathering），也强调了气候危机所具有的紧迫感。

---

① William J. Clinton, "Remarks at the White House Conference on Climate Change," October 19, 1993, https://www.presidency.ucsb.edu/node/218750，登录时间：2018年11月3日。

② William J. Clinton and Al Gore, *The Climate Change Action Plan*, Washington, DC: Office of the President, 1993.

③ William J. Clinton, "Remarks on Earth Day in Harpers Ferry, West Virginia," April 22, 1998, https://www.presidency.ucsb.edu/node/225842，登录时间：2018年11月5日。

④ William J. Clinton, "Address Before a Joint Session of the Congress on the State of the Union," January 27, 1998, https://www.presidency.ucsb.edu/node/226032，登录时间：2018年11月6日。

此外，克林顿总统关于气候变化问题的相关演讲和谈话中也频繁地使用了高情态词以对气候变化问题进行突显。例如，在1993年举行的白宫气候变化会议上，克林顿总统讲道："但全球变暖显然（clearly）是一个日益严重的长期威胁，其后果是深远的。为了应对全球变暖的挑战，正如我在削减赤字、改革医疗保健和许多其他领域所说的那样，坦率地说，我们都必须（must）承担更多的个人责任。"[①] 在此，克林顿总统通过高情态副词clearly和高情态助动词must的使用，对全球变暖予以突显。

第二节　克林顿政府气候变化问题安全化中的话语框定

在通过话语突显使美国公众关注气候变化问题，使气候变化进入美国政治议程后，克林顿政府在气候变化安全化中就需要对气候变化问题进行框定，使其成为具有安全性质的问题，把它宣称为具有"存在性威胁"的问题，并被听众所接受。具体就气候变化而言，框定就是如何找出导致全球变暖的原因和解决方案；这个问题是否被认为具有紧急性；如何确定与其他如经济增长、就业、公共卫生、人权等优先事项的关系；后果的广泛程度如何；谁将受到影响，何时，以及多长时间。[②]

一、克林顿政府对气候变化问题框定的过程

克林顿政府在对气候变化问题进行的框定中，通过诊断型框定、预期型框定和激励型框定的过程实现了对气候变化问题的根源界定、问题解决对策的提出以及民众动员等目的。

① William J. Clinton, "Remarks at the White House Conference on Climate Change," October 19, 1993, https://www.presidency.ucsb.edu/node/218750，登录时间：2018年11月6日。

② 参见 Sevasti-Eleni Vezirgiannidou, "Climate and Energy Policy in the United States: the Battle of Ideas," *Environmental Politics*, Vol.22, No.4, 2013, p.595。

（一）气候变化问题的诊断型框定

克林顿政府从气候变化问题性质和严重性、气候变化问题产生原因、气候变化问题责任者等多个方面对气候变化问题进行了诊断型框定。

1. 对气候变化问题性质和严重性的框定

在对气候变化问题的话语框定中，诊断型框定是第一步，即要阐明导致气候变化问题的原因或根源和气候变化问题的性质以及严重程度等。首先，对于气候变化的性质和严重程度，克林顿政府通过话语进行了框定，使听众能意识到气候变化的严重性和紧迫性。克林顿总统在1993年4月22日地球日发表演讲时称：“我们还必须带头应对全球变暖的挑战，全球变暖会使我们的地球及其气候更不宜人，更不利于人类生活。”① 在同年的白宫气候变化会议中，克林顿把气候变化和全球变暖描述为“也许是对这个星球最大的环境威胁”。② 1993年发布的美国《气候变化行动计划》就提出要“解决应对全球变暖威胁和强化经济的双重挑战”。③ 1993年制定的《国防部环境安全战略》把环境安全威胁定义为影响人类健康、安全或环境的状况，这些状况减弱国防部准备或执行国家安全战略的能力或造成威胁美国国家安全的不稳定状态。而在其所列出的具体威胁中，全球变暖也是其中之一。④ 可见，气候变化或全球变暖问题已经被美国政府同美国国家安全联系在了一起。1994年美国政府公布的《参与和扩展的国家安全战略》指出，“并不是所有的安全威胁都具有军事性质。恐怖主义、毒品交易、环境退化、人口剧增以及难民潮等跨国界问题，对当前和长期的美国政策来

---

① William J. Clinton, “Remarks on Earth Day,” April 22, 1993, https://www.presidency.ucsb.edu/node/219947，登录时间：2018年11月8日。

② William J. Clinton, “Remarks at the White House Conference on Climate Change,” October 19, 1993, https://www.presidency.ucsb.edu/node/218750，登录时间：2018年11月8日。

③ William J. Clinton and Al Gore, *The Climate Change Action Plan*, Washington, DC: Office of the President, 1993.

④ 参见Floyd, R., *Security and the Environment: Securitization Theory and US Environmental Security Policy*, p.89。

说都具有安全的含义。此外，正在出现的一系列跨越国界的环境问题正在影响国际稳定并作为结果将会给美国的战略带来新挑战”。[①] 在1994年的地球日演讲中，克林顿总统指出，“我们的自然安全必须被视为我们国家安全的一部分”。[②] 1996年的《国家安全战略》提出，“大规模的环境恶化，人口快速增长加剧，破坏了许多国家和地区的政治稳定”。[③] 在《联合国气候变化框架公约》第四次缔约方会议之前，克林顿重申了他的立场：“我们面临的压倒性的挑战是日益加深的全球变暖危机。大部分科学家明确地得出结论：如果不减少温室气体的排放，在下个世纪的某个时间，它会破坏我们的气候，并且把我们的子孙后代置于危险的境地。”[④] 可以看出，克林顿政府把全球气候问题界定为与美国的国家利益和国家安全密切相关的问题，提高了此问题在国家政策议程上的地位。1997年克林顿总统在对即将参加气候变化条约谈判的美国谈判人员讲道：“不要搞错。全球变暖的威胁是真实的。如果我们不改变我们的做法，迟早会给美国和整个世界带来毁灭性后果。”1997年美国国务院发布的《环境外交：环境与美国对外政策》指出，“全球变暖是严重而不断增长的威胁……气候的变化将影响到我们所有的人”。[⑤] 在1997年10月6日的白宫气候变化会议的开幕讲话中，克林顿总统称“全球气候变化显然是最重要的挑战之一，也是最复杂的问题之一”。[⑥] 1997年10月22日，克林顿总统在国家地理协会发表演说概括了政府的气候变化政策，他讲道：“今天我们有一个明确的责任，也是一个黄金机会，那就是征服21世纪最重要的挑战之一——气

---

① 参见徐再荣等：《20世纪美国环保运动与环境政策研究》，北京：中国社会科学出版社，2013年版，第350—351页。

② William J. Clinton, “Remarks on the 25th Observance of Earth Day in Havre de Grace, Maryland,” April 21, 1995, https://www.presidency.ucsb.edu/node/220846，登录时间：2018年11月9日。

③ The White House, “National Security Strategy, 1996,” http://nssarchive.us/national-security-strategy-1996/，登录时间：2018年11月9日。

④ *New York Times*, January 28, 1998, A20.

⑤ “Environmental Diplomacy: The Environment and U.S. Foreign Policy,” http://www.state.gov/www/global/oes/earth.html，登录时间：2018年11月10日。

⑥ William J. Clinton, “Opening Remarks at the White House Conference on Climate Change,” October 6, 1997, https://www.presidency.ucsb.edu/node/223369，登录时间：2018年11月11日。

候变化的挑战。"[①] 1998年克林顿向国会所做的国情咨文指出，"全球变暖问题是美国目前面临的严峻环境挑战，如果人们不就削减温室气体立即采取行动，全球气候变化将会给下一代人未来的生活带来巨大的风险"。通过使用"危险""威胁""风险""严峻""毁灭""严重""挑战""安全"等词语，克林顿政府框定出了气候变化问题的严重性。而在克林顿总统任期即将结束的2000年7月，美国国家利益委员会发表新的"美国国家利益"研究报告仍将包括"确保贸易、金融市场、能源供给和环境等重要国际系统的可持续性和稳定性"列为美国"至关重要的国家利益"。[②] 这充分说明了克林顿政府对于包括气候变化在内的环境问题的高度重视，这些问题已经从过去较为边缘的地位上升为事关国家利益的重要问题。

基于对气候变化问题严重性的认知，克林顿政府对气候变化的重视也相应地达到了很高的程度，正如负责全球事务的副国务卿迪摩西·沃斯谈到的，"克林顿政府与前任政府在气候方面最大的不同就是我们对待气候科学的严肃态度。因此，我们正在致力于制定一项国家气候变化政策以便能在促进有效的全球响应上发挥领导作用"。[③]

2. 对气候变化问题产生原因的框定

虽然气候科学还具有一定的不确定性，但克林顿政府对气候变化的原因的界定主要基于已有的气候变化科学。克林顿政府在此问题上基本采纳了气候变化或全球变暖由人类活动造成，而主要是工业发展中化石燃料燃烧排放的二氧化碳造成的这种被普遍认同的观点。克林顿总统也充分利用了相关的科学依据来框定气候变化的原因及其确定性。在1993年10月19日的白宫气候变化会议上，克林顿总统就说道："我知道气候变化的精确幅度和模式不能完全预测。但全球变暖显然是

① William J. Clinton, "Remarks at the National Geographic Society," October 22, 1997, https://www.presidency.ucsb.edu/node/222792，登录时间：2018年11月11日。

② 倪世雄：《当代西方国际关系理论》，上海：复旦大学出版社，2001年版，第255页。

③ Timothy E. Wirth, "Developments in U.S. Policy Toward Global Climate Change," *U.S. Department of State Dispatch*, Vol.4, No.22, May 31, 1993, p.400.

一个产生严重后果并不断增长的长期性威胁。”① 而在1997年10月举行的白宫气候变化会议上，克林顿总统指出气候变化科学是可信的，“对气候造成的严重破坏是真实的”；“世界上绝大多数气候科学家已经得出结论，如果我们不减少温室气体排放，气温就会上升，就会破坏全球气候。事实上，大多数科学家认为这个过程已经开始了”。② 1997年10月22日克林顿总统在美国国家地理协会上表示，“……科学家们虽然还不能精确地获知温室气体聚集所带来的后果，但是工业化时代大大增加了大气中温室气体的含量这一事实却是不容置疑的”。③ 1997年克林顿总统在纽约举行的联合国特别会议上发表演说提道，“科学是明确的，令人信服的，我们人类正在改变全球气候”。④ 虽然克林顿政府也在一定程度上承认气候变化科学的不确定性，但在克林顿政府看来，气候变化科学的不确定性不应该成为不采取行动的借口。

3. 对气候变化问题责任者的框定

而对于造成气候变化的责任者，美国也承认了包括美国在内的发达国家的责任。在1993年，副总统戈尔告诉联合国可持续发展委员会，美国和其他发达国家对全球环境的影响负有重大责任。美国和其他发达国家“不成比例地影响着全球环境。我们有不到四分之一的世界人口，但我们消耗五分之三的世界原材料和制造全世界四分之三的固态垃圾。一个出生在美国的孩子在一生中对地球的环境产生的影响是一个出生在印度的孩子的30倍以上。全世界的富人都有责任应对他们所造成的不成比例的影响”。⑤ 而在1997年10月22日表明美国在京都气

---

① William J. Clinton, “Remarks at the White House Conference on Climate Change,” October 19, 1993, https://www.presidency.ucsb.edu/node/218750，登录时间：2018年11月14日。

② William J. Clinton, “Opening Remarks at the White House Conference on Climate Change,” October 6, 1997, https://www.presidency.ucsb.edu/node/223369，登录时间：2018年11月15日。

③ William J. Clinton, “Remarks at the National Geographic Society,” October 22, 1997, https://www.presidency.ucsb.edu/node/222792，登录时间：2018年11月11日。

④ William J. Clinton, “Remarks to the United Nations Special Session on Environment and Development in New York City,” June 26, 1997, https://www.presidency.ucsb.edu/node/224194，登录时间：2018年11月19日。

⑤ Al Gore, “Keynote Address by U.S. Vice President Al Gore,” Commission on Sustainable Development, New York, June 14, 1993.

候变化谈判的态度时，克林顿总统也承认美国对于气候变化问题负有特殊的责任，“美国的人口不到世界总人口的5%，拥有世界22%的财富，但是排放了世界温室气体总量的25%以上，我们必须从现在开始为未来投保”。[①] 从这些表态中，可以看出克林顿政府能够正视美国在全球气候变化上的责任，这种态度无疑有助于美国政府在应对气候变化上采取积极的举措。与此同时，克林顿政府也框定了发展中国家在气候变化上的责任，他强调“工业化国家和发展中国家都必须应对气候变化的挑战。工业化国家必须起带头作用，但发展中国家也必须参与。主要发展中国家有效地参与这项工作，否则美国将不承担有约束力的义务”[②]。

4. 对气候变化问题受害者的框定

而对于谁为气候变化问题受害者，也就是谁为安全化中指涉对象，克林顿政府也进行了框定。虽然克林顿政府在很多场合中提到气候变化影响全球福祉或世界其他地区的人民，但就其政策本身而言，则主要把受害者框定为美国民众。他们被认为是包括气候变化在内的环境恶化的主要受害者，这些问题对他们构成了存在性威胁。例如，在1997年10月的一次演讲中，克林顿总统讲道，“我们最严峻的挑战之一显然是气候变化。令人信服的证据表明越来越多的温室气体排放正在导致地球变暖，全球变暖可能会导致我们生活方式发生深刻而破坏性的变化”。[③] 1998年，克林顿在国情咨文演说中指出，“绝大多数科学家已经明确地得出结论，如果我们不减少温室气体的排放，在下个世纪的某个时候，我们的气候将会受到破坏，我们的子孙后代将会处于危险之中”。[④] 1997年美国国务院发布的《环境外交：环境与美国对外政策》指出，“……气候变化将影响我们所有的人”。在1999年克林顿

① William J. Clinton, “Remarks at the National Geographic Society,” October 22, 1997, https://www.presidency.ucsb.edu/node/222792，登录时间：2018年11月11日。

② Ibid.

③ William J. Clinton, “Remarks at Nahuel Huapi National Park in San Carlos de Bariloche, Argentina,” October 18, 1997, https://www.presidency.ucsb.edu/node/223704，登录时间：2018年11月23日。

④ William J. Clinton, “Address Before a Joint Session of the Congress on the State of the Union,” January 27, 1998, https://www.presidency.ucsb.edu/node/226032，登录时间：2018年11月25日。

政府的《国家安全战略》中有这样的表述：环境威胁，例如气候变化，平流层臭氧的破坏，妨害性动植物物种类的引进，对鱼类、森林和其他生物资源的过度利用和有害化学品的运输，直接威胁着美国公民的健康和经济福利。[①]

因此，基于气候变化对美国公众造成危害的框定，克林顿政府作为安全化行为主体，就有必要对气候变化采取紧急性应对措施以使指涉对象免受“存在性威胁”的伤害。

（二）气候变化问题的预期型框定

预期型框定是对诊断型框定中指出的问题提出解决方案或策略。同样，克林顿政府在其气候变化话语中对于气候变化的解决方案和策略也进行了框定，而此种框定关系到问题解决的合理性与公众认可度，因此在整个框定过程中具有重要作用。

1. 美国在气候变化应对中的角色框定

美国作为世界温室气体最大的排放国同时又是世界上最强大的国家，在气候变化问题的应对上担当什么角色是克林顿政府需要澄清的。在1993年的地球日演讲中，克林顿指出：“我们还必须带头应对全球变暖的挑战……”[②] 1997年10月克林顿总统在白宫气候变化会议上指出，对于气候变化问题，“如果我们希望其他国家能在这个问题上行动起来，我们必须展示领导力”，美国将“履行自己的全球责任”。[③]这就把美国框定为一个在应对全球气候变化上的领导者、积极参与者而不是旁观者。这种框定对维护美国在国际上的大国形象是有积极作用的，也有利于其气候变化政策获得其他国家以及美国国内民众的充分赞同和支持。

---

① “A National Security Strategy for a New Century,” December, 1999, http://www.dtic.mil/doctrine/jel/other_pubs/nssr99.pdf, p.13，登录时间：2018年11月27日。

② William J. Clinton, “Remarks on Earth Day,” April 22, 1993, https://www.presidency.ucsb.edu/node/224023，登录时间：2018年11月28日。

③ William J. Clinton, “Opening Remarks at the White House Conference on Climate Change,” October 6, 1997, https://www.presidency.ucsb.edu/node/223369，登录时间：2018年11月29日。

2. 国内层面的应对策略框定

而对于美国在气候变化方面的应对，克林顿政府也在许多不同的场合下进行了框定。首先，克林顿政府对其国内层面的气候变化应对进行了框定。上任伊始，克林顿政府就对减排目标进行了框定。在1993年4月21日地球日所做的演讲中，克林顿说："今天，我重申我个人并宣布我们国家的承诺：到2000年前把温室气体排放减少到1990年的水平。"① 在随后的1993年6月，副总统戈尔也重申了此项减排目标，他告诉联合国美国可持续发展委员会，"我们国家将会做出重大的改变"，② 即在2000年美国把温室气体排放降低到1990年的水平。

在减排政策上，克林顿政府经历了从"自愿性"减排到"强制性"减排的政策发展轨迹。在1993年4月21日地球日演讲中，克林顿总统说："……我要求所有的联邦设施设置一个自愿的目标，以在1999年以前减少50%的有毒污染物释放。"③ 在同年10月公布的《气候变化行动计划》中的减排措施也是完全基于自愿原则。而在1996年克林顿政府做出了遵守强制温室气体减排目标的决定，并由副国务卿沃斯于1996年7月在日内瓦举行的联合国气候变化框架公约第二次多方会议时予以宣布，这标志着克林顿政府气候变化政策的重大转变。在1997年举行的联合国特别会议上克林顿总统说："我们将与我们的人民一起努力，我们美国将在京都会议上做出坚定承诺，赞同现实和有约束力的限制，这将大大减少温室气体的排放量。"④ 这也是克林顿总统第一次亲自宣布自己支持对温室气体采取强制性排放限制。

此外，克林顿政府把气候变化的解决与经济的发展联系了起来。但是，相比于后文提到的小布什政府主要强调把经济发展作为气候变

① William J. Clinton, "Remarks on Earth Day," April 22, 1993, https://www.presidency.ucsb.edu/node/224023，登录时间：2018年11月29日。

② Al Gore, "Keynote Address by U.S. Vice President Al Gore," New York, June 14, 1993.

③ William J. Clinton, "Remarks on Earth Day," April 22, 1993, https://www.presidency.ucsb.edu/node/224023，登录时间：2018年11月29日。

④ William J. Clinton, "Remarks to the United Nations Special Session on Environment and Development in New York City," June 26, 1997, https://www.presidency.ucsb.edu/node/224194，登录时间：2018年11月30日。

化解决的先决条件，克林顿政府更强调这二者相互的良性影响关系。在1993年10月举行的白宫气候变化会议上，克林顿指出："……要致力于这样的方法……在应对我们最深刻和最深远的环境挑战的同时，它旨在给予美国人民在全球经济中竞争和获胜的能力。我们已经开始了把我们的经济与环境联系起来的任务，在今天，我相信这是一个非常不平凡的方法。"[①]《气候变化行动计划》也强调要"应对全球变暖威胁和经济增长的双重挑战。美国温室气体排放量在2000年前回归到1990年的水平是一个雄心勃勃但可以达到的目标，而与此同时可以促进经济增长和创造就业机会，使我们国家在全球市场参与竞争并获得优势"。[②] 美国环境保护署长卡罗尔·M.布劳纳（Carol M. Browner）在1997年做了一场关于"全球气候变化"的演讲，他讲道："我相信我们可以建立一个共同的承诺和共识——在美国人民之间，在工业之间，在世界各国之间——制定各种战略和以市场为基础的各种方法使我们能够解决这个巨大的问题，而同时可以促进经济的增长。"[③]

3. 国际层面的应对策略框定

而在国际层面，克林顿政府也对其应对举措进行了框定。作为全球性问题，克林顿政府提出了美国在气候变化问题上加强国际合作以及对发展中国家进行援助的政策。在1997年1月22日国家地理协会的演讲中克林顿说："许多以前的威胁可以在我们自己的边界内解决，但是全球变暖需要一个国际性的解决方案……气候变化等全球性问题需要全球性的解决。"[④] 美国在1997年发布的《气候行动报告》（*Climate Action Report*，CAR）强调，"有效应对全球气候变化需要发达国家在帮助发展中国家限制排放方面做出强有力的承诺。因此，美国已将气候变化相关的项目列入了对外援助计划……因为这些活动在没有美国

---

① William J. Clinton, "Remarks at the White House Conference on Climate Change," October 19, 1993, https://www.presidency.ucsb.edu/node/218750，登录时间：2018年12月1日。

② William J. Clinton and Al Gore, *The Climate Change Action Plan.*

③ Carol M. Browner, "Global Climate Change: Threats and Solutions," *Journal of Land Use & Environmental Law*, Vol.13, No.1, 1997, p.278.

④ William J. Clinton, "Remarks at the National Geographic Society," October 22, 1997, https://www.presidency.ucsb.edu/node/222792.

援助的情况下极有可能无法进行，因此它们是美国总体响应策略的一个重要方面”。[①] 美国国际开发署的气候变化行动计划列出了美国用于应对气候变化的国际援助项目。[②] 此计划指出了应对气候变化中国际协同与援助的重要性。“应对气候变化的战略必须努力对经济和社会发展的愿望与解决当地及全球环境威胁的需要进行协调。与此同时，促进发展的努力需要把帮助各国减少气候变化威胁带来的脆弱性纳入项目当中”。[③] 可以说，克林顿政府对于应对气候变化中的国际合作尤其是对发展中国家的援助非常重视，在其气候变化话语中也得到了较多的体现。

此外，克林顿政府也对作为最有影响力的国际气候变化机制《京都议定书》进行了框定，这也是其国际层面应对气候变化策略的重要组成部分。对于《京都议定书》，克林顿在1997年12月谈道：“我特别高兴的是，该协议强烈地反映了美国的承诺，即使用自由市场工具来解决这个困难的问题……这是一个很好的协议。我们可以在履行这个协议的同时保持我们的经济增长。它对环境是友好的。这是至关重要的第一步。”[④] 在1998年的国会咨文演说中，克林顿总统也提到了《京都议定书》，他说：“在这过去的十二月份，美国领导世界达成一项历史性的协议，这使我们的国家可以通过市场力量、新技术和能源效率来减少温室气体排放量。”[⑤] 从克林顿对于《京都议定书》的评价可以看出，克林顿政府把参与和履行《京都议定书》作为其应对气候变化问题的重要策略之一。

---

① U.S. Department of State, “Climate Action Peport,” http://www.state.gov/www/global/oes/97climate_report/，登录时间：2018年12月2日。

② Paul G. Harris, *Climate Change and American Foreign Policy*, p.42.

③ Agency for International Development, *Climate Change Plan*, Washington, DC: U.S. Agency for International Development, October, 1997, p.5.

④ William J. Clinton, “Remarks on the Kyoto Protocol on Climate Change and an Exchange with Reporters in New York City,” December 10, 1997, https://www.presidency.ucsb.edu/node/223940，登录时间：2018年12月4日。

⑤ William J. Clinton, “Address Before a Joint Session of the Congress on the State of the Union,” January 27, 1998, https://www.presidency.ucsb.edu/node/226032，登录时间：2018年12月4日。

（三）气候变化问题的激励型框定

作为框定中的最后一个步骤，激励型框定起到鼓舞和动员民众参与的热情和决心。克林顿政府在气候变化安全化中，也通过这种框定实现激励民众的目的。

激励型框定中需要框定者使用鼓励性话语以激发公众的参与热情和信心。例如，在1993年的地球日演讲中，克林顿总统说："它（全球变暖）需要几十年才能扭转。但是第一步就在我们面前。……我们可以采取行动，我们的计划从今天开始。这个计划不是为用来作为历史档案而制定，它是为采取行动而制定，为快速实施、持续监控而制定，并根据需要进行调整，以实现我们的目标。"[①] 克林顿总统的这些话语旨在号召和鼓励美国民众尽早积极参与应对气候变化的行动，同时也是一种对民众信心的激发。1997年克林顿在国家地理协会上说："向前迈进是我们的庄严义务，以勇气和远见把我们的家园传给我们的孩子和子孙后代。"[②] 这个表态显然是对美国民众的激励，其中所用的词语如"向前迈进""庄严义务""勇气"和"远见"都具有很强的鼓动性。通过这些话语，克林顿总统号召美国民众积极投身和参与气候变化的应对，因为这是事关子孙后代的事情。在1997年7月的讲话中，克林顿总统指出："但是如果我们共同努力，我们可以化解这种威胁。我们可以让21世纪变得更好，不只是为了我们的孩子，而是为了全世界的孩子。我相信科学要求我们现在就要面对这个挑战。我坚信为了我们的孩子，我们应当这样做。"[③] 在1998年7月的广播讲话中，克林顿总统也对公众进行了号召，"我们有能力，我们有智慧来摆脱这一威胁。我们有机会和最深切的义务留给我们的孩子和我们的子孙一个健康的、

① William J. Clinton, "Remarks at the White House Conference on Climate Change," October 19, 1993, https://www.presidency.ucsb.edu/node/218750，登录时间：2018年12月5日。

② William J. Clinton, "Remarks at the National Geographic Society," October 22, 1997, https://www.presidency.ucsb.edu/node/222792，登录时间：2018年12月5日。

③ William J. Clinton, "Remarks During a Discussion on Climate Change," July 24, 1997, https://www.presidency.ucsb.edu/node/223807，登录时间：2018年12月5日。

蓬勃发展的地球”。[①] 而在激励美国经济界对于环保和气候变化问题的参与时，克林顿说：“我们美国人能够做到我们下定决心要做的事情，包括减缓全球变暖而不使我们的经济降温。”[②]

美国环境保护署长卡罗尔·M. 布劳纳（Carol M. Browner）在1997年所做的《全球气候变化》演讲的结尾中说道：“我们做的一切都是为了我们的孩子——为了全世界的孩子，为了子孙后代，让我们尽我们最大的努力。一百年后，要让世人回首并这样说，‘他们正视挑战，他们回应召唤，他们在为我们建设美好世界的责任前没有退缩’。”[③] 布劳纳的讲话也同样起到了呼吁行动和激励公众的作用。

此外，激励型框定也需要包括一些对听众带来益处的承诺性话语，这样也可以激发听众的参与热情。克林顿政府的气候变化话语中，这样的例子也比较频繁。例如，克林顿在1993年白宫气候变化会议上讲道，“这一切将有助我们在未来几十年中建立一个更加健康的环境和更加强大的经济，也将有助于我们完成我们对于我们自己，我们周围的邻居，最重要的是，我们的孩子的道义职责”。[④] 在1994年的地球日演讲中，克林顿总统也讲到了气候变化计划的益处。“我们的气候变化计划帮助企业和消费者节省能源和金钱，因为他们使用比以前更加省电的空调、电脑、冰箱和灯泡。我们正在帮助美国公司制造这些产品，创造这些就业机会。”[⑤] 在1997年10月22日国家地理协会的演讲中，克林顿总统指出，“如果得到正确地实施，这一战略将为国内的企业家创造大量新的机会……”[⑥] 在1998年地球日演说中，克林顿总统说：

① William J. Clinton, “The President’s Radio Address,” July 25, 1998, https://www.presidency.ucsb.edu/node/226470，登录时间：2018年12月5日。

② William J. Clinton, “Remarks on Earth Day, April 21, 1994,” in *Public Papers of the Presidents of the United States: William J. Clinton*, Washington, D.C: U.S. Government Printing Office, 1994, p.742.

③ Carol M. Browner, “Global Climate Change: Threats and Solutions,” p.278.

④ William J. Clinton, “Remarks at the White House Conference on Climate Change,” October 19, 1993, https://www.presidency.ucsb.edu/node/218750，登录时间：2018年12月7日。

⑤ William J. Clinton, “Remarks on the Observance of Earth Day,” April 21, 1994, https://www.presidency.ucsb.edu/documents/remarks-the-observance-earth-day，登录时间：2018年12月7日。

⑥ William J. Clinton, “Remarks at the National Geographic Society,” October 22, 1997, https://www.presidency.ucsb.edu/node/222792，登录时间：2018年12月8日。

"如果我们能改善环境，如果我们能减少温室气体排放，如果我们能够共同建设一个平衡的未来，我们就能保持经济增长。"① 在此，克林顿强调了改善环境和减少温室气体排放对于美国人民福祉和美国经济增长的重要意义。在克林顿看来，改善环境和减少温室气体排放是实现经济增长目标的前提条件，从中可以看出克林顿政府对于环境因素的重视程度。

在许多情况下，激励型框定也需要使用表示重要性、严重性、紧迫性等意味的话语，以激发参与者的紧迫感。克林顿在1996年出访澳大利亚时做出了呼吁，他说："温室也许是一个培育植物的好地方，但绝不是一个适宜于养育我们孩子的地方。如果我们从今天开始，我们将避免全球变暖的危险。"② 在1997年，克林顿总统讲道，"显而易见的是除非我们负责任地应对气候变化的挑战，否则我们就无法完成我们对于子孙后代的责任。每当我们国家的安全受到威胁，我们都能引导世界找到更好的解决办法。而现在我们正处在这种危难关头"。③ 克林顿一方面通过阐释应对气候变化的重要性来号召公众；另一方面则把气候变化与国家安全威胁联系起来，以此来强调应对气候变化的紧迫性并引发公众在气候变化问题上的危机意识。在1998年的地球日演说中，克林顿总统也对美国公众提出了气候变化问题的警示："世界上最杰出的气候科学家们已经发出警告，如果我们不减少温室气体排放，地球将变暖，海洋将会上升，严重的天气事件将会加剧，数量也将会增加。"④ 在1998年7月的广播讲话中，克林顿讲道，"1997是有记录以来最热的一年，1998年有望打破这一纪录。历史上最热的5年——5个最热的年份——都发生在20世纪90年代。科学家预测，七月可能是

---

① William J. Clinton, "Remarks on Earth Day in Harpers Ferry, West Virginia," April 22, 1998, https://www.presidency.ucsb.edu/node/225842，登录时间：2018年12月8日。

② "President Clinton Supports the Global Climate Control Convention," *Human Events*, June 19, 1998, p.584.

③ William J. Clinton, "Remarks During a Discussion on Climate Change," *Public Papers of the Presidents: William J. Clinton, 1997*, July 24, 1997.

④ William J. Clinton, "Remarks on Earth Day in Harpers Ferry, West Virginia," April 22, 1998, https://www.presidency.ucsb.edu/node/225842，登录时间：2018年12月8日。

人类开始记录温度以来最热的一个月。全球权威的气候专家预测，除非我们扭转这种危险的变暖趋势，否则将会出现更加极端的天气"。[①]而克林顿总统在任职末期的2000年4月22日地球日发表的广播讲话中，也对美国公众进行了提醒，"20世纪90年代是历史上最热的十年，2000年的前3个月是100年来最热的3个月。科学家们指出，气温上升至少部分是由于人类的活动造成的，如果不加以控制，气候变化将会导致更猛烈的风暴，更多的经济动荡，以及沿海地区更多的永久性洪水"。[②] 可以说，美国的气候变化状况有恶化的趋势，克林顿总统不断地使用这些气象数据来提醒和警示美国公众。

而关于公众对于气候变化科学的态度，在1997年的一次新闻发布会上，克林顿总统也进行了呼吁，"我们请美国人民倾听证据，用他们自己的经验去衡量，但是不要质疑科学性权威的分量，就算他们自己的经验无法证明绝大多数科学家今天所认为的事实"。[③] 这个讲话也是通过框定已有的气候变化科学的准确和权威性来号召美国民众增强对气候变化的认识。

二、气候变化框定中话语策略的使用

话语框定过程中，话语策略的使用无疑可以增加话语的分量和说服力。克林顿政府在对气候变化框定中也通过相关具体话语策略的使用来达到预期的框定效果。例如，在京都会议之前，克林顿清楚地感觉到，在他进行任何严肃的行动之前，他必须使更多的美国人关注气候变化问题。1997年7月24日，在白宫举行的气候变化会议上，他与政府的首席环保主义者副总统戈尔展开了一场激发公众更强意识的宣传。总统说："我们看到火车来了，但大多数美国人在日常生活中不能

---

① William J. Clinton, "The President's Radio Address," July 25, 1998, https://www.presidency.ucsb.edu/node/2264707，登录时间：2018年12月10日。

② William J. Clinton, "The President's Radio Address," April 22, 2000, https://www.presidency.ucsb.edu/node/226947，登录时间：2018年12月10日。

③ Joby Warrick, "Clinton Outlines Global Warming Education Plan," *Washington Post*, July 25, 1997, http://www.lexis-nexis.com7，登录时间：2018年12月11日。

听到鸣笛声。”[1] 在此，克林顿总统使用了隐喻来框定问题的严重性并以此唤起民众的意识。通过“我们看到火车来了”说明气候变化是一个已经迫在眉睫的紧迫问题，而“大多数美国人在日常生活中不能听到鸣笛声”则生动地表现出大多数美国民众还没有意识到气候变化问题的严重性。通过隐喻的使用，使普通民众可以依靠日常生活中常见的火车来理解气候变化这个他们不熟悉的事物，从而达到建构民众对于气候变化的认知。而在1997年谈到《京都议定书》时，克林顿总统指出，“当全世界的国家在12月齐聚京都参加联合国气候会议时，我们所有的参加者，无论发达国家还是发展中国家，必须抓住机遇，让温室气体排放的时钟倒转（turn back the clock），这样我们才能留给我们的孩子们一个健康的星球”。[2] 克林顿通过隐喻的使用，使听众产生“时钟”的意象和紧迫感，起到了对于听众在气候变化问题上的警醒作用。

1997年在乔治敦大学所做的演讲中，克林顿总统使用了历史性类比来框定气候变化是一个可以解决的问题，进而来激励公众的信心。他讲道：

> 尽管这些挑战非常复杂，我们有充分的理由保持乐观。……但是在过去的上一代，我们一起听从了瑞秋·卡森[3]（Rachel Carson）的警告，禁止了滴滴涕和其他毒药。我们清理了污秽不堪的河流，逐步淘汰了含铅汽油和对臭氧层产生破坏的化学物质。我们与民众一道保护了加利福尼亚北部的水源林，恢复了佛罗里达大沼泽地，保护黄石公园免受采矿之害，每一种情况都证明环境管理并没有阻碍经济

① J. W. Anderson, “Climate Change, Clinton and Kyoto: The Negotiations over Global Warming,” Unpublished Paper, 1997, p.10.

② Bill Clinton, “Remarks to the 52nd Session of the United Nations General Assembly in New York City,” *Public Papers of the Presidents: William J. Clinton, 1997*, September 22, 1997.

③ 瑞秋·卡森（Rachel Carson）：美国自然主义文学作家，在1962年，她发表了代表作*Silent Spring*（《寂静的春天》），指出滥用杀虫剂带来伤害许多生命、影响自然生态的严重后果，如果再不改变，春天将不再鸟语花香，也将毒害人类。

增长。①

克林顿总统通过历史上美国在环境治理方面所取得的成功业绩来说明气候变化问题的治理也是可以取得成功的。

在1995年的地球日演讲中，克林顿总统通过引用美国著名自然主义诗人罗伯特·弗罗斯特（Robert Frost）的诗句来呼吁公众对于环境的爱护。克林顿说：“罗伯特·弗罗斯特写道，‘土地先属于我们，我们才属于土地’（ The land was ours before we were the land’s ）。这个大陆是我们的家，为了我们的孩子，为了孩子们的孩子，为了所有的后代们，我们必须保护它。”② 克林顿对弗罗斯特诗句的互文性使用，增加了在提高公众环保意识方面的影响力和感染力。

第三节　克林顿政府气候变化问题安全化中的话语定位

克林顿政府对气候变化问题的安全化也涉及行为实践方面，即作为安全化行为主体的美国政府和作为安全化指涉对象的美国公众面对气候变化威胁时所要履行的职责。具体来讲就是通过一定的故事情节而进行彼此的定位，进而确定各自位置并界定职责和行为方式。

一、关于气候变化的故事情节

气候变化作为一个引起全球关注的问题，其影响虽然在科学上还具有一定的不确定性，但是它产生的破坏性就已有的科学知识来看无疑也是巨大的。但是，政治行为体在制定和实施其气候变化政策时就

① William J. Clinton, “Opening Remarks at the White House Conference on Climate Change,” October 6, 1997, https://www.presidency.ucsb.edu/node/223369，登录时间：2018年13日。

② William J. Clinton, “Remarks on the 25th Observance of Earth Day in Havre de Grace, Maryland,” April 21, 1995, https://www.presidency.ucsb.edu/node/220846，登录时间：2018年12月15日。

会对此问题进行不同的叙述，以实现其政治目的或政策预期。作为客观的气候变化现象，克林顿政府与小布什政府就采用了不同的叙述，或不同的故事情节。

位置的确立受故事情节的制约，特定的故事情节会产生不同的位置或定位。克林顿政府对于气候变化的讲述主要基于以下的故事情节。

首先，对于气候变化问题的性质，克林顿政府采用了“环境问题与安全问题相结合”的故事情节。克林顿政府在气候变化政策建构中，在强调其环境问题属性的基础上，又赋予其安全问题属性。通过由“威胁”“挑战”“安全”“人类生存”“最严重的”“最大的”等话语构成的故事情节，克林顿政府对气候变化问题的性质进行了界定。例如，在 1993 年举行的白宫气候变化会议上，克林顿总统在讲话中四次使用了“威胁”（threat）这个词来描述气候变化或全球变暖带来的后果，同时也三次使用“挑战”（challenge）来描述气候变化或全球变暖。[①] 而在 1997 年进行的白宫气候变化会议上，克林顿总统的讲话也两次使用“威胁”和三次使用“挑战”来描述气候变化或全球变暖。[②] 在 1997 年美国地理协会的讲话中，克林顿总统指出了全球变暖的严重影响，“以前的许多威胁造成了明显和现实的危险，全球变暖则更加微妙，它不是使用咆哮的坦克或燃烧的河流[③] 对我们发出警告，而是通过看不见的气体、我们周围环境的缓慢变化以及日益严重的气候变化对我们发出警告”。[④] 通过这样一些故事情节，克林顿政府把气候变化建构为一个对美国及美国公众具有“存在性威胁”的问题。

其次，克林顿政府对气候变化科学的叙述中，“确定性”是主导故事情节。克林顿总统在阐述其气候变化政策时，通常都要讲到“全球

---

① 参见 William J. Clinton, “Remarks at the White House Conference on Climate Change,” October 19, https://www.presidency.ucsb.edu/node/218750，登录时间：2018 年 12 月 18 日。

② 参见 William J. Clinton, “Opening Remarks at the White House Conference on Climate Change,” October 6, 1997, https://www.presidency.ucsb.edu/node/223369，登录时间：2018 年 12 月 18 日。

③ “燃烧的河流”（burning rivers）是指遭受严重石油化工污染的河流，由于污染程度太严重，有时河流因含有过多石化成分而着火，由此被称作“燃烧的河流”（burning rivers）。

④ William J. Clinton, “Remarks at the National Geographic Society,” October 22, 1997, https://www.presidency.ucsb.edu/node/222792，登录时间：2018 年 12 月 19 日。

正在变暖”“全球变暖是千真万确的”“人类的活动造成了全球变暖”“科学家已就气候变化科学达成共识”“科学家已证明……”等故事，通过这样的故事情节来加强听众对于气候变化的认识。例如，在1997年7月有关气候变化的讨论中，克林顿总统说：“正如副总统所说的那样，压倒性的证据和科学的观点是，全球变暖不再是一个理论，而是一个事实，全球变暖是真实的。全球科学家认为，如果我们不减少温室气体排放，我们将会破坏全球气候。事实上，有充分的证据表明，人类活动已经破坏全球气候……”① 在1997年举行的白宫气候变化会议上，克林顿总统非常肯定地讲道：“我相信气候变化科学是真实的。”② 虽然没有否认并提到了气候变化科学存在的不确定性，但克林顿政府在其气候变化话语中更强调的是已有的关于气候变化的确定性知识和信息。

最后，克林顿政府关于《京都议定书》的故事情节主要基于其积极的方面。《京都议定书》可以说是克林顿政府参与国际气候变化机制的最大成就之一，因此对于《京都议定书》的叙述也直接影响着美国国内公众对它的认可程度。虽然克林顿政府对《京都议定书》也有一些不满意之处，但其对《京都议定书》的叙述总的来说是希望通过积极正面的故事情节来获得国内公众的支持。在《京都议定书》签署前的1997年9月，克林顿总统在美利坚大学的讲话中就指出：“今年12月，我们将致力于在京都达成一项全球气候变化条约，这项条约会通过规定签署国遵守减少大气中温室气体排放的明确指导方针，而达到保护环境和促进全球增长的目标。”③ 克林顿总统在1997年12月10日就《京都议定书》发表声明，“我感到非常高兴的是，美国与世界其他国家达成了一项历史性的协议，将采取前所未有的行动来应对全球变暖问题。……我特别高兴的是，这强烈地反映了美国的承诺，即使

① William J. Clinton, “Remarks During a Discussion on Climate Change,” July 24, 1997, https://www.presidency.ucsb.edu/node/223807，登录时间：2018年12月20日。

② William J. Clinton, “Opening Remarks at the White House Conference on Climate Change,” October 6, 1997, https://www.presidency.ucsb.edu/node/223369，登录时间：2018年12月20日。

③ William J. Clinton, “Remarks at American University,” September 9, 1997, https://www.presidency.ucsb.edu/node/224635，登录时间：2018年12月21日。

用自由市场工具来解决这个困难的问题”。[①] 克林顿总统在22日又讲到《京都议定书》，“就环境和经济而言都是合理的。我想它如果在国际参与方面的立场更加坚定一些的话就会更好。但是我们已经开辟了一条道路”。[②] 戈尔副总统也认为，“最终，最后的协议是基于美国所提出的核心要素。……这个协议反映了总统计划中的大部分要素”。[③] 此外，戈尔指出，《京都议定书》意味着“我们的企业将在新的全球经济中更具竞争力”。此协议“将促进增长，并通过共同的实施和排放交易体系为技术的快速发展创造动力”。[④] 对于《京都议定书》的正面叙述，使克林顿政府在积极参与这项国际气候变化机制上获得了美国公众的支持。

二、位置的确立

通过对气候变化相关故事情节的叙述，克林顿政府与美国公众在应对气候变化中的位置得以确立。在气候变化应对方面，克林顿政府是积极的气候变化政策的制定者与执行者，是美国利益的维护者和美国福祉的提供者。而美国公众则是克林顿政府气候变化政策的受益者，也是应对气候变化的参与者。

具体来说，基于克林顿政府对于气候变化性质的叙述，即气候变化不但是严重的环境问题，而且也是对美国国家安全形成存在性威胁的安全问题，因此克林顿政府一方面是环境的保护者，另一方面则是使美国和美国民众免于威胁的安全提供者和保障者。而美国公众在这种故事情节背景下，则处于一种被保护的位置。

基于克林顿政府对气候变化科学的叙述所采用的“确定性”故事情节，克林顿政府以及美国公众在气候变化具体应对上的位置也得以

---

① William J. Clinton, “Statement on the Kyoto Protocol on Climate Change,” December 10, 1997, https://www.presidency.ucsb.edu/node/223946，登录时间：2018年12月21日。

② “President Clinton Supports the Global Climate Control Convention,” p.585.

③ Ibid.

④ Ibid.

确立。在此故事情节背景下，即主要是人为的温室气体排放造成了全球气候变化，克林顿政府的位置就是积极气候变化应对政策的制定者与坚定的执行者，同时也是气候变化科学的积极宣传者。而美国公众则是克林顿气候变化政策的拥护者，也是气候变化科学知识的接受者。

克林顿政府对于《京都议定书》的叙述则使相关位置得以确立。对于克林顿政府而言，此故事情节使其具有了《京都议定书》的积极倡导者与参与者的位置。而相对应的是，美国公众被赋予了《京都议定书》的受益者与支持者的位置。

三、职责和行为的界定

位置的确立将对行为体各自的行为起着制约作用。在气候变化问题上，克林顿政府与美国公众各自位置的确立也意味着各自具体行为取向的确定。

首先，在应对气候变化方面，美国政府无疑是行动的主导者，政策的规划者与执行者。在把气候变化界定为一个最重要的环境挑战以及一个安全问题后，克林顿政府就要在这两个方面制定相关的政策并积极执行和付诸行动。在1993年的白宫气候变化会议上，克林顿总统指出其提出的《气候变化行动计划》是“一个长远战略的一部分，包括在白宫成立一个团队以确定和实施这些能继续减少排放趋势的政策”。[①] 在1994年4月21日庆祝地球日讲话中，克林顿总统指出政府气候变化政策为美国公众带来的益处，“我们的气候变化计划通过提供相比过去消耗更少电力的空调、电脑、冰箱和灯泡，从而帮助企业和消费者节省能源和金钱。我们正在帮助美国公司生产这些产品，创造这些就业机会。”[②] 在1994年克林顿政府发布的《国家安全战略》指出，“保护我们国家的安全——我们的人民、我们的领土和我们的生活方

① William J. Clinton, “Remarks at the White House Conference on Climate Change,” October 19, 1993, https://www.presidency.ucsb.edu/node/218750，登录时间：2018年12月24日。

② William J. Clinton, “Remarks on the Observance of Earth Day,” April 21, 1994, https://www.presidency.ucsb.edu/documents/remarks-the-observance-earth-day，登录时间：2018年12月27日。

式，是政府最大的使命和宪法赋予我们的职责。……我们今天面临着多种危险。……大规模的环境恶化，在人口快速增长的影响下进一步加剧，可能会破坏许多国家和地区的稳定。……无论何种情况，我们的反应性质必须取决于什么最符合我们自己的长远国家利益”。因此，克林顿政府在当政的八年中，制定了大量的与气候变化有关的政策并把包括气候变化在内的环境问题作为国家安全问题来处理，环境外交也成为美国外交的重要组成部分。

其次，基于对气候变化科学“确定性”的认知，克林顿政府应对气候变化的措施主要落实为具体减排行为，从最初采取的自愿性减排措施发展到后来的强制性减排方案，都体现了克林顿政府积极应对气候变化的政策与态度。虽然克林顿政府也承认气候变化科学的“不确定性”，也委托相关科学机构对气候变化的“不确定性”进行了一些研究，但是主要专注的是气候变化解决和应对方面的科学研究，这一点与后来的小布什政府也有一定的不同。

最后，作为《京都议定书》的积极倡导者与支持者，克林顿政府积极参与了《京都议定书》的谈判。虽然《京都议定书》对美国做出了一些方面的强制减排限制，但克林顿政府总体上对其持认可的态度。尽管面对着国会的巨大压力，克林顿政府还是在1998年签署了《京都议定书》。虽然由于国会反对的因素，克林顿政府没有把《京都议定书》提交国会审议，但是《京都议定书》的签署对于其他国家在国际气候变化机制的参与方面还是具备一定的示范作用。

此外，作为话语定位的另一方——美国公众，其位置是克林顿政府气候应对政策和措施的受益者，也是美国政府的保护对象。其位置的确立也意味着美国公众在享有特定权利的同时也要承担一定的责任或义务。在应对气候变化上，美国公众也需要做出相应的行动，正如克林顿总统在1993年的白宫气候变化会议上所讲：

> 为迎接全球变暖的挑战，正如我所说的，在削减赤字和改革医疗卫生等方面，坦率地说，我们必须承担更多的个人责任。我们将在今天的行动中得到环境上和经济上的益处，

> 这将使我们所有人都为这项计划做出努力。所以我对所有的美国人民说：如果你的实用工具帮助你在家中节约能源，利用它。如果你有一个企业，而环境保护署为你提供一个加入“绿色灯光”项目的机会，接受它。如果你经营一个工厂，能源部给你提供一个帮助你安装一套高效电机系统的计划，使用它。这样你可以节省金钱，你将帮助你的国家和你的同胞。①

当然，克林顿总统只是举例说明了美国公众如何参与气候变化应对。但其核心内容则是要求美国公众积极参与气候变化应对，对政府的气候变化政策予以支持，从各个方面尽力做到节能减排等。而从前文所叙的民意调查数据来看，美国公众对克林顿政府时期的气候变化政策有着相对较高的认可度与支持率。

本章小结

本章分析了克林顿政府在实现气候变化安全化过程中的话语操控。首先，克林顿政府通过话语突显使气候变化问题得到公众的关注，从而使气候变化问题能够进入其议事日程。而气候变化问题的较高突显度主要是通过在不同场合增加此话题的出现频率以及一些话语策划的使用而获得的。其次，在气候变化问题具有较高突显度的情况下，克林顿政府通过话语对气候变化的性质、严重性、责任者、受害者、解决方案等方面进行了框定，以此影响和塑造美国公众对气候变化的认知和态度。最后，克林顿政府通过话语定位确立了美国政府及美国公众的职责与行为。通过一系列的话语操控，克林顿政府把包括气候变化在内的环境问题归为存在性威胁并主要在安全化行为主体的行为

① William J. Clinton, “Remarks at the White House Conference on Climate Change,” October 19, 1993, https://www.presidency.ucsb.edu/node/218750，登录时间：2018年12月29日。

上予以体现，例如领导力、承担义务、预算、相关机构的设立等。[①] 可以看出，克林顿政府对气候变化问题的处理方式与往届美国政府相比，在很大程度上已经超出了正常政治的范围，也得到了美国公众相当程度的支持与认可，因此从安全化理论的角度来看实现了气候变化的安全化。从行为实践来看，美国国防和军事机构也把气候变化作为一个重大国家威胁予以处理，也得到了美国政府的大力支持，例如国防部副部长环境安全办公室得到的年度预算达到50亿美元，以此来开展相关环境安全项目。当然，从国家层面的温室气体减排上来看，克林顿政府虽然通过相关政策和措施取得了一定的成效，但是在国内政治和国际政治的博弈中，这种成效与克林顿政府的预期还是存在着较大的差距。

① 参见R. Floyd, *Security and the Environment: Securitization Theory and US Environmental Security Policy*, p.117。

第5章 小布什政府的气候变化问题去安全化

如前文所述，小布什政府对气候变化问题的应对较为消极，相对于克林顿政府对于气候变化问题进行安全化，小布什政府对气候变化问题则进行了去安全化，或者说是尽可能使气候变化具有较低的安全化程度。那么，小布什政府面对与克林顿政府基本类似的气候变化状况，如何通过话语操控实现了去安全化，或者说较低的安全化程度呢？本章通过对此问题的回答与分析，将对本书的理论假设从反面的角度予以验证。

第一节　小布什政府气候变化问题去安全化中的话语突显与抑制

相对于克林顿政府在气候变化问题安全化中采取了对气候变化问题进行话语突显的做法，小布什政府由于其不希望把气候变化问题安全化，因此尽可能在气候变化政策的建构中采用相反的做法，即不对气候变化问题进行话语突显或对气候变化的某些方面进行话语抑制。

一、降低气候话题的出现频次

降低某一话题的出现频次可以减少公众对此话题的关注，从而可以降低其突显程度。这一点在小布什政府对气候变化问题的处理上也得到了体现。在2001年1月20日小布什的总统就职演说中，他没有把环境列入重要政策领域，环境问题在其演说中根本没有被提及。在2002年的国情咨文演说中，小布什总统也几乎没有提到环境，只是声明在强化“可靠和便宜的能源”时要为“清洁的环境”提供支持。① 在2003年的国情咨文演说中，小布什总统在重点关注能源问题时提到了与能源问题相关的环境问题。他对国会和美国民众指出他的目标之一是获得“能源独立”，而同时要“显著地改善环境”。② 在2004年的国情咨文中，小布什也没有提到环境问题。在第一个任期所发表的重要演说中，小布什总统提到环境的比例比克林顿总统低25%，在专门针对环境问题而作的演说数量上，小布什总统比克林顿总统少15%。另外，相比于其他如财政、经济、国防、反恐等问题，小布什总统在广播讲话中谈及环境的内容只占5%。③ 在小布什总统的第二个任期中，其国情咨文报告中也几乎未提及环境或气候问题。从小布什总统所作的8次国情咨文演说来看，与“环境”相关的词共出现14次，“气候”一词共出现2次，“温室”一词出现1次。而“贸易”和与“军事”有关的词分别出现了21次和39次。所以，比较之下，“环境”和“气候”话题的突显度处于较低水平。另外，与克林顿总统所作的国情咨文演说相比，小布什总统的国情咨文演说中“环境”和“气候”等词语的出现频率明显要低于前者。

此外，由于小布什政府并不认同克林顿政府时期制定的第一次国

---

① George W. Bush, “Address Before a Joint Session of the Congress on the State of the Union,” January 29, 2002, https://www.presidency.ucsb.edu/node/211864，登录时间：2018年12月31日。

② Byron W. Daynes and Glen Sussman, *White House Politics and the Environment; Franklin D. Roosevelt to George W. Bush*, p.195.

③ Ibid.

家气候变化评估报告以及《美国气候行动报告》的观点，因此气候变化科学研究项目（CCSP）在其一系列文件中有意不引用上述文件，而环境保护署的网页也不提供上述文件的链接。[①] 小布什政府的环境保护署在其官方网站上遗漏了重要的科学出版物，而这个网站是与公众沟通的重要方式。从2002年到2006年，环境保护署未曾更新该机构的气候变化网站。尽管最后环境保护署在2006年10月发布了一个新的网站，但不幸的是，新的网站也未包含第一次国家气候变化评估报告以及《美国气候行动报告》。[②] 小布什政府的许多官方文件也尽可能避免提及“气候变化”“全球变暖”等词汇。例如在2002年9月发布的美国环境保护署年度空气污染趋势报告没有关于“全球变暖”的部分。[③] 在2003年6月美国环境保护署的一份环境状况报告草案遭到了白宫工作人员的“编辑”，被删掉了“无关痛痒”的语句“气候变化对人类健康和环境有着全球影响”。[④] 这类避免在政府相关报告或文件中提及气候变化或全球变暖问题的做法，其意图还是希望降低此类话题的突显度，避免其成为公众所关注的焦点问题。所以，小布什在许多场合下避免或很少谈及气候变化或环境保护的话题。例如，2002年小布什政府的《国家安全战略》（*National Security Strategy*）只是在论述“需要扩大自由市场和自由贸易”时提到了环境问题。该文件讲道，因为强劲的世界经济推动着“世界其他区域的繁荣与自由”，因此与美国的国家安全有着密不可分的关系。作为全面性的自由贸易战略的一个部分，“有必要对环境和工人进行保护”，并提道，“把温室气体排放强度控制在一定水平上，防止出现人为破坏全球气候的危险……”[⑤] 从这个文件可以看出小布什政府对于环境问题的轻视或有意地降低此类话题的突显

---

① 谢来辉：《气候怀疑论、民主与美国气候政策的阻滞》，载《马克思主义与现实》，2013年第6期，第135页。

② Aaron M. McCright and Riley E. Dunlap, “Anti-Reflexivity: The American Conservative Movement’s Success in Undermining Climate Science and Policy,” *Theory, Culture & Society*, Vol.27, No.2-3, 2010, p.116.

③ Andrew C. Revkin, “With White House Approval, EPA Pollution Report Omits Global Warming Section,” *New York Times*, September 15, 2002.

④ “White House Edited Greenhouse Report,” *CBS News*, June 19, 2003.

⑤ Jutta Brunnee, “The United States and the Environmental Law: Living with an Elephant,” p.644.

程度，从而达到降低公众对气候变化问题的关注度。

二、压制气候变化科学话语

小布什政府也通过政治压制科学的行为来淡化美国公众对于气候变化的关注。科学家有关气候变化的发现或观点被小布什政府所压制。自上任以来，小布什政府一直试图打压和破坏绝大多数气候学家所持的观点，即人类造成的二氧化碳和其他热俘获气体排放是一个产生全球变暖的明显因素。例如，在2002年5月，小布什总统表达了对国务院提交给联合国的报告[①]的不屑，这份报告指出人类在热俘获气体的积累中具有明确的责任，并且详细地阐述了气候变化可能造成的负面后果；[②]小布什总统称之为“一个由官僚机构所提出的报告”。[③]在 2003 年春，白宫环境质量委员会负责人之一菲利普·科尼（Philip Cooney）对环境保护署的环境状况报告草案进行了大量修改，他将环保署报告中引用的2001 年美国国家科学院有关气候变化科学知识的内容全部删除，而插入两位著名的气候怀疑论科学家的未经同行审阅的文献索引，最终环保署被迫将整个有关气候变化的章节全部删除，以保证报告整体的科学性。[④]在2005年，一位知情人透露白宫工作人员对美国政府“气候变化科学项目”的最终报告文本进行了编辑。2006年，美国航天局（NASA）的气候科学家詹姆斯·汉森（James Hansen）指控白宫限制他与媒体的联系并且对他的有关全球变暖的言论予以审查。[⑤] 2007年1月，美国众议院举行了一次听证会，美国“有责任心科学家联盟”作证说，五年来，有150位美国气候学家受到过政府的“私

① “US Climate Action Report, Department of State,” May 2002.

② K.Q. Seelye, “President Distances Himself from Global Warming Report,” *New York Times*, June 5, 2002.

③ “Climate Change Research Distorted and Suppressed,” https://www.ucsusa.org/resources/climate-change-research-distorted-and-suppressed，登录时间：2019年1月3日。

④ 参见谢来辉：《气候怀疑论、民主与美国气候政策的阻滞》，第135页。

⑤ David M. Shafie, *Presidential Administration and the Environment*, New York and London: Routledge, 2014, p.119.

人关照"，总计干预次数不少于 435 次，目的是保证科学家的结论不违背政府的现行政策。[①] 同样根据美国众议院的证词，白宫施加压力以减少美国科学家对于全球变暖的讨论。[②] 众议院的一个委员会在2007年12月发布了一份名为"布什政府时期政治对气候变化科学的干扰"的报告，该报告列举了科学研究、公共报告和科学家在联邦国会作证证词中被小布什政府编辑和审查过的章节和词句。该文件指控小布什政府"有计划地力求操纵气候变化科学和在全球变暖危险方面误导决策者和公众"。[③] 此外，小布什政府还曾经阻止国家海洋和大气管理局的有关论述全球变暖与飓风强度和频率之间关系的出版物的发行。[④] 小布什政府通过限制气候变化科学知识和观点的传播，试图让美国公众保持对气候变化科学性的质疑，以避免气候变化问题在公众中形成突显。

总之，小布什政府不愿意让包括气候变化在内的环境问题进入其政府议事日程，基本上采取了让此类问题边缘化的态度和做法。为了淡化美国民众的气候变化问题意识，小布什政府通过一些策略尽量降低气候变化问题的突显度，以此实现其政策预期。

三、话语策略的使用与气候变化突显度的降低

话语策略能够提高问题的突显度，而另一方面，问题突显度的降低也可以借助于话语策略的运用。这种情况可能更多使用于对其他问题的突显上以实现对相关问题的关注度转移。小布什政府在降低气候变化问题的突显度中，也通过强调其他问题而实现这一目的，而在此过程中也会涉及一些话语策略的使用。例如，在2001年6月针对美国退出《京都议定书》的讲话中，小布什进行了一些辩解，表示美国继

① 任海军:《布什政府气候政策遭多方质疑》，载《经济参考报》，2007年11月5日，第3版。

② http://www.commondreams.org/headlines07/0130-10.htm，登录时间：2019年1月5日。

③ Fred Powledge, "Environmental Science After Bush," *BioScience*, Vol.59, No.3, 2009, p.201.

④ R. E. Schmid, "Agency Blocked Hurricane Report," *Environmental News Network*, September 27th, 2006, http://www.enn.com/today.html?id=11336，登录时间：2019年1月6日。

续承担气候变化问题上的领导责任。“美国不愿意接受一个有缺陷的条约的举动不应该被我们的朋友和盟友解读为推卸责任。相反，我的政府致力于在气候变化问题上发挥领导作用。我们承认我们的责任，我们将履行我们的职责——在本土，在我们的半球，在全世界（at home, in our hemisphere, and in the world）。”此讲话中三个表示递进关系的介词短语的排比使用，意在突出表现小布什政府对承担气候变化责任的坚定决心，进而转移和缓解国内外对其退出《京都议定书》的质疑。

小布什总统在2008年4月的一次针对气候变化问题的讲话中，使用了连续的几个排比句“错误的方法是……正确的方法是……”（The wrong way is to…. The right way is to…）来批评《京都议定书》并推出美国的应对策略。这种排比句式强调了《京都议定书》的缺陷，而同时却体现了小布什所提出的替代性方案的优越性。在同一个场合，小布什这样讲道，“我们相信我们需要保护我们的环境。我们相信我们需要加强我们的能源安全。我们相信我们需要发展我们的经济。我们相信实现这些目标的唯一途径就是通过不断的技术进步”。[①] 同样，小布什总统用了四个排比句把公众对于气候变化的关注转移到了能源安全、经济和技术进步方面，从而降低了气候变化问题的突显程度。

此外，小布什总统在谈论气候变化问题时，也使用了一些低情态词来表明气候变化问题的不确定性，进而降低气候变化问题的突显程度。例如，小布什总统在2001年6月发表有关气候变化的讲话中谈道：Yet, the Academy's report tells us that we do not know how much effect natural fluctuations in climate *may* have had on warming（然而，科学院的报告告诉我们，我们不知道气候的自然波动对气候变暖可能有多大影响）。[②] 通过使用低情态助动词may，小布什弱化了气候变暖的事实，使此问题保持低突显度，从而降低了公众对于气候变化问题的关注度。

① "President Bush Discusses Climate Change," http://georgewbush-whitehouse.archives.gov/news/releases/2008/04/20080416-6.html，登录时间：2019年1月11日。

② Bush, George W., "Remarks on Global Climate Change," June 11, 2001, https://www.presidency.ucsb.edu/node/216917，登录时间：2019年1月16日。

第二节　小布什政府气候变化问题去安全化中的话语框定

如何框定问题影响着人们对于政策的理解，也影响着政策的结果。在压制气候变化话语的同时，小布什政府对气候变化问题的框定也与克林顿政府有着很大的不同。

一、小布什政府对气候变化问题框定的过程

小布什政府在对气候变化问题进行的框定中，通过诊断型框定、预期型框定和激励型框定的过程实现了对气候变化问题严重性的弱化、对气候变化问题产生原因界定、问题解决对策的提出以及争取民众支持等目的。

（一）气候变化问题的诊断型框定

小布什政府也从气候变化问题性质和严重性、气候变化问题产生原因、气候变化问题责任者等方面对气候变化问题进行了框定，但其框定结果则完全不同于克林顿政府的框定。

1. 对气候变化问题性质和严重性的框定

小布什政府对于气候变化问题的性质和严重性的框定与克林顿政府有着一定的差异，而这种差异也导致小布什政府在对于气候变化其他问题的框定上产生差异。小布什政府在气候变化话语中虽然也给予气候变化一定的重要性，但语气和强调程度与克林顿政府还存在着一些差距，特别是小布什任职前期表现得尤为明显。例如，小布什总统在2001年3月13日给美国几位参议员的信中指出，"《京都议定书》是解决全球气候变化问题（global climate change concerns）的不公平和

没有实效的手段”。[①] 小布什总统在2001年6月11日讲道，“我刚刚会见了我的行政部门的高级成员，他们正在努力制定一个有效和科学的方法来解决全球气候变化的重要问题（important issue）。我知道这是一个对欧洲国家非常重要的问题。地球的福祉对美国也是一个重要的问题。这是一个应该对我们世界上每一个地区的每一个国家来说都重要的问题”。[②] 小布什总统的讲话虽然也用了“重要的”这样的词语，但其语气明显要弱于克林顿总统时期的一些表达，而“concerns”（关注）与“issue”（问题）这些词显然也要比克林顿政府频繁使用的“challenge”（挑战）、“threat”（威胁）等词语所表达的语气要轻许多。而在2007年的国情咨文演说中，小布什对气候变化问题的措辞与以前相比有所不同。他讲道，“……这些技术将帮助我们成为更加优秀的环境管理者，它们也能帮助我们更好地应对全球气候变化的严重挑战（serious challenge）”。[③] 在2007年9月的能源安全和气候变化会议上，小布什总统指出，“能源安全和气候变化是我们这个时代面临的重大挑战（great challenges）之一”。[④] 在这两个场合，小布什使用了“严重挑战”和“重大挑战”这样的词汇，这在一定程度上也显示了小布什总统在任职后期对气候变化的重视程度有所提高。但总的来看，小布什政府对于气候变化的性质基本框定在环境问题的范围内，在其对气候变化的性质框定中基本未出现“安全”（security）这样的词语。

2. 对气候变化问题产生原因的框定

首先，对气候变化问题的产生来源，小布什政府在很长的时间里不认同气候变化是由人类活动所造成的观点。小布什在解释美国为什么决定退出《京都议定书》时，他所强调的理由之一就是气候变化存

① George W. Bush, “Letter to Members of the Senate on the Kyoto Protocol on Climate Change,” March 13, 2001, https://www.presidency.ucsb.edu/node/214449，登录时间：2019年1月19日。

② “President Bush Discusses Global Climate Change,” http://georgewbush-whitehouse.archives.gov/news/releases/2001/06/20010611-2.html，登录时间：2019年1月20日。

③ George W. Bush, “Address Before a Joint Session of the Congress on the State of the Union,” January 23, 2007, https://www.presidency.ucsb.edu/node/269307，登录时间：2019年1月28日。

④ George W. Bush, “Remarks During a Meeting on Energy Security and Climate Change,” September 28, 2007, https://www.presidency.ucsb.edu/node/276740，登录时间：2019年1月30日。

在着不确定性（uncertainty）。小布什总统本人曾经声称，"对于全球变暖的成因和解决办法，相关的知识还处于不完善的状态"。① 在2001年6月11日的谈话中，小布什也强调了气候变化科学的不确定性，仍然不能确定"全球变暖到底有多大部分是由人类造成的"，而且不断地重复提到科学家们所"不知道的"（do not know）。他讲道："国家科学院的报告告诉我们，我们不知道气候的自然波动在多大程度上影响了全球变暖，我们不知道我们的气候在多大程度上能够或者将会在未来发生改变，我们不知道变化将多快发生，甚至也不知道我们其中的一些行动如何产生影响……最后谁也无法肯定地说出到底什么程度是变暖的危险水平，因此也不知道该避免什么样的变暖水平。"② 在2001年3月13日给四位共和党参议员的信中，小布什总统做出声明，他不认为"政府应该对发电厂施加强制性的二氧化碳减排限制，二氧化碳不是《空气清洁法》所列的污染物"。③ 在2002年，小布什总统指出，"考虑到科学的不确定因素，我们必须采取一种严肃和负责任的方式来行事"。④

对于气候变化科学的不确定性的确依然存在。例如，关于什么样的温室气体浓度是危险的，气候变化有多少是人类而不是自然过程的结果，地球气候系统将对更高水平的温室气体做出怎样的反应，等等，这些问题都具有不确定性。然而，已有足够的科学知识可以证明人类活动导致了全球变暖问题，这一点小布什政府也在后来予以承认。⑤ 对于小布什对气候变化"不确定性"的立场，许多政策制定者和科学

---

① *New York Times*, March 17, 2001.

② "Bush Administration Position: Remarks by the President on Global Warming," *Congressional Digest*, January 8, 2004.

③ U.S. Department of State, International Information Programs, "Bush Will Not Require Power Plants to Reduce Carbon Emissions,"; "Letter to Senators Reiterates Oppositions to Kyoto Protocal," http://usinfo.state.gov/gi/Archive，登录时间：2019年2月3日。

④ George W. Bush, "Remarks Announcing the Clear Skies and Global Climate Change Initiatives in Silver Spring, Maryland," February 14, 2002, https://www.presidency.ucsb.edu/node/216061，登录时间：2019年2月4日。

⑤ 参见Paul J. Saunders and Vaughan C. Turekian, "Warming to Climate Change," *The National Interest*, No.84, 2006, pp.78-84。

家认为这是小布什对气候变化问题不作为的借口。[①] 但无论如何，小布什政府在对气候变化的框定中，其中一个主框架就是“不确定性”，基于这个框架，小布什政府影响着美国公众对气候变化问题的看法，淡化了公众对此问题的关心，使气候变化成为一个游离于重要议事日程之外的问题。一些反对气候变化危机论的美国参议员也发表了一些类似的言论，“当我们的后代在书写我们这个时代的历史时，他们将因为我们对于全球气候变暖的担忧和在类似《京都议定书》这样毫无意义的解决方案上花费大量的时间和精力而感到困惑”；“大量关于地球变暖的争论是源于恐惧，而不是科学”；“有关地球灾难性变暖的威胁是对美国人民曾经有过的最大的骗局”。[②] 这些国会议员质疑气候变化问题科学性的言论，也对框定气候变化问题的“不确定性”起到了一定的作用。

此外，对气候变化问题“不确定性”的框定中，也使用了一些表示模糊含义的限制语，以增加其不确定性。例如，根据环境保护署的内部备忘录，美国白宫官员要求气候变化相关报告中使用许多修饰性词语，如“潜在地”（potentially）和“可能”（may），其结果是加入了“不确定性……根本没有”这样的信息。[③] 再例如时任白宫环境质量委员会主管库尼对2002年10月的政府气候研究总结稿“我们变化的地球”进行编辑时，在其中的一句话中插入“极其”（extremely）一词，变为“对气候变化或变异生物和生态变化的原因归因是（极其）困难的”。[④] 虽然只是加入了一个单词，但是效果有很大的不同。这样的表述大大地增加了导致气候变化产生原因的不确定性以及探明原因的艰巨性，一方面可以影响到听众对气候变化的认知，另一方面也在一定程度上

---

① Richard A. Kerr, “Major Challenges for Bush’s Climate Initiative,” *Science*, Vol.293, No.5528, 2001, p.199.

② 转引自董勤：《安全利益对美国气候变化外交政策的影响分析——以对美国拒绝〈京都议定书〉的原因分析为视角》，载《国外理论动态》，2009年第10期，第28页。参见“Senate Floor Statement by U.S. Sen. James M. Inhofe,” January 4, 2005, http://inhofe.senate.gov/presslease/climatupdate.htm，登录时间：2019年2月6日。

③ “EPA Internal Memo,” April 29, 2003.

④ “Climate Change Research Distorted and Suppressed,” https://www.ucsusa.org/resources/climate-change-research-distorted-and-suppressed，登录时间：2019年2月9日。

为小布什政府对气候变化问题应对上的渐进性（gradualism）政策提供依据甚至合法性。

在2005年7月举行的G8峰会上，小布什总统承认人类活动“在一定程度上”造成了全球变暖。他讲道，“我承认地球表面是变得越来越暖，人类造成的温室气体的增加导致了问题的产生”。[①] 但是，在2006年，小布什尽管表达了对全球变暖的关切，但也同时声称，“它是否由人为造成还是自然产生依然存在争论”。[②] 尽管如此，出于建构其气候变化政策的目的，小布什政府对气候变化进行框定时总会放大气候变化的不确定性，而有意掩盖已有的比较确定的气候变化科学与知识。

3. 对气候变化问题责任者的框定

而对于美国在造成全球变暖的责任问题，小布什政府试图重新框定对此问题的普遍看法。美国占全球20%的二氧化碳排放量这个事实在相关争论中经常被提及，也经常被其他国家用来作为批评美国的最有力理由。而小布什政府则把这一数据置于另外不同的视角。2001年6月21日，小布什发表演说时提到，“我们国家——美国，是世界上最大的人为温室气体排放国。我们占世界人为温室气体排放量的近20%。我们也占世界经济产量的四分之一”。[③] 小布什的这种说法一方面通过排放量占比与生产量占比之间的差额来说明美国现有排放具有一定的合理性。而另一方面，这种重新解读意在向世界其他国家发出这样的信号：代价高昂的排放控制措施的实施——特别是那些可能抑制美国生产能力的措施——将会对国际贸易和全球经济产生蔓延性的不良影响。[④] 因此，这样的框定显然是在推脱美国在全球气候变化上的责任以及减排义务。

---

① A. C. Revkin, “Agency Affirms Human Influence on Climate,” *New York Times*, January 10, 2007, http://www.nytimes.com/2007/01/10/science/10climate，登录时间：2019年2月11日。

② http://georgewbush-whitehouse.archives.gov/news/releases/2006/06/20060626-2.html，登录时间：2019年2月12日。

③ George W. Bush, “Global Climate Change: Making Commitments We Can Keep and Keeping Commitments We Can Make,” *Vital Speeches of the Day*, Vol.67, No.18, July 1, 2001, p.546.

④ Maurie J. Cohen and Anne Egelston, “The Bush Administration and Climate Change: Prospects for an Effective Policy Response,” *Journal of Environmental Policy & Planning*, Vol.5, No.4, 2003, p.319.

小布什政府一方面竭力推脱美国自身在温室气体排放上的责任，另一方面也要框定其他责任者，尤其是一些发展中国家。在2001年6月21日的演说中，小布什总统还讲道，“我们认识到了我们的减排责任。我们也认识到了故事的其他部分——世界的其他地区排放了80%的温室气体。而在那些排放中，许多来自发展中国家。……世界的第二大排放国是中国。但是，中国被完全排除在《京都议定书》的要求之外。印度和德国也是排放大国。但是，印度也被排除于《京都议定书》之外”。[①] 在2002年2月14日发布《晴空与全球气候变化行动》时，小布什讲道，“中国和印度等发展中国家已经占世界温室气体排放量的大多数，因此免除它们承担一些共同的义务将是不负责任的行为”。[②]而在此后的许多场合中，小布什及其他美国政府官员也总是谈到发展中国家的排放责任和减排义务，其意图就是把发展中国家框定为责任者，以此作为美国退出《京都议定书》以及逃避强制减排义务的借口。

（二）气候变化问题的预期型框定

对于气候变化问题的解决方案，小布什政府也进行了相关的话语框定。小布什政府在应对气候变化问题对强调科学技术的作用，所以在预期性框定中频繁使用“科学”或“技术”的框架。

1. 对其他方案的否定性框定

在框定其应对气候变化的策略时，小布什政府对包括《京都议定书》在内的其他一些方案或策略进行了否定性框定。首先在2001年3月28日，小布什总统宣布退出《京都议定书》。他说，“我们不打算接受有损我们的经济，并给美国劳动者带来伤害的计划”。[③] 在此后2001年6月11日的讲话中，对作为全球气候变化合作机制的《京都议定书》，小布什予以全面否定，他认为《京都议定书》“在关键方面具有

---

① George W. Bush, “Global Climate Change: Making Commitments We Can Keep and Keeping Commitments We Can Make,” p.546.

② George W. Bush, “Remarks Announcing the Clear Skies and Global Climate Change Initiatives in Silver Spring, Maryland,” February 14, 2002, https://www.presidency.ucsb.edu/node/216061，登录时间：2019年2月15日。

③ 《日本朝日新闻》，2001年3月30日。

致命的缺陷"(fatally flawed in fundamental ways)。小布什阐述道,"《京都议定书》在许多方面是不切实际的。许多国家无法完成他们的目标。这些目标是随意性的而不是基于科学的。对于美国来说,遵守这些规定就会对美国经济造成消极影响,将会使工人失业,对消费者来说物价将会上涨。当你评估了所有的这些缺陷,有理智的人就会明白这不是一项合理的公共政策"。① 此外,小布什认为"《京都议定书》也没有解决两种对气候变暖产生影响的主要污染物黑烟尘和对流层臭氧的问题,这两者都被证明对健康产生危害"。② 2001年3月13日小布什写给几位参议员的信讲道,"我反对《京都议定书》,因为它把世界80%的人口,包括人口大国,如中国和印度,排除在减排义务之外,这将给美国经济带来严重的危害";"……《京都议定书》是不公正的,也不是一个能有效地解决全球气候变化问题的手段"。③ 而同样,美国副国务卿罗伯特·佐利克(Robert Zoellick)谈道,"我们在应对能源、环境和气候变化这些共同的挑战上将会(比《京都议定书》)更加有效,如果我们以考虑相互利益和动机的方式来这样做。……一方不能命令其他方去做什么事情。你可以去尝试,但它将是没有效果的"。④ 在白宫2001年6月的新闻发布会上,小布什政府也对《京都议定书》进行了批评,"《京都议定书》对解决气候变化是无效的,因为它排除了发展中国家……《京都议定书》的目标不是基于科学的。其目标和时间表的制定太过武断,完全是政治谈判的结果,它们不包含任何具体的信息和长期的目标……这将要求美国公司提前撤出大量资本存量,强加给美国经济大量和不必要的费用……"⑤ 对《京都议定书》的否定性框定,将有利于小布什政府框定其自身所提出的替代性方案。

而对于把改变美国人过度消耗能源的方式作为减少排放的策略之

① The White House, "President Bush Discusses Global Climate Change," June 11, 2001, http://www.whitehouse.gov/news/releases/2001/06/20010611-2.html,登录时间:2019年2月20日。

② Ibid.

③ 周放:《布什为何放弃实施京都议定书》,载《全球科技经济瞭望》,2001年第10期,第20页。

④ "U.S. Department of State Press Conference at Vientiane, Laos," July 28, 2005, http://www.whitehouse.gov.req//foia/asia_pacific_partnership/appad.pdf,登录时间:2019年2月21日。

⑤ The White House, "Climate Change Report," June 2001.

一，小布什政府也予以否定。“这是一个大大的‘不’（a big ‘no’）”，白宫发言人阿里・弗莱舍（Ari Fleischer）在2001年新闻发布会上回应关于小布什总统是否会要求美国人不要消费过多能源的问题时做出这样的表示。他继续说，“总统认为这是美国人的生活方式，保护美国人的生活方式应该是政策制定者的目标。美国人的生活方式是一种幸福的生活方式。总统认为美国人对能源的大量使用反映了我国的经济实力，也体现了美国人民都喜欢的一种生活方式”。[①] 而事实上，居民生活方式的改变在一定程度上也可以达到减少排放的效果，如采取绿色出行、使用节能家用设备等。小布什政府宣称保护美国人的生活方式，实际上还是为其气候变化政策辩护，即在国际层面不接受《京都议定书》规定的强制减排目标，在国内层面实行“自愿”的、“非强制性”的排放政策。

2. 对气候变化应对方案的框定

小布什政府一直宣称气候变化问题的改善需要建立在科学和技术的基础上，这种态度用以表明一项可被批准的政策方案必须优先考虑工业创新，而不是强制性监管或生活方式的改变等。[②]

2001年小布什政府指派总统国家安全顾问康多莉扎・赖斯（Condoleeza Rice）对国家科学院（NAS）的气候变化科学报告和欧洲对于美国退出《京都议定书》的严厉批评进行公开回应。在总结小布什政府对《京都议定书》的反对理由时，赖斯说：“必须要确定把发展中国家从某种程度上也考虑进来，科技和科学确实应该是这个答案的重要部分，我们不能做损害美国经济或其他经济体的事情，因为增长也是很重要的。”赖斯的这个表态也在一定程度上框定了小布什政府的气候应对策略。换句话说，任何可行的限制温室气体排放的政策方案必须是：把发达国家和发展中国家都包括进去；以科学技术为基础；

① “White House Daily Briefing, May 7, 2001,” http://www.usembassy-israel.org.il/publish/peace/archives/2001/may/0507c.html，登录时间：2019年2月23日。

② Maurie J. Cohen and Anne Egelston, “The Bush Administration and Climate Change: Prospects for an Effective Policy Response,” *Journal of Environmental Policy & Planning,* Vol.5, No.4, 2003, pp.321-322.

对经济是良性的。[①]

小布什政府对气候变化问题的解决完全寄希望于科学和技术的发展，至少在话语上表现了这一点。例如，2001年小布什在美国能源部演讲时说：“我们国家其中一个最伟大之处就是如果我们提供恰当的激励和良好的合作，我们的企业家就会有无限的开发能力。我们带给市场的技术也是无限的。”[②] 在2001年6月小布什讲道，“美国是技术和创新方面的领导者。我们都相信技术为大幅度减少排放提供了巨大的潜力，特别是碳捕获、储存和封存技术”。[③] 在2002年，美国气候问题首席谈判代表哈兰·沃森（Harlan Watson）也对政府的观点做了解释，“我们认为有更好的方法（相比于《京都议定书》），我们不需要跳下悬崖。气候变化是一个长期的问题。它需要在科学技术上有重大的进步”。[④] 而小布什总统在所有的国情咨文演说中仅有在任职后期的2007年和2008年提到了气候变化，但与此同时都提及了依靠技术的解决办法。在2007年的国情咨文演说中小布什讲道，“美国正处在取得技术突破的边缘。这些技术将帮助我们成为更加优秀的环境管理者，将帮助我们应对全球气候变化带来的严重挑战”。[⑤] 小布什在2008年的国情咨文演说中也指出，“美国将致力于加强我们的能源安全和应对全球气候变化。达到这些目标的最佳途径就是使美国继续在更清洁和更高效节能技术的发展上起引领作用”。[⑥]

2006年4月21日，美国环境质量委员会主席詹姆斯·康诺顿

---

① Maurie J. Cohen and Anne Egelston, “The Bush Administration and Climate Change: Prospects for an Effective Policy Response,” p.317.

② The White House, “Remarks by the President to Depart of Energy Employees,” June 28, 2001, http://www.whitehouse.gov/news/release/2001/06/20010628-4.html，登录时间：2019年2月25日。

③ George W. Bush, “Remarks on Global Climate Change,” June 11, 2001, https://www.presidency.ucsb.edu/node/216917，登录时间：2019年2月28日。

④ U.S. Department of State, “Harlan Watson, Robert K. Dixon, U.S. Climate Change and Energy Policies, On-the-Record Press Briefing, Eighth Session of the Conference of the Parties (COP 8),” October 24, 2002, http://www.state.gov/g/oes/rls/rm/2002/14760.htm，登录时间：2019年3月2日。

⑤ The White House, “State of the Union Address 2007,” http://www.whitehouse.gov/news/release2007/0123-2.html，登录时间：2019年3月5日。

⑥ George W. Bush, “Address Before a Joint Session of the Congress on the State of the Union,” January 28, 2008, https://www.presidency.ucsb.edu/node/277182，登录时间：2019年3月9日。

（James Connaughton）回答了来自“白宫在线论坛”有关小布什政府的气候变化政策问题，在谈及“温室气体强度”政策时他讲道，“温室气体排放的确在增加。我们正在努力做的是显著地降低排放量的增长，等科学发展了，就可以停止然后扭转这种情况”。[①] 可以看出，这些讲话都把气候变化的解决方法框定在了依靠科学技术的途径上。这样的框定也为小布什政府所采取的应对行为提供了依据，也就是主要把对气候变化方面的科学技术研究与开发作为关注重点，在这个方面投入相对较多的人力和资金，而在实际的减排方面则做得并不是太多。

此外，小布什政府一直强调应对气候变化以不损害美国经济为前提，或者说强调经济的发展对于应对气候变化具有促进作用。小布什政府把对气候变化问题的解决还框定为“依靠经济”的路径，把经济增长看作是美国气候变化政策的关键要素。因此小布什政府的气候变化话语不断强调可持续发展的经济所具有的重要性，而拒绝讨论任何可能有损经济增长的措施或提议。小布什在2002年讲道，“我认为经济增长是解决之道，而不是问题”；“要清洁空气和解决气候变化，我们需要认识到经济增长和环境保护息息相关。经济繁荣能让我们把更多的资源投入环境保护。在未来的几十年里，世界需要开发和利用耗资数十亿美元的清洁能源技术。我们需要强大的经济增长使这一切成为可能”。[②] 在2003年2月12日小布什总统讲道，“我们应对气候变化的方案是基于这样一种理解，即迎接这个长期的挑战需要在制定政策时认识到持续的经济增长是解决方案的重要组成部分”。[③] 美国气候变化谈判代表葆拉·多布里扬斯基（Paul Dobriansky）在2004年第10次缔约方谈判的主旨演讲中指出：“美国相信解决气候变化的最好途径是

① Barton Reppert, “Global Warming: Congress Still Stalled, States and Cities Act,” *BioScience*, Vol.56, No.10, 2006, p.800.

② George W. Bush, “Remarks Announcing the Clear Skies and Global Climate Change Initiatives in Silver Spring, Maryland,” February 14, 2002, https://www.presidency.ucsb.edu/node/216061，登录时间：2019年3月10日。

③ George W. Bush, “Statement on Initiatives to Reduce Greenhouse Gas Emissions,” February 12, 2003, https://www.presidency.ucsb.edu/node/212592，登录时间：2019年3月10日。

通过经济增长，与此同时为后代保护好环境。”[①] 在2002年第8次缔约方谈判中他也曾讲道，“要取得效果，气候变化政策必须要与经济增长达到一致，而不是损害经济”。[②] 另一位气候谈判代表沃森在2002年缔约方第8次谈判中被问到美国是否会批准《京都议定书》时，他强调对经济增长的影响因素是一个决定性标准。[③]“任何法律文件，如果只谈论排放水平的硬性指标而意识不到经济增长的需要……我认为我会说这对于美国来讲是非常难以接受的。”[④] 从小布什政府的观点来看，经济增长不仅仅与气候政策目标是相互并存关系，而更是进行有效环境保护的前提。而在一定程度上讲，小布什政府的话语把对环境保护的必要性转向了对经济保护的必要性。[⑤] 通过把气候变化的解决方法框定为“依靠经济增长”，小布什政府一方面可以忽视或摆脱国际气候变化机制的强制性约束，另一方面在国内则可以采取不影响其经济发展的非强制性温室气体排放政策，即主要是“温室气体排放强度”政策。

（三）气候变化问题的激励型框定

在框定了其气候变化政策之后，小布什政府就需要激发美国公众的支持，激励公众的信心。同样，小布什政府的激励型框定也使用了一些表达信心的话语来激励美国公众。例如在2001年小布什上任伊始给几位参议员的信中写道：“我非常乐观地认为，只要予以恰当的关注，并与我们的朋友和盟友进行合作，我们将能够开发技术，建立市

① U.S. Department of State, “Paula J. Dobriansky, The Convention After 10 Years: Accomplishments and Future Challenges, Tenth Session of the Conference of the Parties (COP10),” December 15, 2004, http://www.state.gov/g/rls/rm/2004/39805.htm，登录时间：2019年3月13日。

② Ibid.

③ 参见Peter Schniering, *U.S. Climate Policy and Technology*, p.81。

④ U.S. Department of State, “Harlan L. Watson and Robert K. Dixon, U.S. Climate Change and Energy Policies, On-the-Record Press Briefing, Eighth Session of the Conference of the Parties (COP 8),” October 24, 2002, http://www.state.gov/g/oes/rls/rm/2002/14760.htm，登录时间：2019年3月16日。

⑤ 参见Peter Schniering, *U.S. Climate Policy and Technology*, p.81。

场激励机制，制定其他创造性的方式来解决全球气候变化。”① 在2002年，小布什总统在宣布《晴空与全球气候变化行动》时强调了美国在环境保护方面的坚定信心，“美国人是历史上最具有创造力的民族之一……我们能够挖掘经济增长的力量而为子孙后代进一步保护我们的环境”。② 在2008年，小布什总统发表讲话：“我今天所制定的战略体现了对美国人民的创造力和进取心的信心——这是一种永远不会耗尽的资源。有了来自华盛顿的明智和均衡的政策，我满怀信心地认为美国创新者和企业家将开发出新一代技术使我们的环境得到改善，使我们的经济得以增强，并继续让世界为我们而感到惊讶。”③ 在这个讲话中，小布什试图通过表达对于美国人民的创造力和进取心的信心而获得公众对于其提出的依赖技术为核心的减排方案的认可与支持。

一项政策的公众认可度在很大程度上取决于其对公众利益的保障，因此小布什政府的激励型框定体现在一些承诺性话语上。例如在2001年7月13日的讲话中，小布什总统就陈述了其气候变化政策的种种益处，他指出：“……我的政府的气候变化政策是基于科学的，将鼓励科学研究的突破，促进技术创新，并充分利用市场的力量……它将有助于确保为我们的公民和世界各地的公民带来经济的持续增长和繁荣。”④ 小布什总统在2002年发布《晴空与全球气候变化行动》时讲道，“通过所有这些行动，通过给予公司减少排放的激励，通过使我们的能源供应多元化以包括清洁燃料，通过增加节约，通过增加研究和开发，增加节能和使用清洁能源的激励，通过增加碳存储，我满怀信心地认

① George W. Bush, “Letter to Members of the Senate on the Kyoto Protocol on Climate Change,” March 13, 2001, https://www.presidency.ucsb.edu/node/214449，登录时间：2019年3月16日。

② George W. Bush, “Remarks Announcing the Clear Skies and Global Climate Change Initiatives in Silver Spring, Maryland,” February 14, 2002, https://www.presidency.ucsb.edu/node/216061，登录时间：2019年3月17日。

③ The White House, “President Bush Discusses Climate Change,” April 16, 2008, http://www.whitehouse.gov/news/releases/2008/04/20080416-6.html，登录时间：2019年3月19日。

④ George W. Bush, “Statement on Climate Change Review Initiatives,” July 13, 2001, https://www.presidency.ucsb.edu/node/217528，登录时间：2019年3月20日。

为美国将能达到我所设定的目标”。[①] 小布什这样的表态无疑是为了获得更多的民众对其退出《京都议定书》后推出新的替代方案的支持。在2008年发表的讲话中，小布什指出其政策具有的减排效果，“如果我们全面实施新的强有力的法律，坚持我所概述的原则，并采取适当的激励措施，在温室气体减排上我们将使美国走上一个雄心勃勃的新轨道。在未来10年内，排放量的增长将放缓，在2025年将停止增长，只要技术继续推进，增长状况将开始扭转。我们新的2025年目标标志着美国在努力解决气候变化上迈出了重要一步”。[②]

二、气候变化问题的框定中话语策略的使用

小布什政府在对气候变化问题的框定中，一些话语策略的使用也起到了一定的效果。

小布什在2002年推出他的《晴空与全球气候变化行动》时，特别强调了美国人民在技术上的创造能力。他讲道：“美国人是历史上最具有创造力的民族之一。我们使用无线电波对最遥远的太空进行了探测。我们破解了生命的遗传密码。即使我们已经建立了世界上最强大的经济，我们仍然使我们的空气保持清洁。当我看到美国人民所做的一切，我知道我们还能做些什么。我们能够挖掘经济增长的力量而为子孙后代进一步保护我们的环境。”[③] 在此讲话中，小布什意在把技术框定为其气候变化解决的根本之道，所以就通过历史性类比强化这种方案的可行性：美国人民的强大创造能力已经解决了众多难题，那么依靠这种能力，气候变化问题也会得到解决。这种历史性类比的使用

① George W. Bush, “Remarks Announcing the Clear Skies and Global Climate Change Initiatives in Silver Spring, Maryland,” February 14, 2002, https://www.presidency.ucsb.edu/node/216061，登录时间：2019年3月22日。

② George W. Bush, “Remarks on Energy and Climate Change,” April 16, 2008, https://www.presidency.ucsb.edu/node/206635，登录时间：2019年3月22日。

③ George W. Bush, “Remarks Announcing the Clear Skies and Global Climate Change Initiatives in Silver Spring, Maryland,” February 14, 2002, https://www.presidency.ucsb.edu/node/216061，登录时间：2019年3月22日。

增加了小布什政府把气候变化解决框定为“依靠科学技术”的合理性和可行性。

2005年6月，美国众议员杰伊·伊斯利（Jay Inslee）提出了新阿波罗能源计划方案（*New Apollo Energy Project Act*），旨在建立一个排放总量控制和排放交易的制度。尽管这个提案最终没有成为法律，但这表明了在美国气候变化政策中一个新的框架的出现。[①] 这个框架通过历史类比把美国的气候政策应对方案框定在了依靠“科学技术”的路径上。20世纪60年代，正是“阿波罗登月计划”使美国宇航员在1969年登上了月球，使美国实现了科学技术的突破与领先。这个与气候变化有关的计划与历史上的阿波罗计划（Apollo Project）相联系，可以引发美国公众的历史记忆，建构公众对于气候变化问题解决方案的认知，即依靠美国强大的科技研发能力。同时，这个历史类比也可以激发和鼓舞公众对于解决气候变化问题的信心。因此，这在一定程度上也是一种激励型框定。而2005年美国环境质量委员会主席康诺顿在回应“温室气体问题解决”时也使用了类比话语策略。他提道，要解决此问题有赖于科学的发展，也需要时间。“传统污染如上一世纪的一氧化碳和二氧化硫也是如此情况。我们认为温室气体排放也会有相同的结果。”[②] 他试图通过类比让人们相信温室气体排放也能像过去的一氧化碳和二氧化硫问题一样得到解决，以此来激发人们的信心和耐心。

在对退出《京都议定书》进行辩解也为其应对气候变化策略进行框定时，小布什讲道，“保护美国人的生活方式应该是政策制定者的目标”，这种说法与其父亲老布什总统在1992年里约热内卢地球峰会上的说法构成了互文性关系。当时，老布什总统讲道，“美国人的生活方式不容有讨价还价的余地”。[③] 这种互文关系的形成无论是有意的还是一种巧合，无疑对框定小布什的气候应对策略起到了一定的作用。

---

① Amy Lynn Fletcher, “Clearing the Air: The Contribution of Frame Analysis to Understanding Climate Policy in the United States,” *Environmental Politics*, Vol.18, No.5, 2009, p.809.

② Barton Reppert, “Global Warming: Congress Still Stalled, States and Cities Act,” *BioScience*, Vol.56, No.10, 2006, p.800.

③ 参见Steve Lerner, *Eco-Pioneers: Practical Visionaries Solving Today's Environmental Problems*, Cambridge: MIT Press, 1998, p.12。

此外，如上文所提到的美国气候问题首席谈判代表沃森在解释美国退出《京都议定书》时讲道的，“我们认为有更好的方法（比《京都议定书》），我们不需要跳下悬崖”。他把接受《京都议定书》比喻为“跳下悬崖”。通过这个隐喻，他把接受《京都议定书》框定为“使美国经济背负致命的负担，造成对美国的致命性影响”。这个隐喻的使用，强化了小布什政府对于《京都议定书》的否定性框定，无疑会增加美国公众对《京都议定书》的负面印象，也会使小布什政府退出《京都议定书》的行为得到一部分美国公众的支持，在一定程度上可以缓解小布什政府因此行为而受到的国内压力。而在2005年12月的缔约方第11次谈判中，美国代表团团长多布里扬斯基强调技术在气候变化应对中的主导作用。他讲道，“八国峰会的成果证明国际范围内对于既有利于民众又有利于环境的行动的支持。技术是通用货币（common currency）。建立能够支持多种方式的伙伴关系是最好的出路”。[①] 通过把“技术”比喻为“通用货币”，多布里扬斯基直接把技术的使用与经济前景联系起来。基于美国人所熟知的谚语“金钱使世界运转起来”（Money makes the world go round），这个隐喻的使用意在使人们意识到在气候变化的语境中，技术也具有如此强大的作用和效果。[②] 在其他气候变化相关的场合下，隐喻也得到较为频繁的使用。例如，美国首席谈判代表沃森在缔约方第11次谈判时讲道，“技术是可以把那些经济和环境目标结合起来的黏合剂（glue）”。[③] 把“技术”比作“黏合剂”赋予了技术一种统一（unifying）和连接（connecting）的功能，使它类似于国家间分歧性目标的连接纽带。[④] 而另一个使用频繁的隐喻就是把技术作为“解开气候变化之钥匙”（the key to climate change）。虽然“key”这个词现在更多已被作为一个普通意义的词来使用，但它所蕴

① U.S. Department of State, “Paula J. Dobriansky, Remarks to the Opening Plenary, Eleventh Session of the Conference of the Paris (COP 11),” December 7, 2005, http://www.state.gov/g/rls/rm/2005/57830.htm，登录时间：2019年4月3日。

② 参见Peter Schniering, *U.S. Climate Policy and Technology*, p.129。

③ U.S. Department of State, “Harlan L. Watson, COP 11/ MOP 1 Press Conference,” November 29, 2005, http://www.state.gov/g/oes/rls/rm/57449.htm，登录时间：2019年4月5日。

④ 参见Peter Schniering, *U.S. Climate Policy and Technology*, p.129。

含的隐喻意义是其他的替代词语，如solution，way，means，approach等所不具备的。相比之下，“key”蕴含着更大的有效性，尤其是其“唯一性”的含义是其他词语所不具备的。这样，通过这个隐喻可以说明技术在解决气候变化问题上的独一性和优势所在，从而对其他方法产生了较强的排他性。例如，2005年小布什总统在“亚太伙伴关系”（Asia-Pacific Partnership）建立时讲道，“发展和利用更洁净和更高效的创新型技术是解决我们面临的气候挑战的关键所在”。[①] 总之，隐喻的使用在小布什政府把技术框定为气候变化解决方法中起到了一定的作用。

第三节　小布什政府气候变化问题去安全化中的话语定位

小布什政府实施其气候变化政策也涉及美国政府与美公众的行为取向，这就需要对美国政府和美国公众进行定位。事实上，小布什作为美国民选总统，其职责与其他往届总统在本质上讲都是一样的，即负有保护美国人民和美国劳动者的福祉的责任。但是，由于其气候变化的政策背景不同，也就是气候变化的故事情节不同，所以其履行职责的具体行为也就与克林顿政府发生差异。由于小布什政府与克林顿政府的气候政策不同，其定位过程中的故事情节、位置以及行为也就表现出了差异。

一、关于气候变化的故事情节

首先，对于气候变化问题性质的叙述，小布什政府主要采用“环境问题为中心”的故事情节，即把气候变化作为环境问题的一部分。

① The White House, “Fact Sheet: President Bush and the Asia-Pacific Partnership on Clean Development,” July 27, 2005, http://www.whitehouse.gov/news/release/2005/07/20050727-11.html，登录时间：2019年4月7日。

与克林顿政府不同的是，小布什政府对气候变化问题的叙述中，几乎没有使用任何"安全"语言，而是使用了把气候变化问题边缘化的话语。例如，在小布什总统写给几位参议员的信中有这样的表述："我期待着与您和其他人一起，在一个能够保护我们的环境、消费者和经济的国家能源政策背景下，解决全球气候变化问题。"① 可见，气候变化在小布什总统看来只是从属于美国能源政策的一个问题。类似的叙述方式使得气候变化问题在其政府议事日程中处于边缘化的地位，因此也就会出现前文所提到的在小布什总统执政期间没有一件重大的环境立法获得通过的状况。

其次，在小布什政府执政之初就面临着如何解决《京都议定书》的问题，而小布什总统在就任不久的2001年3月就宣布退出《京都议定书》。小布什总统的这种做法当时在国内层面和国际层面都引起了不小的反响。而对于这种情况，小布什政府在其政策叙述中采用了《京都议定书》对美国产生巨大消极影响和后果的故事情节。从就任之初到任期结束，小布什政府的这种故事情节一直贯穿在其气候变化话语之中。例如，在2001年与德国总理施罗德发表的联合声明中，小布什总统指出："美国反对《京都议定书》，因为它免除了许多国家遵守议定书的义务，而且将对美国经济造成严重危害。"② 在2002年小布什讲述道："《京都议定书》将会给美国经济带来4000亿美元的损失，导致490万个工作岗位的丢失。"③ "《京都议定书》将会要求美国大量减少温室气体的排放。然而，这个协定将会限制我们的经济增长，把美国人的工作岗位转向其他国家，而与此同时却允许主要的发展中国家增加它们的排放。"④

---

① George W. Bush, "Letter to Members of the Senate on the Kyoto Protocol on Climate Change," March 13, 2001, https://www.presidency.ucsb.edu/node/214449，登录时间：2019年4月10日。

② George W. Bush, "Joint Statement with Chancellor Gerhard Schroeder on a Transatlantic Vision for the 21st Century," March 29, 2001, https://www.presidency.ucsb.edu/node/213342，登录时间：2019年4月12日。

③ George. W. Bush, "Remarks Announcing the Clear Skies and Global Climate Change Initiatives in Silver Spring, Maryland," February 14, 2002, https://www.presidency.ucsb.edu/node/216061，登录时间：2019年4月13日。

④ http://www.washingtonpost.com/wp-dyn/content/article/2008/04/16/AR2008041603084.html.

再次，小布什政府在任期前几年对于气候变化科学的叙述采用了"不确定性"为中心的故事情节。在许多场合下，小布什政府不断重复这种"不确定性"，虽然已有足够的科学证据能够证明人为的温室气体排放是造成气候变化的主要因素。例如，在2001年，小布什总统本人声称，"对于全球变暖的成因和解决办法，相关的知识还处于不完善的状态"。[①] 在2002年宣布《晴空与全球气候变化行动》时，小布什总统强调："鉴于科学的不确定因素，我们必须采取一种严肃和负责任的方式。"[②]

最后，小布什政府在对于气候变化的解决方案上主要采用"以技术为中心"的故事情节。小布什本人以及其他相关政要在阐述气候变化应对方案时通常把技术的发展放在第一位，类似"技术是解决气候变化的根本之道"（Technology is the key to addressing climate change）的话语不断出现在小布什政府相关政要的讲话以及政府文件之中。在2003年的国情咨文演说中，小布什总统指出："在本世纪，最伟大的环境进步的取得将不是通过无休止的法律诉讼或指挥和命令控制式法规，而是通过技术和创新。"[③] 2005年2月21日小布什总统在布鲁塞尔发表演讲时也强调了技术的重要性："新兴技术，如氢动力汽车、可再生能源电力、清洁煤技术，将激励环境负责型经济的增长。通过世界各地的新技术研究、发展和改进，所有国家，包括发展中国家，可以推动经济增长，同时可以减缓全球温室气体的增加，并避免损害公共健康的污染物。"[④] 同年2月23日发布的美国与德国在能源、发展和气候变化方面的联合声明中，第三点就是"国内发电的现代化"，其中有这样的内容：高效的技术可以为经济地降低能源消耗、污染和温室气体排

① *New York Times*, March 17, 2001.

② George W. Bush, "Remarks Announcing the Clear Skies and Global Climate Change Initiatives in Silver Spring, Maryland," February 14, 2002, https://www.presidency.ucsb.edu/node/216061，登录时间：2019年4月13日。

③ George W. Bush, "Address Before a Joint Session of the Congress on the State of the Union," January 28, 2003, https://www.presidency.ucsb.edu/node/211931，登录时间：2019年4月15日。

④ George W. Bush, "Remarks in Brussels, Belgium," February 21, 2005, https://www.presidency.ucsb.edu/node/216641，登录时间：2019年4月18日。

放提供巨大的机会。[①] 在2008年的国情咨文演说中，小布什总统也专门对“技术”加以论述和强调:“让我们资助可以在发电的同时捕获碳排放的新技术，让我们增加使用可再生能源和零排放的核电，让我们继续投资于先进的电池技术和可再生燃料以用于驱动未来的汽车和卡车，让我们创造一个新的国际清洁技术基金，这将有助于像印度和中国这样的发展中国家更多地利用清洁能源。”[②] 总之，这种“以技术为中心”的故事情节对于小布什政府制定和实施气候变化政策有着重要的制约和影响作用。

二、位置的确立

通过对气候变化故事情节的讲述，小布什政府与其所对应的公众所处的位置得以确定。

首先，基于小布什政府对于气候变化问题性质的叙述，小布什政府在气候变化问题方面具有环境保护者以及美国公众健康保障者的位置，而美国公众是环境问题的受害者以及小布什气候变化政策的受益者。

其次，在《京都议定书》的故事情节中,《京都议定书》被叙述为将会对美国经济产生致命性的打击。因此，此故事情节使美国及美国民众成为《京都议定书》的受害者。而如何保护美国或美国民众免受危害，就需要一个保护者，而这个保护者则是美国政府，即当时的小布什政府。所以，面对被小布什政府所认为的对美国和美国民众有着极大损害的《京都议定书》，小布什政府在就任之初就宣布退出。而在退出之后，小布什政府推出了一些替代性减排方案，而这些替代性方案被认为能够给美国带来更多的福利。例如，小布什政府在2002年推

① George W. Bush, “Joint Statement: U.S.-German Joint Actions on Cleaner and More Efficient Energy, Development and Climate Change,” February 23, 2005, https://www.presidency.ucsb.edu/node/212660，登录时间：2019年5月20日。

② George W. Bush, “Address Before a Joint Session of the Congress on the State of the Union,” January 28, 2008, https://www.presidency.ucsb.edu/node/277182，登录时间：2019年5月20日。

出的《晴空与全球气候变化行动》就是主要的替代性减排方案之一。小布什在2003年9月16日的“晴空立法”讲话中指出，“晴空立法将进一步改善我们公民的健康，促进能够大幅度减少排放量的新技术发展，帮助社区符合环境标准，并有助于为美国工人创造新的就业机会”。[①]

再次，气候变化科学“不确定性”的故事情节使得美国政府成为相关科学研究的支持者以及相关知识和信息的提供者，成为相关研究的资助者和支持者，而美国公众在此故事情节背景下，其位置则是气候变化科学“不确定性”信息的接受者。

最后，对于气候变化解决方案，“以技术为中心”的故事情节使得小布什政府成为科学技术发展的支持者和执行者，美国也是全球的技术领先者，而美国公众则是科学技术发展的受益者。例如，在2001年关于全球气候变化的讲话中，小布什总统就点明了美国以及美国政府在应对气候变化问题上的位置，“美国是技术和创新的领先者……所以我们正在创设‘气候变化国家科技计划’以加强大学和国家实验室的研究，强化应用研究方面的合作，开发完善的技术用于检测和监测总温室气体排放和净温室气体排放，资助前沿技术方面的示范项目，如生物反应器和燃料电池”。[②] 同时，小布什总统的讲话也界定了美国公众相对应的位置，他讲道：“我们的方法必须是灵活的，以适应新信息和利用新技术。我们必须始终采取行动，以确保为我们的公民和世界各地的公民带来经济的持续增长和繁荣。”[③]

三、职责和行为的界定

以上位置的确立使得小布什政府在气候变化应对方面具有了特定的职责与行为方式，也就是小布什政府的气候变化政策制定和执行都

---

① George W. Bush, “Remarks on Proposed Clear Skies Legislation,” September 16, 2003, https://www.presidency.ucsb.edu/node/214091，登录时间：2019年6月22日。

② George W. Bush, “Remarks on Global Climate Change,” June 11, 2001, https://www.presidency.ucsb.edu/node/216917，登录时间：2019年6月23日。

③ Ibid.

是基于其不同的位置而做出的。

首先，作为环境的保护者，小布什政府的气候变化政策主要是在环境问题的范畴内展开和进行。因此，在小布什政府的议事日程中，作为环境问题的气候变化，其重要性相比于克林顿政府时期要降低不少，基本上没有作为安全问题或者进入外交领域来处理，例如在很多情况下，气候变化问题是从属于能源安全问题而进行处理的。

其次，基于《京都议定书》故事情节所确立的美国及美国公众是《京都议定书》受害者的位置，作为美国及美国公众利益的保护者，小布什政府做出了退出《京都议定书》的选择，而这种选择也被小布什政府认为是其职责所在。小布什总统采取了退出《京都议定书》的做法是因为他认为《京都议定书》有损于美国和美国公众的利益。在2001年退出《京都议定书》后不久，小布什总统提道，“我将尽我所能利用今天和我所能得到的其他每一个机会解释清楚，我们不会做任何伤害我们经济的事情。因为必须要首先考虑在美国生活的民众，这是我的首要任务”。[①] 在小布什看来，做出退出《京都议定书》的决定是他的职责所在，也就是其所具有的位置使他必须要维护美国民众的利益。而面对退出《京都议定书》的质疑和批评，2002年小布什总统在商务部国家海洋和大气管理局发表演讲时谈道：“作为美国总统，被赋予了保护美国人民和美国劳动者的福祉的责任，我将不会让美国对一个不健全的国际条约做出承诺，这样的条约会使我们的数百万市民失去工作。”[②] 2002年2月，小布什宣布其对《京都议定书》的替代减排方案时讲道：“我国政府也将立即行动起来，创建世界级的减排测量和登记标准。我们会把可转让的信贷给予那些能实际做出减排的公司。我们将促进可再生能源生产和清洁煤炭技术，以及不会产生温室气体排放的核电。我们将致力于提高我们的汽车和卡车的燃油经

① J. Gerstenzang, “Bush Defends His Stance on Environment,” *Los Angeles Times*, March 30, 2001.

② E. Pianin, “Bush Unveils Global Warming Plan: President’s Approach Focuses on New Technology, Incentives for Industry,” *Washington Post*, February 15, 2002, A9.

济性。”①

再次，在气候变化科学“不确定性”的故事情节背景下，小布什政府开展了大量的与此问题相关的研究。例如在2001年，小布什总统委托国家研究委员会就美国对于气候变化科学的知识和了解方面做出一个评估。小布什总统在2001年宣布：“美国国家航空航天局将在未来3年内投资超过1.2亿美元进行自然碳循环、气候模型及大气化学和气候之间联系的研究，以帮助减少科学的不确定性……”② 而小布什政府启动的两项主要气候变化科学研究项目——“气候变化科学研究计划”和“气候变化技术研究计划”，其中主要目的之一就是期望减少关于全球变暖规模和影响的不确定性。

最后，小布什政府对气候变化应对方案的叙述是基于“以技术为中心”的故事情节。因此，小布什政府要履行气候变化科学与技术发展的支持者和执行者的职责，而“技术为中心”也成为小布什政府气候变化叙述中的主导话语。在具体政策制定与执行中，这一主导话语也得到了非常明显的体现。如前文所叙，小布什政府所出台的气候变化应对政策或方案大都是关于技术发展方面的。在2007年所作的声明中，小布什总统对他上任以来的气候变化政策和举措进行了回顾。他讲道：“2001年，我提出了在减少温室气体排放方面进行科学有效工作的基本指导原则。2002年，我致力于使我们国家降低经济发展产生的温室气体强度……自那时以来，我们已经提出了一种基于科学的有效气候变化政策，鼓励对解决问题所需的技术进行研究和投资……”③ 虽然小布什政府的这些举措对气候变化的解决也能带来一定的实效，但正如小布什自己所言，技术解决之道是长期的过程，小布什政府的这种气候变化政策或方案基本上没有带来短期的温室气体减排效果。

---

① George W. Bush, “Remarks Announcing the Clear Skies and Global Climate Change Initiatives in Silver Spring, Maryland,” February 14, 2002, https://www.presidency.ucsb.edu/node/216061，登录时间：2019年6月25日。

② George W. Bush, “Statement on Climate Change Review Initiatives,” July 13, 2001, https://www.presidency.ucsb.edu/node/217528，登录时间：2019年7月28日。

③ George W. Bush, “Statement on the Energy Information Administration’s Report,” May 23, 2007, https://www.presidency.ucsb.edu/node/275180，登录时间：2019年7月30日。

在“以技术为中心”的故事情节背景下，小布什政府基本上没有从具体减排政策入手来实施减排，而是把应对气候变化的行为主要围绕在技术发展上。在另一方面，这样的“以技术为中心”的故事情节在一定程度上成为小布什政府拖延实施短期减排的借口。

本章小结

在小布什总统任期内，尽管气候变化状况与克林顿总统任期内没有多少差异，甚至极端气候灾难更多一些，如2005年发生的“卡特里娜”飓风给新奥尔良州造成了巨大的损失，使成千上万人无家可归。但小布什政府基本未将包括气候变化问题在内的环境问题安全化。总体来说，克林顿政府至少在话语上认可的各种处理环境安全的方法在小布什政府时期全部消失，而且小布什政府从未使“安全”与“环境”之间在话语上产生联系。[①] 而就气候变化问题而言，小布什政府采取的这种处理方式的实质就是把克林顿政府时期对气候变化的安全化进行了去安全化。如绪论部分所述，去安全化过程除了涉及政策实践外，话语因素也起着重要的作用，在本书所提出的理论框架中体现为通过话语操控来实现去安全化。具体而言，小布什政府首先通过话语抑制和话语压制使气候变化问题具有很低的突显度，从而降低其公众关注度。其次，小布什政府通过话语框定对气候变化问题的性质、严重性、解决方案等进行定义。在小布什政府的话语中，气候变化主要是一个与安全问题无关的环境问题，而其解决方案则依赖于科学技术的发展。最后，小布什政府通过话语定位确立了其与美国公众的位置以及它们各自所担负的职责和应该采取的行为。在小布什政府气候变化叙述中所采用的故事情节背景下，其职责就是在应对气候变化中要维护美国经济的增长，保护美国公众的利益和福祉，并按照此职责来行事。

---

① 参见R. Floyd, *Security and the Environment: Securitization Theory and US Environmental Security Policy*, p.168。

总之，小布什政府所实施的话语操控使其实现了对于气候变化问题的去安全化，或者说气候变化的较小安全化程度。在一定程度上，小布什政府的话语操控为其制定和实施气候变化政策发挥了较为重要的作用和影响。

结　论

在非传统安全问题对全球安全构成越来越大威胁的形势下，对非传统安全问题进行安全化是一种对此类问题进行紧急和及时应对的重要策略。而目前安全化研究的蓬勃发展也是基于国际政治的现实状况。在此背景下，本书也对安全化进行了一些理论上的探索，对安全化过程提出了一个理论分析框架，并通过克林顿政府与小布什政府时期的美国气候变化政策为案例进行了理论框架的检验。通过理论框架的阐述与案例验证，本书得出了一些基本的结论。当然，本书还存在着诸多不足，因而也存在进一步的研究空间。

一、基本研究结论

本书研究得出的结论主要体现在两个方面：一是在安全化过程或安全化理论方面；二是在本书案例研究中的美国气候变化政策方面。

（一）安全化过程或安全化理论方面的一些结论

作为对安全化过程的分析并提出一个安全化理论框架，本书的研究在这一方面得到了一些初步的结论。

首先，本书认为安全化是政治行为体或者安全化行为主体的一种主观性的话语操控行为。安全化行为主体通过话语操控，具体来说是通过对话语有目的性和有选择性地使用，即话语框定、话语突显和话语定位，达到从对听众关注度的引导到对听众认知的影响，最后达到相关行为体的社会位置的确定和行为的界定，从而实现安全化，或者实现对安全化程度的控制。

其次，通过本书的研究，笔者认为安全化过程是一个复杂的话语过程。虽然哥本哈根学派的理论是基于“言语行为”或“话语建构”，但其对话语作用的阐述或作用机制太过简单，对语言的作用机制论述过于简单化。而本书的研究在一定程度上对话语在安全化中的作用机制做出了较为细致和系统的分析与厘清，即话语在安全化过程中通过引导听众的关注、影响听众的认知与界定行为体的行为取向的线性发展过程而实现对某一问题的安全化。

最后，对于安全化的规范性方面，本书认为安全化只是一种政治工具，对于哥本哈根学派所认为的安全化具有负面意义，而去安全化具有正面意义的这种一概而论的观点，笔者认为值得商榷。通过本书对于克林顿政府与小布什政府的气候变化安全化的分析，笔者更认同前文提到过的弗洛伊德对于安全化规范性的观点，即主要考察安全化是否有利于大多数人的利益。事实上，在现实的政治实践中，对某一问题进行安全化可能有利于此问题得到紧急和及时的处理，而这样的一种问题处理方式更可能有利于大多数民众。当然，有些情况下的安全化可能具有负面影响，或者其带来的负面影响要远大于正面作用，这种安全化可被认为不具有规范性。因此，对于安全化以及去安全化的规范性和正当性判断标准需要有比较清晰的界定标准，但不能一概而论，这样一方面能够体现政治实践的现实状况，即安全化在一定情况下具有积极作用和意义，而另一方面也可以避免安全泛化的困境。

（二）关于本书案例的一些结论

本书考察了克林顿总统与小布什总统任期内的气候变化政策，在几个方面对两任总统的气候变化政策进行了对比分析，并得出了一些结论。

首先，本书认为，在克林顿任职时期，气候变化问题实现了安全化；而在小布什任职时期，小布什在话语层面去除了克林顿政府时期的气候变化安全语言，在实践层面也基本没有沿用克林顿政府时期的举措，因此在小布什政府时期，气候变化问题实现了去安全化，或者说在小布什政府时期，气候变化问题的安全化程度非常低。当然，就克林顿政府时期而言，虽然气候变化实现了安全化，但由于美国国内政治的原因，克林顿时期的应对气候变化政策也没有完全得以执行，因此其气候变化政策的实际效果受到了较大的影响。

其次，就本书案例中的这两任美国政府对气候变化制定和实施了不同的政策，本书认为这都是政治行为体理性的选择结果，都符合各自时期的美国国家利益。虽然由于两任美国政府采取了不同的应对气候变化政策和行为，其产生的国内外反应也具有一定的差异，但是从对政治实践与结果的分析来看，各自的政策在一定的程度上符合或实现了各自的政治利益诉求。

最后，从本书的案例分析中，可以看出话语的使用是政治行为体实现政治目的的重要手段。对于相同或相似的气候变化状况，克林顿政府和小布什政府通过不同的话语运用和不同的叙述内容与策略建构出具有很大差异性的气候变化政策，进而其行为也相应地产生了很大差异。因此，政治行为体在其政策建构中的话语使用值得研究者进行深入的考察。

二、研究的不足之处

本书研究基于已有的安全化理论，主要是哥本哈根学派安全化理论。哥本哈根学派强调话语在安全化过程中的核心地位，这也是本书研究的理论起点。但是，基于哥本哈根学派安全化理论对于安全化过程中话语作用机制的阐释过于笼统和简单，本研究旨在对安全化过程中话语的作用做出系统的阐述，由此提出了一个安全化理论分析框架，即安全化行为主体通过话语操控来实现对于安全化程度的控制。这个理论框架使安全化过程中的话语机制得到了比较全面的阐述，在一定程度上填补了以往理论的一些研究盲点。其次，本研究也关注了安全化过程中听众的作用，安全化行为主体的话语实践的实施对象就是听众，因此如何策略性地使用话语以影响和引导听众在安全化中具有重要的作用，而从语言的视角对这一作用的分析在过去的研究中相对较少。此外，本研究对于安全化中行为体的行为实践也予以了一定程度的关注，这也是基于笔者对成功的安全化的认知和理解，即成功的安全化应该涉及行为体的后续行动。本研究通过两个对比案例，对所提出的理论框架进行了初步的检验，基本完成了本研究的预期研究目标。但是，由于主客观条件所限，从理论框架到案例的验证，本研究还存在着以下一些研究局限。

第一，从理论分析框架来看，本书提出的安全化理论框架只包括了三个自变量，这对于安全化过程中的话语因素而言，涵盖面也可能有所不足，这可能使本书理论框架的解释力降低，但这又是大多研究难以避免的。此外，安全化过程还涉及了话语之外的诸多因素，本书理论框架中的三个话语操控方面的自变量对解释安全化的过程也有很大的局限性。

第二，本书的理论分析框架中借鉴了一些其他学科的理论和概念，如社会互动中的定位理论和语言学中的隐喻、类比、互文性等，这些理论和概念的引入为本书研究增加了一定的创新性，也对安全化研究的内涵有所丰富。但是，由于是尝试性的借鉴和使用，可能在使用合理性上有所欠缺，在理论的系统性运用方面也有待进一步提高。

第三，从案例验证来看，本书的研究需要以大量文本分析为基础，这样才能对理论框架做出较为充分和令人信服的检验。但是由于客观条件所限，所涉及案例中的相关文本的收集还不足够充分，本书的分析主要是以克林顿政府和小布什政府的重要演讲和文本书件为主，没有加上媒体话语这个中间变量，这可能在一定程度上影响到文本资料对理论假设验证的充分支撑。

三、有待进一步研究的问题

基于本研究存在的不足之处以及笔者对安全化研究的一些体会，笔者认为本项研究在以下方面有待进行进一步的探索。

首先，在安全化研究中要把话语与其他要素相结合。安全化理论的起点是“言语行为”，即强调话语在安全化中具有核心地位。但是，这种观点受到很大的质疑。因为在政治实践中，安全化的影响因素可能会远远超出话语因素，这一点在前文都已做过详细阐述。而本书的研究主要着重于话语因素，在分析中基本未考虑其他因素，这是本书的一个不足之处，这也是本项研究以后需要加强的方面。而目前学界的安全化研究中，大多采取的是对话语与其他因素隔离开来的做法，而事实上这种做法也与政治实践不符，政治实践是多个因素共同作用的结果，而不是单个因素发挥作用。因此，在安全化研究和分析中如何把话语与其他要素相结合还有待于进一步探讨。

其次，安全化研究中要对话语概念进行必要的扩展。如前文所讲，本书的分析文本主要是言语性文本，即口头和书面语言，但话语的概念在安全化研究中应该予以扩大，应该包括非言语形式的话语，如图像、肢体语言、面部表情、音调等，因为这些非言语形式的话语对于交流也起着重要的影响，安全化行为主体也可以通过这些手段对听众产生影响，也会对安全化产生影响。尽管学界已经提出了要扩大安全化中的话语范围，也有了一些相关的研究，但是如何理论性地、系统性地把非言语因素融入安全化理论分析框架中以做出合理和有说服力的研究，也是需要加以完善的。

再次，安全化研究中要加强和重视媒体话语的作用。本书的研究主要关注于国家行为体的话语，即分别为克林顿总统和小布什总统的讲话，或能在一定程度上在气候变化问题上代表美国政府或美国总统的相关政要所发布的言论，以及气候变化方面的政府政策文本。虽然国家行为体在安全化中具有主导地位和作用，但其他行为体也起着一定的作用，尤其是媒体话语对听众具有的巨大认知引导和建构作用，使得媒体成为影响安全化的一个重要因素。但是由于关注重点不同的原因，本书没有分析媒体话语的作用，这种出于研究目的考虑而产生的对媒体话语的忽略与政治现实也是有所脱节的。因此，本项研究有待在这一方面予以扩展和加强，把媒体话语作为自变量或者作为中间变量运用于安全化研究都是未来可以进行探索的方向。

最后，安全化研究中如何对其他学科理论和知识进行有效的借鉴也是值得进一步探讨的问题。国际关系学是在大量借鉴其他学科理论和知识的基础上发展起来的。而安全化理论正是借鉴语言学“言语行为”理论而提出的。本书的研究主要借鉴和引入了社会互动中的“定位理论”和语言学上的“隐喻”“类比”和“互文性”等概念。“定位理论”是强调行为体互动的理论，把该理论引入安全化研究可以解决安全化中安全化行为主体与听众之间的互动关系，也可以对安全化中行为体的行为进行分析和解释，但本书对该理论的运用还不成熟，因此如何把它更好地运用于安全化研究是笔者所需要继续努力的方向。而对于语言学中的这些概念，虽然在已有的安全化研究中有所提及，但系统的研究尤其是把这些要素作为自变量的研究还比较少。虽然本书研究对这些语言学要素有所涉及，但还需要进行更加深入系统的研究和分析。只有通过对其他学科理论和知识进行科学而合理的借鉴和使用，才能真正促进安全化研究以及国际关系研究的发展。

参考文献

一、中文文献

（一）中文著作：

白云真、李开盛:《国际关系理论流派概论》，杭州：浙江人民出版社，2008年版。

陈宝明:《气候外交》，上海：立信会计出版社，2011年版。

陈泮勤、曲建升等编著:《气候变化应对战略之国别研究》，北京：气象出版社，2010年版。

高宣扬:《布迪厄的社会理论》，上海：同济大学出版社,2004年版。

姜冬梅、张孟衡、陆根法主编:《应对气候变化》，北京：中国环境科学出版社，2007年版。

蒋明君:《蒋明君文集（第二卷）》，北京：世界知识出版社，2014年版。

黄林军编著:《环境安全管理体系理论与实践》，广州：暨南大学出版社，2013年版。

李少军:《国际关系学研究方法》，北京：中国社会科学出版社，2008年版。

倪世雄:《当代西方国际关系理论》，上海：复旦大学出版社，2001年版。

浦东美国经济研究中心、武汉大学美国加拿大经济研究所编:《美国金融危机与中美经贸关系》，上海：上海社会科学院出版社，2010

年版。

秦大河:《气候系统变化与人类活动》，北京：气象出版社，2003年版。

秦亚青:《文化与国际社会：建构主义国际关系理论研究》，北京：世界知识出版社，2006年版。

孙吉胜:《语言、意义与国际政治》，上海：上海人民出版社，2009年。

孙吉胜等:《"中国崛起"话语对比研究》，北京：世界知识出版社，2015年版。

唐方方主编:《气候变化与碳交易》，北京：北京大学出版社，2012年版。

王瑞彬:《美国气候政策之辩（2001—2008）：支持联盟的视角》，北京：经济日报出版社，2009年版。

王寅:《什么是认知语言学》，上海：上海外语教育出版社，2011年版。

徐再荣等:《20世纪美国环保运动与环境政策研究》，北京：中国社会科学出版社，2013年版。

余潇枫、潘一禾、王江丽:《非传统安全概论》，杭州：浙江大学出版社，2006年版。

袁正清:《国际政治理论的社会学转向：建构主义研究》，上海：上海人民出版社，2005年版。

赵庆寺:《美国能源政策与能源安全》，北京：北京大学出版社，2012年版。

（二）中文译著

[法]达里奥·巴迪斯特拉著:《国际关系理论》，潘革平译，北京：社会科学文献出版社，2010年版。

[美]安德鲁·得斯勒、[美]爱德华·A.帕尔森:《气候变化：科学还是政治？》（第二版），李淑琴等译，北京：中国环境科学出版社，2012年版。

[美] 肯尼斯 · 沃尔兹著:《国际政治理论》，信强译，上海：上海人民出版社，2003年版。

[美] 特雷弗 · 豪瑟等著:《碳博弈：国际竞争力与美国气候政策》，朱光耀、焦小平译，北京：经济科学出版社，2009年版。

[美] 亚历山大 · 温特著:《国际政治的社会理论》，秦亚青译，上海：上海人民出版社，2003年版。

[英] 巴瑞 · 布赞、[丹麦] 奥利 · 维夫、[丹麦] 迪 · 怀尔德著:《新安全论》，朱宁译，杭州：浙江人民出版社，2003年版。

[英] 戴维 · 赫尔德、[英] 安格斯 · 赫维、[英] 玛丽卡 · 西罗斯主编:《气候变化的治理——科学、经济学、政治学与伦理学》，谢来辉等译，北京：社会科学文献出版社，2012年版。

（三）中文文章

董洪亮:《教育理论建设中的类比问题》，载《教育研究》，2007年第12期。

董勤:《安全利益对美国气候变化外交政策的影响分析——以对美国拒绝〈京都议定书〉的原因分析为视角》，载《国外理论动态》，2009年第10期。

董勤:《气候变化问题过度安全化的国际形势与中国的外交应对》，载《阅江学刊》，2016年第4期。

郭艳君、任福民:《2004年全球重大气候事件概述》，载《气象》，2005年第4期。

韩庆娜、丁金光:《克林顿执政时期美国环境外交特点》，载《复旦国际关系评论》，2007年。

晋继勇:《全球公共卫生问题安全化的路径分析》，载《武汉大学学报（哲学社会科学版）》，2009年第2期。

孔宁:《“不算完美但让人敬佩”——克林顿政府的环境外交研究》，上海：上海大学硕士学位论文，2013年。

李波:《美国气候政策的演变与特征》，青岛：青岛大学硕士论文，2012年。

李海东:《从边缘到中心：美国气候变化政策的演变》，载《美国研究》，2009年第2期。

李威、朱艳峰:《2006年全球重大气候事件概述》，载《气象》，2007年第4期。

李晓燕:《1996年全球重大气候事件概述》，载《气象》，1997年第4期。

李晓燕:《1997年全球重大气候事件概述》，载《气象》，1998年第4期。

李晓燕:《1999年全球重大气候事件概述》，载《气象》，2000年第4期。

李晓燕:《2001年全球重大气候事件概述》，载《气象》，2002年第4期。

李晓燕:《2002年全球重大气候事件概述》，载《气象》，2003年第4期。

李晓燕:《2003年全球重大气候事件概述》，载《气象》，2004年第4期。

梁潇云、郭艳君:《2007年全球重大天气气候事件概述》，载《气象》，2008年第4期。

梁潇云、任福民:《2005年全球重大气候事件概述》，载《气象》，2006年第4期。

廖静秋:《全球气候变化及其对人类生存的影响》，载《西华师范大学学报（自然科学版）》，2010年第3期。

林少真:《话语建构视角下的新型毒品吸食行为研究》，上海：上海大学博士学位论文，2010年。

刘传凤:《2000年全球重大气候事件概述》，载《气象》，2001年第4期。

马建英、蒋云磊:《试析全球气候变化问题的安全化》，载《国际论坛》，2010年第2期。

马建英:《美国气候变化研究述评》，载《美国研究》，2010年第1期。

潘亚玲:《美国与核恐怖主义的安全化》，载《现代国际关系》，2008年第6期。

邱杏琳:《1993年世界重大气候》，载《世界农业》,1994年第6期。

邱杏琳:《1994年世界重大气候》，载《世界农业》,1995年第5期。

邱杏琳:《1995年世界重大气候》，载《世界农业》,1996年第5期。

曲建升、孙成权、张志强、高峰:《美国温室气体减排政策变化及其分析》，载《科学新闻》，2003年第9期。

任海军:《布什政府气候政策遭多方质疑》，载《经济参考报》，2007年11月5日。

史卉:《论小布什执政时期美国的环境外交》，载《前沿》，2009年第10期。

孙吉胜:《国际关系中语言与意义的建构——伊拉克战争解析》，载《世界经济与政治》，2009年第5期。

孙吉胜:《国际关系不能忽视语言研究》，载《中国社会科学报》，2009年12月24日。

孙吉胜:《国际关系理论中的语言研究：回顾与展望》，载《外交评论》，2009年第1期。

孙吉胜:《话语、身份与对外政策——语言与国际关系的后结构主义》，载《国际政治研究》，2008年第3期。

涂靖:《突显和抑制：玩笑话语的认知》，载《外语学刊》，2009年第6期。

汪方等:《美国军方发布〈国家安全与气候变化威胁〉报告》，载《气候变化研究进展》，2007年第3期。

王淳:《新安全视角下美国政府的气候政策》，载《东北亚论坛》，2010年第6期。

王江丽:《安全化：生态问题如何成为一个安全问题》，载《浙江大学学报（人文社会科学版）》，2010年第4期。

王丽华:《1998年全球重大气候事件概述》，载《气象》，1999年第4期。

王凌:《美国对他者的安全化：路径与动因研究》，上海：复旦大学博士学位论文，2012年。

王维、周睿：《美国气候政策的演进及其析因》，载《国际观察》，2010年第5期。

王小玲、郭艳君：《2007年全球重大天气气候事件概述》，载《气象》，2008年第4期。

夏正伟、孔宁：《克林顿政府的环境外交》，载《历史教学问题》，2014年第4期。

谢来辉：《气候怀疑论、民主与美国气候政策的阻滞》，载《马克思主义与现实》，2013年第6期。

徐蕾：《美国环境外交的历史考察（1960年代—2008年）》，长春：吉林大学博士学位论文，2012年。

叶晓红：《哥本哈根学派安全化理论述评》，载《社会主义研究》，2015年第6期。

于宏源：《气候安全威胁美国的国计民生》，载《太平洋学报》，2013年第1期。

袁莎：《“巴黎学派”与批判安全研究的“实践转向”》，载《外交评论》，2015年第5期。

张海滨：《美国关于气候变化对国家安全影响的研究述评》，载《气候变化研究进展》，2009年第3期。

张辉松、赵琼：《语言强调功能系统：强化及凸显》，载《湖北师范学院学报（哲学社会科学版）》，2008年第5期。

张莉：《从美国气候变化政策的既往特征预判其未来走向》，载《和平与发展》，2011年第1期。

张莉：《美国气候变化政策演变特征和奥巴马政府气候变化政策走向》，载《国际展望》，2011年第1期。

张清敏、潘丽君：《类比、认知与毛泽东的对外政策》，载《世界经济与政治》，2010年第11期。

赵行姝：《气候变化与美国国家安全：美国官方的认知及其影响》，载《国际安全研究》，2015年第5期。

周放：《布什为何放弃实施京都议定书》，载《全球科技经济瞭望》，

2001年第10期。

朱宁:《安全与非安全化——哥本哈根学派安全研究》，载《世界经济与政治》，2003年第6期。

朱庆华、王旭东:《布什政府温室气体减排政策评析》，载《中国人口·资源与环境》，2003年第3期。

[丹麦]琳娜·汉森著:《非传统安全研究的概念和方法：话语分析的启示》，李佳译，载《世界经济与政治》，2010年第3期。

[德]赖纳·许尔森:《论隐喻建构社会现实的功能——以欧盟扩大为例》，王志强译，载《国际观察》，2008年第3期。

[美]戴维·科利尔著:《比较研究方法》，章远译，载《比较政治学前沿》，2013年第1期。

[美]韦爱德著:《气候变化与美国国家安全》，范连颖译，载《经济社会体制比较》，2014年第6期。

二、英文文献

（一）英文著作

Adler-Nissen, Rebecca, ed., *Bourdieu in International Relations: Rethinking Key Concepts in IR*, London: Routledge, 2013.

Albert, Mathias, David Jacobson, and Yosef Lapid, eds., *Identities, Borders, Orders: Rethinking International Relations Theory*, Minneapolis: University of Minnesota Press, 2001.

Alexander, Richard J., *Framing Discourse on the Environment: A Critical Discourse Approach*, New York: Routledge, 2009.

Anderson, J. W., *Climate Change, Clinton and Kyoto: The Negotiations over Global Warming*, Unpublished Paper, 1997.

Anderson, Malcolm and Monica den Boer, eds., *Policing Across National Boundaries*, London: Pinter, 1994.

Austin, John L., *How to Do Things with Words*, Oxford: Oxford University Press, 1962.

Bakhtin, M., *Speech Genres and Other Late Essays*. Austin, TX: University of Texas Press, 1986.

Balzacq, Thierry, ed., *Securitization Theory: How Security Problems Emerge and Dissolve*, London: Routledge, 2011.

Baumgartner, F. R. and B. D. Jones, *Agendas and Instability in American Politics*, Chicago: University of Chicago Press, 1993.

Bigo, Didier and Anastassia Tsoukala, eds., *Terror, Insecurity and Liberty: Illiberal Practices of Liberal Regimes*, London: Routledge, 2008.

Buzan, Barry and Ole Wæver, *Regions and Powers*, Cambridge: Cambridge University Press, 2003.

Buzan, Barry, Ole Wæver, and Jaap de Wilde, *Security: A New Framework for Analysis*, Boulder, CO: Lynne Rienner, 1998.

Caldwell, Lynton Keith, *Between Two Worlds: Science, the Environmental Movement, and Policy Choice*, New York: Cambridge University Press, 1990.

Callaghan, Karen and Frauke Schnell, *Framing American Politics*, Pittsburgh, PA: University of Pittsburgh Press, 2005.

Campbell, David, *Writing Security: United States Foreign Policy and the Politics of Identity*, Minneapolis: University of Minnesota Press, 1998.

Campbell, Kurt M., ed., *Climatic Cataclysm: The Foreign Policy and National Security Implications of Climate Change*, Washington: Brookings Institution Press, 2008.

Carroll, J. S. and J. W. Payne, eds., *Cognition and Social Behavior*, Hillsdale, N.J.: Lawrence Erlbaum Associates, 1976.

Chapelle, Carol A., ed., *The Encyclopedia of Applied Linguistics*, Oxford: Blackwell Publishing Ltd., 2013.

Chiarco, Christian, Berry Claus and Michael Grabski, eds., *Salience: Multidisciplinary Perspectives on Its Function in Discourse*, New York: De Gruyter Mouton, 2011.

Clinton, William J. and Al Gore, *The Climate Change Action Plan*, Washington, DC: Office of the President, 1993.

Cobb, Roger W. and Charles D. Elder, *Participation in American Politics: The Dynamics of Agenda-Building* (2nd Edition), Boston: Allyn and Bacon, 1983.

Collins, Alan, *Contemporary Security Studies* (3rd Edition), Oxford: Oxford University Press, 2013.

Compston, Hugh, ed., *Climate Change and Political Strategy*, London and New York: Routledge, 2011.

Corbett, J., *Communicating Nature: How We Create and Understand Environmental Messages*, Washington, DC: Island Press, 2006.

Cox, R., *Environmental Communication and the Public Sphere*, Thousand Oaks, CA: Sage, 2006.

Czosseck, Christian and Kenneth Geers, eds., *The Virtual Battlefield: Perspective on Cyber Warfare*, Amsterdam: IOS Press, 2009.

Daynes, Byron W. and Glen Sussman, *White House Politics and the Environment: Franklin D. Roosevelt to George W. Bush*, College Station: Texas A&M University Press, 2010.

Der Derian, J. and Michael J. Shapiro, *International/Intertextual Relations: Postmodern Readings of World Politics*, Lexington KY: Lexington Books, 1989.

Dery, D., *Problem Definition in Policy Analysis*, Lawrence, KS: University Press of Kansas, 1984.

Devine, Robert S., *Bush Versus the Environment*, New York, NY: Anchor Books, 2004.

DiMento, J. F. C. and P. Doughman, eds., *Climate Change: What It Means for Us, Our Children, and Our Grandchildren*, MA: The MIT Presss, 2007.

DiStefano, Angelo C. and Mary Hurley, eds., *Global Climate Change and United States Security Interests*, New York: Nova Science Publishers, 2012.

Dunne, Timothy, Milja Kurki, and Steve Smith, *International Relations*

Theories: Discipline and Diversity, New York: Oxford University Press, 2007.

Edelman, Murray, *Constructing the Political Spectacle*, Chicago: University of Chicago Press, 1988.

Entman, Robert M., *Projections of Power: Framing News, Public Opinion, and U.S. Foreign Policy*, Chicago: The University of Chicago Press, 2004.

Fairclough, N., *Discourse and Social Change*, Cambridge, UK: Polity Press, 1992.

Fairclough, Norman, *Language and Power*, London: Longman, 1989.

Fairhurst, Gail T., *Power of Framing: Creating the Language of Leadership*, San Francisco: Jossey-Bass, 2011.

Fischer, F. and J. Forester, eds., *The Argumentative Turn in Policy Analysis and Planning*, Durham, North Carolina: Duke University Press, 1993.

Fiske, Susan T. and Shelley E. Taylor, *Social Cognition* (2nd Edition), New York: McGraw Hill, 1991.

Floyd, R., *Security and the Environment: Securitization Theory and US Environmental Security Policy*, Cambridge: Cambridge University Press, 2010.

Foucault, Michel, *Power/Knowledge*, Brighton, UK: Harvester, 1980.

Gitlin, Todd, *The Whole World Is Watching*, Berkeley: University of California Press, 1980.

Goffman, E., *Frame Analysis*, Cambridge, MA: Harvard University Press, 1974.

Gray, J., *Watching with the Simpsons: Television, Parody, and Intertextuality*, New York: Routledge, 2006.

Greenwich, R. Braungart, ed., *Research in Political Sociology* (Vol.3), CT: JAI, 1987.

Guralnik, D. B., ed., *Webster's New World Dictionary of the American*

Language (Second College Edition), New York: The World Publishing Company, 1970.

Gusfield, J., *The Culture of Public Problems: Drinking-Driving and the Symbolic Order*, Chicago and London: University of Chicago Press, 1981.

Halliday, M.A.K., *An Introduction to Functional Grammar*, London: Edward Arnold, 1994.

Hansen, Lene, *Security as Practice: Discourse Analysis and the Bosnian War*, London and New York: Routledge, 2006.

Harré, R. and F. Moghaddam, eds., *The Self and Others: Positioning Individuals and Groups in Personal, Political, and Cultural Contexts*, Westport, Connecticut & London: Praeger, 2003.

Harré, R. and L. Van Langenhove, *Positioning Theory: Moral Contexts of Intentional Action*, Oxford and Malden, MA: Blackwell, 1999.

Harris, Paul G., *Climate Change and American Foreign Policy*, New York: Martin’s Press, 2000.

Hopf, Ted, *Social Construction of International Politics: Identities and Foreign Policies, Moscow, 1995 and 1999*, Ithaca, NY: Cornell University Press, 2002.

Ingdon, K. and W. John, *Agendas, Alternatives and Public Policies*, Boston, MA: Little Brown, 1997.

James, Melanie, *Positioning Theory and Strategic Communications: A New Approach to Public Relations Research and Practice*, New York: Routledge, 2014.

Jones, B. and F. Baumgartner, *The Politics of Attention: How Government Prioritizes Problems*, Chicago: The University of Chicago Press, 2005.

Kelstrup, Morten and Michael Williams, eds., *International Relations Theory and the Politics of European Integration*, New York: Routledge, 2000.

Kingdon, J. W., *Agendas, Alternatives, and Public Policies*, New York:

Harper Collins, 1995.

Klandermans, Bert, *The Social Psychology of Protest*, Cambridge, MA: Blackwell, 1997.

Kristeva, J., *Desire in Language: A Semiotic Approach to Literature and Art*, New York: Columbia University Press, 1980.

Lakoff, G. and M. Johnson, *Metaphors We Live by*, Chicago: The University of Chicago Press, 1980.

Lakoff, G., *Women, Fire and Dangerous Things: What Categories Reveal About the Mind*, Chicago, IL: Chicago University Press, 1987.

Lakoff, G., and M. Johnson, *Philosophy in the Flesh*, New York, NY: Basic Books, 1999.

Lakoff, G., *Don't Think of an Elephant*, White River Junction, VT: Chelsea Green, 2004.

Lerner, Steve, *Eco-Pioneers: Practical Visionaries Solving Today's Environmental Problems*, Cambridge: MIT Press, 1998.

Lipschutz, Ronnie D., ed., *On Security*, New York: Columbia University Press, 1995.

Lyon, D., ed., *Theorizing Surveillance: The Panopticon and Beyond*, Uffculme, Devon, UK: Willan Publishing, 2006.

Moghaddam, Fathali M., Rom Harré, and Naomi Lee, eds., *Global Conflict Resolution Through Positioning*, New York: Springer-Verlag New York Inc., 2007.

Moghaddam, F. and R. Harré, eds., *Words of Conflict, Words of War*, Santa Barbara, CA: Praeger, 2010.

Moran, Daniel, ed., *Climate Change and National Security: A Country-Level Analysis*, Washington, DC: Georgetown University Press, 2011.

Morgenthau, Hans, *Politics Among Nations*, New York: Knopf, 1960.

National Research Council, *Climate Change Science: An Analysis of Some Key Questions*, Washington D.C.: National Academy Press, 2001.

National Research Council, *Panel on Effects of Past Global Change on*

Life, Washington, DC: National Academies Press, 1995.

Ntman, E. and M. Robert, *Projections of Power: Framing News, Public Opinion, and U.S. Foreign Policy*, Chicago: The University of Chicago Press, 2004.

Olson, Mancur, *The Logic of Collective Action*, Cambridge: Harvard University Press, 1965.

Oppermann, Kai and Henrike Viehrig, eds., *Issue Salience in International Politics*, London: Routledge, 2011.

Pellow, David Naguib and Robert J. Brulle, eds., *Power, Justice and the Environment: A Critical Appraisal of the Environmental Justice Movement*, Cambridge, MA: The MIT Press, 2005.

Polsby, N. W., *Political Innovation in America: The Politics of Policy Initiation*, New Haven, CT: Yale University Press, 1984.

Princen, S., *Agenda-Setting in the European Union*, Basingstoke and New York: Palgrave Macmillan, 2009.

Raynerm, S. and E. L. Malone, eds., *Human Choice and Climate Change*, Pacific Northwest National Laboratory: Batelle Press, 1998.

Ricouer, Paul, *The Rule of Metaphor: Multi-Disciplinary Studies in the Creation of Meaning in Language*, Toronto and Buffalo: University Toronto Press, 1978.

Riker, William H., *The Strategy of Rhetoric: Campaigning for the American Constitution*, New Haven, CT: Yale University Press, 1996.

Riker, William H., ed., *Agenda Formation*, Ann Arbor: University of Michigan Press, 1993.

Rochefort, D. A. and R. W. Cobb, eds., *The Politics of Problem Definition*, Lawrence. KS: University Press of Kansas, 1994.

Sabatier, P. A., ed., *Theories of the Policy Process*, Boulder: Westview Press, 2007.

Schiffrin, Deborah, Anna De Fina, and Anastasia Nylund, *Telling Stories: Language, Narrative, and Social Life*, Washington, DC: Georgetown

University Press, 2010.

Schniering, Peter, *U.S. Climate Policy and Technology: the Bush Administration and American Conceptions of Environment*, Baden-Baden: Nomos, 2008.

Schön, Donald A. and Martin Rein, *Frame Reflection: Toward the Resolution of Intractable Policy Controversies*, New York: Basic Books, 1994.

Searle, John, *Speech Acts: An Essay in the Philosophy of Language*, Cambridge: Cambridge University Press, 1969.

Searle, John, *The Construction of Social Reality*, New York: Free Press, 1995.

Shafie, David M., *Presidential Administration and the Environment*, New York and London: Routledge, 2014.

Soden, Dennis L. ed., *The Environmental Presidency*, Albany: State University of New York Press, 1999.

Solomon, S. ed., *Climate Change 2007: The Physical Basis. Contribution of Working Group I to the Fourth Assessment Report of the Intergovernmental Panel on Climate Change*, Cambridge, UK, and New York: Cambridge University Press, 2014.

Spiro, S. E. and E. Yuchtman-Yaar, eds., *Evaluating the Welfare State: Social and Political Perspectives*, New York: Academic, 1983.

Stevenson, Rosemary, *Language, Thought and Representation*, Chichester: John Wiley, 1993.

Stone, D. Eborah, *Policy Paradox: The Art of Political Decision Making (2nd Edition)*, New York: W.W. Norton and Company, 2002.

Sussman, Glen and Byron W. Daynes, *US Politics and Climate Change*, Boulder and London: Lyne Rienner Publishers, 2013.

Tuchman, Barbara W., *The Guns of August*, London: Macmillan, 1962.

Ungerer, E. and H. J. Schmid, *An Introduction to Cognitive Linguistics*, London: Longman, 1996.

Van Dijk, T. A., ed., *Discourse as Structure and Practice*, London: Sage Publications, 1997.

Vertzberge, Yaacov Y. I., *The World in Their Minds: Information Processing, Cognition, and Perception in Foreign Policy Decision Making*, Stanford: Stanford University Press, 1990.

Waltz, Kenneth, *Theory of International Politics, Reading*, MA: Addison-Wesley Publishing, 1979.

Weiss, Thomas G. and Ramesh Thakur, *Global Governance and the UN*, Bloomington and Indianapolis: Indiana University Press, 2010.

Wendt, Alexander, *Social Theory of International Politics*, Cambridge: Cambridge University Press, 1999.

White, Eugene E., *The Context of Human Discourse: A Configurational Criticism of Rhetoric*, Columbia, SC: University of South Carolina Press, 1992.

Wight, Colin, *Agents, Structures and International Relations*, Cambridge: Cambridge University Press, 2006.

Wittgenstein, Ludwig, *Philosophical Investigations*, Oxford: Blackwell Publishers, 2001.

Worton, M. and Still, J., eds., *Intertextuality: Theories and Practices*, Manchester: Manchester University Press, 1990.

Yanow, D., *How Does a Policy Mean?: Interpreting Policy and Organizational Actions*, Washington, DC: Georgetown University Press, 1996.

Zaller, J., *The Nature and Origins of Mass Opinion*, New York, NY: Cambridge University Press, 1992.

(二)英文论文与文章

Abraham, Spencer, "CLIMATE: The Bush Administration's Approach to Climate Change," *Science*, Vol.305, No.5684, 2004.

Acikmese, Sinem Akgul, "EU Conditionality and Desecuritization

Nexus in Turkey," *Southeast European and Black Sea Studies*, Vol.13, No.3, 2013.

Aradau, C., "Security and the Democratic Scene: Desecuritization and Emancipation." *Journal of International Relations and Development*, Vol.7, No.4, 2004.

Arrison, G. and A. Jean, "Framing Foreign Policy Alternatives in the Inner Circle: President Carter, His Advisors, and the Struggle for the Arms Control Agenda," *Political Psychology*, Vol.22, No.4, 2001.

Åtland, K. and K. Ven Bruusgaard, "When Security Speech Acts Misfire: Russia and the Elektron Incident," *Security Dialogue*, Vol.40, No.3, 2009.

Åtland, K., "Mikhail Gorbachev, the Murmansk Initiative, and the Desecuritization of Interstate Relations in the Arctic," *Cooperation and Conflict*, Vol.43, No.3, 2008.

Baele, Stéphane J. and Olivier C. Sterck, "Diagnosing the Securitisation of Immigration at the EU Level: A New Method for Stronger Empirical Claims," *Political Studies*, Vol.63, No.5, 2014.

Balci, Ali and Tuncay Kardas, "The Changing Dynamics of Turkey's Relations with Israel: An Analysis of 'Securitization'," *Insight Turkey*, Vol.14, No.2, 2012.

Balzacq, Thierry, "The Three Faces of Securitization: Political Agency, Audience and Context," *European Journal of International Relations*, Vol.11, No.2, 2005.

Balzacq, Thierry, Sarah Léonard and Jan Ruzicka, "'Securitization' Revisited: Theory and Cases," *International Relations*, Published Online on August 5, 2015.

Benford, Robert, and David Snow, "Framing Processes and Social Movements: An Overview and Assessment," *Annual Review of Sociology*, Vol.26, 2000.

Berliant, Marcus and Hideo Konishi, "Salience: Agenda Choices by

Competing Candidates," *Public Choice*, Vol.125, No.1-2, 2005.

Berling, Trine Villumsen, "Science and Securitization: Objectivation, the Authority of the Speaker and Mobilization of Scientific Facts," *Security Dialogue*, Vol.42, No.4-5, 2011.

Bigo, Didier, "Security and Immigration: Toward a Critique of the Governmentality of Unease," *Alternatives*, Vol.27, No.1, 2002.

Bigo, Didier, "The (In)Securitization Practices of the Three Universes of EU Border Control: Military/Navy-Border Guards/Police-Database Analysts," *Security Dialogue*, Vol.45, No.3, 2014.

Bilgin, Pinar, "The Politics of Studying Securitization? The Copenhagen School in Turkey," *Security Dialogue*, Vol.42, No.4-5, 2011.

Blanchard, Odile and James F. Perkaus, "Does the Bush Administration's Climate Policy Mean Climate Protection?" *Energy Policy*, Vol.32, 2004.

Boas, Ingrid and Delf Rothe, "From Conflict to Resilience? Explaining Recent Changes in Climate Security Discourse and Practice," *Enviromental Politics*, Vol.25, No.4, 2016.

Boswell, Christina, "Migration Control in Europe After 9/11: Explaining the Absence of Securitization," *JCMS: Journal of Common Market Studies*, Vol.45, No.3, 2007.

Bourbeau, Philippe, "Moving Forward Together: Logics of the Securitisation Process," *Millennium: Journal of International Studies*, Vol.43, No.1, 2014.

Brinkmann, Svend, "Guilt in a Fluid Culture? A View from Positioning Theory," *Culture & Psychology*, Vol.16, No.2, 2010.

Brown, Oli, Anne Hammill, and Robert McLeman, "Climate Change as the 'New' Security Threat: Implications for Africa," *International Affairs*, Vol.83, No.6, 2007.

Browner, Carol M., "Global Climate Change: Threats and Solutions," *Journal of Land Use & Environmental Law*, Vol.13, No.1, 1997.

Brunnee, Jutta, "The United States and the Environmental Law: Living with an Elephant," *EJIL*, Vol.15, No.4, 2004.

Brzoska, Michael, "The Securitization of Climate Change and the Power of Conceptions of Security," *Security and Peace*, Vol.27, No.3, 2009.

Burstein, P., "The Impact of Public Policy on Public Policy: A Review and an Agenda," *Political Research Quarterly*, Vol.56, No.1, 2003.

Busby, Joshua W., "Who Cares About the Weather?: Climate Change and U.S. National Security," *Security Studies*, Vol.17, No.3, 2008.

Bush, George W., "Global Climate Change: Making Commitments We Can Keep and Keeping Commitments We Can Make," *Vital Speeches of the Day*, Vol.67, No.18, July 1, 2001.

Carrapico, Helena, "Analysing the European Union's Responses to Organized Crime Through Different Securitization Lenses," *European Security*, Vol.23, No.4, 2014.

Carter, Michael J., "The Hermeneutics of Frames and Framing: An Examination of the Media's Construction of Reality," *Sage Open*, Vol.3, No.2, 2013.

Chalecki, Elizabeth L., *The CO_2 Will Always Get Through: Global Climate Change and U.S. National Security*, Ph. D. Dissertation, Tufts University, 2008.

Chiarco, Christian, Berry Claus and Michael Grabski, eds., *Salience: Multidisciplinary Perspectives on Its Function in Discourse*, New York: De Gruyter Mouton, 2011.

Chilton, P. A. "'La plaie qu'il convient de fermer ...': Les métaphores du discoursraciste," *Journal of Pragmatics*, Vol.21, No.6, 1994.

Christou, Odysseas, "Constantinos Adamides Energy Securitization and Desecuritization in the New Middle East," *Security Dialogue*, Vol.44, No.5-6, 2013.

Ciuta, Felix, "Security and the Problem of Context: A Hermeneutical Critique of Securitisation Theory," *Review of International Studies*, Vol.35, No.2, 2009.

Clinton, William J., "Remarks During a Discussion on Climate Change," *Public Papers of the Presidents: William J. Clinton, 1997*, July 24, 1997.

Clinton, William J., "Remarks on Earth Day, April 21, 1994," in *Public Papers of the Presidents of the United States: William J. Clinton*, Washington, D.C: U.S. Government Printing Office, 1994.

Clinton, William J., "Remarks to the 52nd Session of the United Nations General Assembly in New York City," *Public Papers of the Presidents: William J. Clinton, 1997*, September 22, 1997.

Cohen, Maurie J. and Anne Egelston, "The Bush Administration and Climate Change: Prospects for an Effective Policy Response," *Journal of Environmental Policy & Planning*, Vol.5, No.4, 2003.

Collective, C.A.S.E., "Critical Approaches to Security in Europe: A Networked Manifesto," *Security Dialogue*, Vol.37, No.4, 2006.

Corry, Olaf, "Securitisation and 'Riskification': Second-Order Security and the Politics of Climate Change," *Millennium: Journal of International Studies*, Vol.40, No.2, 2012.

Coskun, Bezen Balamir, "History Writing and Securitization of the Other: the Construction and Reconstruction of Palestinian and Israeli Security Discourses," *Cambridge Review of International Affairs*, Vol.23, No.2, 2010.

Crick, Emily, "Drugs as an Existential Threat: An Analysis of the International Securitization of Drugs," *International Journal of Drug Policy*, Vol.23, No.3, 2012.

Damari, Rebecca Rubin, "Intertextual Stancetaking and the Local Negotiation of Cultural Identities by a Binational Couple," *Journal of Sociolinguistics*, Vol.14, No.5, 2010.

David, William Ezio, *Securitizing the Threat of Climate Change: The Meaning of "Climate Change" to Different Audiences Within the U.S. National Security Enterprise*, Ph. D. Dissertation, George Mason University,

2014.

DeAngelis, Tori, "Clinton's Climate Change Action Plan," *Environmental Health Perspectives*, Vol.102, No.5, 1994.

Delshad, Ashlie B., "Telling Stories: Exogenous Influences on Media, Presidential, and Congressional Framing of Biofuels," *Politics & Policy*, Vol.41, No.2, 2013.

Detraz, Nicole, "Threats or Vulnerabilities? Assessing the Link Between Climate Change and Security," *Global Environmental Politics*, Vol.11, No.3, 2011.

Dimitrov, Radoslav S., "Knowledge, Power, and Interests in Environmental Regime Formation," *International Studies Quarterly*, Vol.47, No.1, 2003.

Donnelly, Faye, "The Queen's Speech: Desecuritizing the Past, Present and Future of Anglo-Irish Relations," *European Journal of International Relations*, Vol.21, No.4, 2015.

Dover, Robert, "Towards a Common EU Immigration Policy: A Securitization Too Far," *European Integration*, Vol.30, No.1, 2008.

Druckman, J. N. and Kjersten R. Nelson, "Framing and Deliberation: How Citizens' Conversations Limit Elite Influence," *American Journal of Political Science*, Vol.47, No.4, 2003.

Druckman, J. N., "Political Preference Formation: Competition, Deliberation, and the (Ir)relevance of Framing Effects," *American Political Science Review*, Vol.98, No.4, 2004.

Druckman, J. N., "The Implications of Framing Effects for Citizen Competence," *Political Behaviour*, Vol.23, No.3, 2001.

Eckersley, Robyn, "Ambushed: The Kyoto Protocol, the Bush Administration's Climate Policy and the Erosion of Legitimacy," *International Politics*, Vol.44, No.2-3, 2007.

Elbe, Stefan, "Should HIV/AIDS Be Securitized? The Ethical Dilemmas of Linking HIV/AIDS and Security," *International Studies*

Quarterly, Vol.50, No.1, 2006.

Emmers, Ralf, “ASEAN and the Securitization of Transnational Crime in Southeast Asia,” *The Pacific Review*, Vol.16, No.3, 2003.

Entman, Robert M., “Framing Bias: Media in the Distribution of Power,” *Journal of Communication*, Vol.57, No.1, 2007.

Entman, R. M., “Framing: Toward Clarification of a Fractured Paradigm,” *Journal of Communication*, Vol.43, No.4, 1993.

Fischhendler, Itay, “The Securitization of Water Discourse: Theoretical Foundations, Research Gaps and Objectives of the Special Issue,” *International Environmental Agreements*, Vol.15, No. 3, 2015.

Fiss, Peer C. and Paul M. Hirsch, “The Discourse of Globalization: Framing and Sensemaking of an Emerging Concept,” *American Sociological Review*, Vol.70, No.1, 2005.

Fletcher, Amy Lynn, “Clearing the Air: The Contribution of Frame Analysis to Understanding Climate Policy in the United States,” *Environmental Politics*, Vol.18, No.5, 2009.

Floyd, R., “Can Securitization Theory Be Used in Normative Analysis? Towards a Just Securitization Theory,” *Security Dialogue*, Vol.42, No.4-5, 2011.

Floyd, R., “Towards a Consequentialist Evaluation of Security: Bringing Together the Copenhagen and Welsh Schools of Security Studies,” *Review of International Studies*, Vol.33, No.2, 2007.

Franklin, Mark N. and Christopher Wlezien, “The Responsive Public: Issue Salience, Policy Change, and Preferences for European Unification,” *Journal of Theoretical Politics*, Vol.9, No.3, 1997.

Garrison, Jean A., “Framing Foreign Policy Alternatives in the Inner Circle: President Carter, His Advisors, and the Struggle for the Arms Control Agenda.” *Political Psychology*, Vol.22, No.4, 2001.

George, Rabinowitz, James W. Prothro, and William Jacoby, “Salience as a Factor in the Impact of Issues on Candidate Evaluation,” *Journal of*

Politics, Vol.44, No.1, 1982.

Gerstenzang, J., "Bush Defends His Stance on Environment," *Los Angeles Times*, March 30, 2001.

Gordon, Cynthia, "I'm Mommy and You're Natalie: Role-Reversal and Embedded Frames in Mother-Child Discourse," *Language in Society*, Vol.31, No.5, 2002.

Gore, Al, "Keynote Address by U.S. Vice President Al Gore," Commission on Sustainable Development, New York, June 14, 1993.

Grayson, K., "Securitization and the Boomerang Debate: A Rejoinder to Liotta and Smith-Windsor," *Security Dialogue*, Vol.34, No.3, 2003.

Green, Jane, "A Test of Core Vote Theories: The British Conservatives, 1997-2005," *British Journal of Political Science*, Vol.41, No.4, 2011.

Green-Pedersen, Christoffer, "The Growing Importance of Issue Competition: The Changing Nature of Party Competition in Western Europe," *Political Studies*, Vol.55, No.3, 2007.

Greenwood, Maja Touzari and Ole Wæver, "Copenhagen–Cairo on a Roundtrip: A Security Theory Meets the Revolution," *Security Dialogue*, Vol.44, No.5-6, 2013.

Gupta, Shreekant, "Inaction on Climate Change: Follow the Leader?" *Economic and Political Weekly*, Vol.38, No.49, 2003.

Haacke, Jürgen and Paul D. Williams, "Regional Arrangements, Securitization, and Transnational Security Challenges: The African Union and the Association of Southeast Asian Nations Compared," *Security Studies*, Vol.17, No.4, 2008.

Hansen, Lene and Helen Nissenbaum, "Digital Disaster, Cyber Security, and the Copenhagen School," *International Studies Quarterly*, Vol.53, No.4, 2011.

Hansen, Lene, "Reconstructing Desecuritization: The Normative-Political in the Copenhagen School and Directions for How to Apply It," *Review of International Studies*, Vol.38, No.3, 2012.

Hansen, Lene, “The Little Mermaid’s Silent Security Dilemma and the Absence of Gender in the Copenhagen School,” *Millennium: Journal of International Studies*, Vol.29, No.2, 2000.

Harré, R. and N. Slocum, “Dispute as Complex Social Events: On the Uses of Positioning Theory,” *Common Knowledge*, Vol.9, No.1, 2003.

Hayes, Jarrod and Janelle Knox-Hayes, “Security in Climate Change Discourse: Analyzing the Divergence Between US and EU Approaches to Policy,” *Global Environmental Politics*, Vol.14, No.2, 2014.

Heck, Axel and Gabi Schlag, “Securitizing Images: The Female Body and the War in Afghanistan,” *European Journal of International Relations*, Vol.19, No.4, 2015.

Heidt, Stephen J., “Presidential Rhetoric, Metaphor, and the Emergence of the Democracy Promotion Industry,” *Southern Communication Journal*, Vol.78, No.3, 2013.

Hilgartner, S. and C. Bosk, “The Rise and Fall of Social Problems: A Public Arenas Model,” *American Journal of Sociology*, Vol.94, No.11, 1988.

Holbraad, Martin and Morten Axel Pedersen, “Revolutionary Securitization: An Anthropological Extension of Securitization Theory,” *International Theory*, Vol.4, No.2, 2012.

Homer-Dixon, Thomas F., “Terror in the Weather Forecast,” *New York Times*, April 24, 2007.

Huysmans, J. and A. Buonfino, “Politics of Exception and Unease: Immigration, Asylum and Terrorism in Parliamentary Debates in the UK,” *Political Studies*, Vol.56, No.4, 2008.

Huysmans, J., “Revisiting Copenhagen: Or, on the Creative Development of a Security Studies Agenda in Europe,” *European Journal of International Relations*, Vol.4, No.4, 1998.

Huysmans, J., “The Politics of Insecurity: Fear, Migration and Asylum in the EU,” *JCMS: Journal of Commmon Market Studies*, Vol.11, No.2, 2006.

Ilgit, Asli and Audie Klotz, “How Far Does ‘Societal Security’ Travel? Securitization in South African Immigration Policies,” *Security Dialogue*, Vol.45, No.2, 2014.

Jackson, N., “International Organizations, Security Dichotomies and the Trafficking of Persons and Narcotics in Post-Soviet Central Asia: A Critique of the Securitization Framework,” *Security Dialogue*, Vol.37, No.3, 2006.

Jäger, Thomas Kai Oppermann, Alexander Höse and Henrike Viehrig, “The Salience of Foreign Affairs Issues in the German Bundestag,” *Parliamentary Affairs*, Vol.62, No.3, 2009.

Jensen, Leif C., “Seduced and Surrounded by Security: A Post-Structuralist Take on Norwegian High North Securitizing Discourses,” *Cooperation and Conflict*, Vol.48, No.1, 2012.

Jones, M. D. and H. C. Jenkins-Smith, “Trans-subsystem Dynamics: Policy Topography, Mass Opinion, and Policy Change,” *Policy Studies Journal*, Vol.37, No.1, 2009.

Juthe, A., “Argument by Analogy,” *Argumentation*, Vol.19, No.1, 2005.

Kamradt-Scott, Adam and Colin McInnes, “The Securitisation of Pandemic Influenza: Framing, Security and Public Policy,” *Global Public Health*, Vol.7, No.S2, 2012.

Kang, Minah and Jiho Jang, “NIMBY or NIABY? Who Defines a Policy Problem and Why: Analysis of Framing in Radioactive Waste Disposal Facility Placement in South Korea,” *Asia Pacific Viewpoint*, Vol.54, No.1, 2013.

Karyotis, Georgios and Stratos Patrikios, “Religion, Securitization and Anti-immigration Attitudes: The Case of Greece,” *Journal of Peace Research*, Vol.47, No.1, 2010.

Karyotis, Georgios, “Securitization of Greek Terrorism and Arrest of the ‘Revolutionary Organization November 17’,” *Cooperation and Conflict*, Vol.42, No.3, 2007.

Karyotis, Georgios, “Securitization of Migration in Greece: Process,

Motives, and Implications," *International Political Sociology*, Vol.6, No.4, 2012.

Kaya, Ayhan, "Backlash of Multiculturalist and Republicanist Policies of Integration in the Age of Securitization," *Philosophy and Social Criticism*, Vol.38, No.4-5, 2012.

Kerr, Richard A., "Major Challenges for Bush's Climate Initiative," *Science*, Vol.293, No.5528, 2001.

Kim, S. and G. Lee, "When Security Met Politics: Desecuritization of North Korean Threats by South Korea's Kim Dae-jung Government," *International Relations of the Asia-Pacific*, Vol.11, No.1, 2011.

Kinney, Nancy T., "Engaging in 'Loose Talk': Analyzing Salience in Discourse from the Formulation of Welfare Policy," *Policy Sciences*, Vol.38, No.4, 2005.

Klüfers, Philipp, "Security Repertoires: Towards a Sociopragmatist Framing of Securitization Processes," *Critical Studies on Security*, Vol.2, No.3, 2014.

Knecht, Thomas and Weatherford, M. Stephen, "Public Opinion and Foreign Policy: The Stages of Presidential Decision Making," *International Studies Quarterly*, Vol.50, No.3, 2006.

Koo, Min Gyo, "US Approaches to the Trade-Security Nexus in East Asia: From Securitization to Resecuritization," *Asian Perspective*, Vol.35, No.1, 2011.

Krause, Hans and Hansen Tony Porter, "What Do Numbers Do in Transnational Governance?" *International Political Sociology*, Vol.6, No.4, 2012.

Landau, M. J., D. Sullivan, and J. Greenberg, "Evidence that Self-Relevant Motives and Metaphoric Framing Interact to Influence Political and Social Attitudes," *Psychological Science*, Vol.20, No.2, 2009.

Landau, Mark J. and Lucas A. Keefer, "This Is Like That: Metaphors in Public Discourse Shape Attitudes," *Social and Personality Psychology*

Compass, Vol.8, No.8, 2014.

Lax, Jefrey R. and Justin H. Phillips, "Gay Rights in the States: Public Opinion and Policy Responsiveness," *American Political Science Review*, Vol.103, No.3, 2009.

Lazaridis, Gabriella and Dimitris Skleparis, "Securitization of Migration and the Far Right: The Case of Greek Security Professionals," *International Migration*, Vol.54, No.2, 2016.

Lee, Gary, "Clinton Offers Package to 'Halt Global Warming'," *Washington Post*, October 20, 1993.

Leiserowitz, Anthony A., "American Risk Perceptions: Is Climate Change Dangerous?" *Risk Analysis*, Vol.25, No.6, 2005.

Léonard, Sarah, "EU Border Security and Migration into the European Union: FRONTEX and Securitisation through Practices." *European Security*, Vol.19, No.2, 2010.

Lucke, Franziskus von, Zehra Wellmann, and Thomas Diez, "What's at Stake in Securitising Climate Change? Towards a Differentiated Approach," *Geopolitics*, Vol.19, No.4, 2014.

Lupovici, Amir, "Securitization Climax: Putting the Iranian Nuclear Project at the Top of the Israeli Public Agenda (2009-2012)," *Foreign Policy Analysis*, Vol.12, No.3, 2016.

MacKenzie, Megan, "Securitization and Desecuritization: Female Soldiers and the Reconstruction of Women in Post-Conflict Sierra Leone," *Security Studies*, Vol.18, No.2, 2009.

Marlow, Jim, "Metaphor, Intertextuality, and the Post-War Consensus," *Politics*, Vol.17, No.2, 1997.

Mason, Michael, "Climate Change, Securitisation and the Israeli-Palestinian Conflict," *The Geographical Journal*, Vol.179, No.4, 2013.

Matthes, Jörg, "Framing Politics: An Integrative Approach," *American Behavioral Scientist*, Vol.56, No.3, 2012.

Mavelli, Luca, "Between Normalisation and Exception: The

Securitisation of Islam and the Construction of the Secular Subject," *Millennium: Journal of International Studies*, Vol.41, No.2, 2013.

Mayer, Maximilian, "Chaotic Climate Change and Security," *International Political Sociology*, Vol.6, No.6, 2012.

McCammack, Brian, "Hot Damned America: Evangelicalism and the Climate Change Policy Debate," *American Quarterly*, Vol.59, No.3, 2007.

McCombs, Maxwell E., "Building Consensus: The News Media's Agenda-Setting Roles," *Political Communication*, Vol.14, No.4, 1997.

McCright, Aaron M. and Riley E. Dunlap, "Anti-Reflexivity: The American Conservative Movement's Success in Undermining Climate Science and Policy," *Theory, Culture & Society*, Vol.27, No.2-3, 2010.

Mcdonald, Matt, "Securitization and the Construction of Security," *European Journal of International Relations*, Vol.14, No.4, 2008.

McDonald, Matt, "The Failed Securitization of Climate Change in Australia," *Australian Journal of Political Science*, Vol.47, No.4, 2012.

Methmann, Chris and Delf Rothe, "Politics for the Day After Tomorrow: The Logic of Apocalypse in Global Climate Politics," *Security Dialogue*, Vol.43, No.4, 2012.

Meyer, Thomas M. and Markus Wagner, "Mainstream or Niche? Vote-Seeking Incentives and the Programmatic Strategies of Political Parties," *Comparative Political Studies*, Vol.46, No.10, 2013.

Milliken, Jennifer, "The Study of Discourse in International Relations: A Critique of Research and Methods," *European Journal of International Relations*, Vol.5, No.2, 1999.

Mills, C. Wright, "Situated Actions and Vocabularies of Motive," *American Sociological Review*, Vol.5, No.6, 1940.

Mintz, Alex and Steven B. Redd, "Framing Effects in International Relations," *Synthese*, Vol.135, No.2, 2003.

Möller, Frank, "Photographic Interventions in Post-9/11 Security Policy," *Security Dialogue*, Vol.38, No.2, 2007.

Möller, Frank, "Political Iconography and Security Studies," Paper Presented at the ECPR Standing Group Politics and the Arts symposium "Politics and the Arts: Making Connections in Theory and Praxis", Berlin, May 23-25, 2002.

Neiberg, Michael, "The 1914 Analogy at War," *Orbis*, Vol.58, No.4, 2014.

Nepstad, E., "The Continuing Relevance of Coser's Theory of Conflict," *Sociological Forum*, Vol.20, No.2, 2005.

Nerlich, B. and N. Koteyko, "Compounds, Creativity and Complexity in Climate Change Communication: The Case of 'Carbon Indulgences'," *Global Environmental Change*, Vol.19, No.3, 2009.

Noon, David Hoogland, "Operation Enduring Analogy: World War II, The War on Terror, and the Use of Historical Memory," *Rhetoric & Public Affairs*, Vol.7, No.3, 2004.

Nyman, Jonna, "'Red Storm Ahead': Securitisation of Energy in US-China Relations," *Millennium: Journal of International Studies*, Vol.43, No.1, 2014.

Omelichev, Mariya Y., "Islam in Kazakhstan: A Survey of Contemporary Trends and Sources of Securitization," *Central Asian Survey*, Vol.30, No.2, 2011.

Oppermann, Kai and Alexander Spencer, "Thinking Alike? Salience and Metaphor Analysis as Cognitive Approaches to Foreign Policy Analysis," *Foreign Policy Analysis*, Vol.9, No.1, 2013.

Oppermann, Kai and Henrike Viehrig, "The Public Salience of Foreign and Security Policy in Britain, Germany and France," Paper to be presented at the Second Global International Studies Conference World International Studies Committee University of Ljubljana, Slovenia, July 23-26, 2008.

Osbeck, Lisa M. and Nancy J. Nersessian, "Forms of Positioning in Interdisciplinary Science Practice and Their Epistemic Effects," *Journal for the Theory of Social Behaviour*, Vol.40, No.2, 2010.

“President Clinton Supports the Global Climate Control Convention,” *Human Events*, June 19, 1998.

Parsons, Rymn J., “Climate Change: The Hottest Issue in Security Studies?” *Risk, Hazards & Crisis in Public Policy*, Vol.1, No.1, 2010.

Paterson, Matthew, “Post-Hegemonic Climate Politics?” *The British Journal of Politics and International Relations*, Vol.11, No.1, 2009.

Paulus, T., H. Stewart, A. Reece and P. Long, “Positioning Theory as an Analytic Tool for Understanding Intersubjective Meaning-Making,” *CSCL’09 Proceedings of the 9th International Conference on Computer Supported Collaborative Learning*, Vol.2, 2009.

Payne, R. A., “Persuasion, Frames and Norm Construction,” *European Journal of International Relations*, Vol.7, No.1, 2001.

Peters, Katie, “Disasters, Climate change, and Securitisation: The United Nations Security Council and the United Kingdom’s Security Policy,” *Disasters*, first published online in August 16, 2018, https://doi.org/10.1111/disa.12307.

Pianin, E., “Bush Unveils Global Warming Plan: President’s Approach Focuses on New Technology, Incentives for Industry,” *Washington Post*, February 15, 2002.

Podesta, John and Peter Ogden, “The Security Implications of Climate Change,” *The Washington Quarterly*, Vol.31, No.1, 2007.

Powledge, Fred, “Environmental Science After Bush,” *BioScience*, Vol.59, No.3, 2009.

Princen, Sebastiaan, “Agenda-Setting Strategies in EU Policy Processes,” *Journal of European Public Policy*, Vol.18, No.7, 2011.

Prior, Seamus, “Overcoming Stigma: How Young People Position Themselves as Counselling Service Users,” *Sociology of Health & Illness*, Vol.34, No.5, 2012.

Quiring, Oliver, “What Do Users Associate with ‘Interactivity’? A Qualitative Study on User Schemata,” *New Media & Society*, Vol.11, No.6,

2009.

Reppert, Barton, "Global Warming: Congress Still Stalled, States and Cities Act," *BioScience*, Vol.56, No.10, 2006.

Revkin, Andrew C., "With White House Approval, EPA Pollution Report Omits Global Warming Section," *New York Times*, September 15, 2002.

Ringermar, Erik, "Performing International Systems: Two East-Asian Alternatives to the Westphalian Order," *International Organization*, Vol.66, No.1, 2012.

Risbey, J. S., "The New Climate Discourse: Alarmist or Alarming?" *Global Environmental Change*, Vol.18, No.1, 2007.

Roe, Paul, "Actor, Audience(s) and Emergency Measures: Securitization and the UK's Decision to Invade Iraq," *Security Dialogue*, Vol.39, No.6, 2008.

Roe, Paul, "Securitization and Minority Rights: Conditions of Desecuritization," *Security Dialogue*, Vol.35, No.3, 2004.

Roe, Paul, "Is Securitization a 'Negative' Concept? Revisiting the Normative Debate over Normal Versus Extraordinary Politics," *Security Dialogue*, Vol.43, No.3, 2012.

Russill, C. and Z. Nyssa, "The Tipping Point Trend in Climate Change Communication," *Global Environmental Change*, Vol.19, No.3, 2009.

Salter, Mark B. and Can E. Mutlu, "Securitisation and Diego Garcia," *Review of International Studies*, Vol.39, No.4, 2013.

Salter, Mark B., "Securitization and Desecuritization: A Dramaturgical Analysis of the Canadian Air Transport Security Authority," *Journal of International Relations and Development,* Vol.11, No.4, 2008.

Sammut, Gordon and George Gaskell, "Points of View, Social Positioning and Intercultural Relations," *Journal for the Theory of Social Behaviour*, Vol.40, No.1, 2009.

Saunders, Paul J. and Vaughan C. Turekian, "Warming to Climate

Change," *The National Interest*, No.84, 2006.

Schäfer, Mike, Jürgen Scheffran, and Logan Penniket, "Securitization of Media Reporting on Climate Change? A Cross-National Analysis in Nine Countries," *Security Dialogue*, Vol.47, No.1, 2016.

Schatz, Edward and Renan Levine, "Framing, Public Diplomacy, and Anti-Americanism in Central Asia," *International Studies Quarterly*, Vol.54, No.3, 2010.

Scheffran, Jurgen, "Climate and Security," *Bulletin of the Atomic Science*, Vol.64, No.2, 2008.

Schmidle, Robert E., "Positioning Theory and Terrorist Networks," *Journal for the Theory of Social Behaviour*, Vol.40, No.1, 2009.

Scott, Shirley V., "The Securitization of Climate Change in World Politics: How Close Have We Come and Would Full Securitization Enhance the Efficacy of Global Climate Change Policy?" *Review of European Community & International Environmental Law*, Vol.21, No.3, 2012.

Seelye, K.Q., "President Distances Himself from Global Warming Report," *New York Times*, June 5, 2002.

Shaw; Christopher and Brigitte Nerlich, "Metaphor as a Mechanism of Global Climate Change Governance: A Study of International Policies, 1992-2012," *Ecological Economics*, Vol.109, 2015.

Sheikh, Mona Kanwal, "The Religious Challenge to Securitisation Theory," *Millennium: Journal of International Studies*, Vol.43, No.1, 2014.

Skjærseth, Jon Birger, Guri Bang, and Miranda A. Schreurs, "Explaining Growing Climate Policy Differences Between the European Union and the United States," *Global Environmental Politics*, Vol.13, No.4, 2013.

Skodvin, Tora and Steinar Andresen, "An Agenda for Change in U.S. Climate Policies? Presidential Ambitions and Congressional Powers," *International Environmental Agreements: Politics, Law and Economics*, Vol.9, No.3, 2009.

Slocum-Bradley, Nikki, "The Positioning Diamond: A Trans-

Disciplinary Framework for Discourse Analysis," *Journal for the Theory of Social Behaviour*, Vol.40, No.1, 2010.

Snow, David A. and Robert D. Beford, "Ideology, Frame Resonance, and Participant Mobilization," *International Social Movement Research*, Vol.1, No.1, 1988.

Snow, David A. and Scott C. Byrd, "Ideology, Framing Processes, and Islamic Movements," *Mobilization: An International Quarterly Review*, Vol.12, No.1, 2007.

Sonw, David A., et al., "Frame Alignment Process, Micro Mobilization, and Movement Participation," *American Sociological Review*, Vol.51, No.4, 1986.

Soroka, Stuart N., "Media, Public Opinion, and Foreign Policy," *The Harvard International Journal of Press/Politics*, Vol.8, No.1, 2003.

Stritzel, Holger, "Securitization, Power, Intertextuality: Discourse Theory and the Translations of Organized Crime," *Security Dialogue*, Vol.43, No.6, 2012.

Stritzel, Holger, "Security, the Translation," *Security Dialogue*, Vol.42, No.4-5, 2011.

Stritzel, Holger, "Towards a Theory of Securitization: Copenhagen and Beyond," *European Journal of International Relations*, Vol.13, No.3, 2007.

Stuhltrager, James, "Global Climate Change and National Security," *Natural Resources & Environment*, Vol.22, No.3, 2008.

Sussman, Glen, "The USA and Global Environmental Policy: Domestic Constraints on Effective Leadership," *International Political Science Review / Revue internationale de science politique*, Vol.25, No.4, 2004.

Swarts, Jonathan and Neovi M. Karakatsanis, "The Securitization of Migration: Greece in the 1990s," *Journal of Balkan and Near Eastern Studies*, Vol.14, No.1, 2012.

Tabrahamsen, Rita, "Blair's Africa: The Politics of Securitization and Fear," *Alternatives: Global, Local, Political*, Vol.30, No.1, 2005.

Tannen, Deborah, “Intertextuality in Interaction: Reframing Family Arguments in Public and Private,” *Text and Talk*, Vol.26, No.4-5, 2006.

Taureck, Rita, “Securitization Theory and Securitization Studies,” *Journal of International Relations and Development*, Vol.9, No.1, 2006.

Thompson, N., “Science Friction: The Growing and Dangerous Divide Between Scientists and the GOP,” *Washington Monthly*, July/August 2003.

Tirado, Francisco and Ana Gálvez, “Positioning Theory and Discourse Analysis: Some Tools for Social Interaction Analysis,” *Forum: Qualitative Social Research*, Vol.8, No.2, 2007.

Tovares, Alla, “Public Medium, Private Talk: Gossip About a TV Show as “Quotidian Hermeneutics,” *Text and Talk*, Vol.26, No.4-5, 2006.

Trombetta, Maria Julia, “Linking Climate-Induced Migration and Security Within the EU: Insights from the Securitization Debate,” *Critical Studies on Security*, Vol.2, No.2, 2014.

Van Dijk, Teun A., “Discourse and Manipulation,” *Discourse & Society*, Vol.17, No.3, 2006.

Van Dijk, Teun A., “Principles of Critical Discourse Analysis,” *Discourse & Society*, Vol.4, No.2, 1993.

Van Gorp, Baldwin, “The Constructionist Approach to Framing: Bringing Culture Back In,” *Journal of Communication*, Vol.57, No.1, 2007.

Van Rythoven, Eric, “Learning to Feel, Learning to Fear? Emotions, Imaginaries, and Limits in the Politics of Securitization,” *Security Dialogue*, Vol.46, No.5, 2015.

Vezirgiannidou, Sevasti-Eleni, “Climate and Energy Policy in the United States: The Battle of Ideas,” *Environmental Politics*, Vol.22, No.4, 2013.

Vultee, Fred, “Securitization: A New Approach to the Framing of the ‘War on Terror’,” *Journalism Practice*, Vol.4, No.1, 2010.

Vuori, Juhaa, “Illocutionary Logic and Strands of Securitization: Applying the Theory of Securitization to the Study of Non-Democratic

Political Orders," *European Journal of International Relations*, Vol.14, No.1, 2008.

Wagner, Markus and Thomas M. Meyer, "Which Issues do Parties Emphasise? Salience Strategies and Party Organisation in Multiparty Systems," *West European Politics*, Vol.37, No.5, 2014.

Walby, Kevin and Jeffrey Monaghan, "'Haitian Paradox' or Dark Side of the Security-Development Nexus? Canada's Role in the Securitization of Haiti, 2004-2009," *Alternatives: Global, Local, Political*, Vol.36, No.4, 2011.

Wæver, Ole, "Aberystwyth, Paris, Copenhagen: New School in Security Theory and Their Origin Between Core and Periphery," Paper Presented at the ISA Convention, Montreal, March 17-20, 2004.

"White House Edited Greenhouse Report," *CBS News*, June 19, 2003.

Wijnbergen, van Sweder and Tim Willems, "Optimal Learning on Climate Change: Why Climate Skeptics Should Reduce Emissions," *Journal of Environmental Economics and Management*, Vol.70, 2015.

Wilcox, Clyde and Leonard Williams, "Taking Stock of Schema Theory," *The Social Science Journal*, Vol.27, No.4, 1990.

Wilkinson, Claire, "The Copenhagen School on Tour in Kyrgyzstan: Is Securitization Theory Useable Outside Europe?" *Security Dialogue*, Vol.38, No.1, 2007.

Williams, Michael C., "Words, Images, Enemies: Securitization and International Politics," *International Studies Quarterly*, Vol.47, No.4, 2003.

Winter, Nicholas J. G., "Framing Gender: Political Rhetoric, Gender Schemas, and Public Opinion on U.S. Health Care Reform," *Politics & Gender*, Vol.1, No.3, 2005.

Wirth, Timothy E., "Developments in U.S. Policy Toward Global Climate Change," *U.S. Department of State Dispatch*, Vol.4, No.22, May 31, 1993.

Wise, Deborah and Melanie James, "Positioning a Price on Carbon:

Applying a Proposed Hybrid Method of Positioning Discourse Analysis for Public Relations," *Public Relations Inquiry*, Vol.2, No.3, 2013.

Wlezien, Christopher, "On the Salience of Political Issues: The Problem with 'Most Important Problem' ," *Electoral Studies*, Vol.24, No.4, 2005.

Wood, D. and A. Vedlitz, "Issue Definitin, Information Processing, and the Politics of Global Warming," *American Journal of Political Science*, Vol.51, No.3, 2007.

Youde, Jeremy, "Who's Afraid of a Chicken? Securitization and Avian Flu," *Democracy and Security*, Vol.4, No.2, 2008.

Zhang, Juyan, "Beyond Anti-Terrorism: Metaphors as Message Strategy of Post-September-11 U.S. Public Diplomacy," *Public Relations Review*, Vol.33, No.1, 2007.

（三）英文网站

http://www.dtic.mil/

http://venus.ci.uw.edu.pl/

http://www.ucsusa.org/

http://www.npr.org/

http://newmodelsusa.org/

http://www.commondreams.org/

http://www.washingtonpost.com/

http://clinton4.nara.gov/

http://www.nytimes.com/

http://www.enn.com/

http: //www.edf.org/

http://inhofe.senate.gov/

http: //www.securityandclimate.can.org/

http://www.plosone.org/

http://www.lexis-nexis.com

http://www.usembassy-israel.org.il

http://www.wmo.ch/

https://www.whitehouse.gov/

http://www.state.gov/

http://www.epa.gov/

http://www.worldbank.org/

http://www.presidency.ucsb.edu/

图书在版编目（CIP）数据

"话语操控"与安全化话语机制研究 / 艾喜荣著. —北京：世界知识出版社，2021.9

（国际政治语言学丛书）

ISBN 978-7-5012-6364-6

Ⅰ.①话… Ⅱ.①艾… Ⅲ.①国际关系—研究 Ⅳ.①D81

中国版本图书馆CIP数据核字（2021）第067572号

策划编辑	袁路明
责任编辑	蒋少荣
责任出版	赵　玥
责任校对	张　琨
封面设计	小　月
书　　名	**"话语操控"与安全化话语机制研究** "Huayu Caokong" Yu Anquanhua Huayu Jizhi Yanjiu
作　　者	艾喜荣　著
出版发行	世界知识出版社
地址邮编	北京市东城区干面胡同51号（100010）
网　　址	www.ishizhi.cn
电　　话	010-65265923（发行）　010-85119023（邮购）
经　　销	新华书店
印　　刷	北京虎彩文化传播有限公司
开本印张	980毫米×680毫米　1/16　15印张
字　　数	240千字
版次印次	2021年9月第一版　2021年9月第一次印刷
标准书号	ISBN 978-7-5012-6364-6
定　　价	70.00元